基金风云录②

“蓝海密剑”中国对冲基金经理公开赛
优秀选手访谈录

王亮亮　沈 良　刘健伟◎主编

东航金融&七禾网www.7hcn.com 出品

中国经济出版社
CHINA ECONOMIC PUBLISHING HOUSE
北 京

图书在版编目（CIP）数据

基金风云录. 2，“蓝海密剑”中国对冲基金经理公开赛优秀选手访谈录 / 王亮亮，沈良，刘健伟主编 . -- 北京：中国经济出版社，2022. 2

ISBN 978-7-5136-5673-3

Ⅰ.①基… Ⅱ.①王… ②沈… ③刘… Ⅲ. ①对冲基金-投资-经验-中国 Ⅳ.①F832. 48

中国版本图书馆 CIP 数据核字（2022）第 027350 号

责任编辑　叶亲忠
责任印制　马小宾
封面设计　久品轩

出版发行　中国经济出版社
印 刷 者　北京艾普海德印刷有限公司
经 销 者　各地新华书店
开　　本　710mm×1000mm　1/16
印　　张　17. 5
字　　数　280 千字
版　　次　2022 年 2 月第 1 版
印　　次　2022 年 2 月第 1 次
定　　价　58. 00 元
广告经营许可证　京西工商广字第 8179 号

中国经济出版社 **网址** www. economyph. com **社址** 北京市东城区安定门外大街 58 号 **邮编** 100011
本版图书如存在印装质量问题，请与本社销售中心联系调换（联系电话：010-57512564）

《基金风云录2》编委会

运筹多空策略

捍卫金融疆土

一场没有硝烟的战争已经打响！

谁将成为最后的王者？

谁能捍卫中国的金融疆土？

序言

2021年中国期货市场的容量和深度进一步扩充，场内期货期权品种已近百个，农产品、有色金属、钢铁、能源、化工、金融等上市产品的完整性持续提高，商品期货、商品期权、股指期权三类品种开始向合格境外投资者开放。

已连续无间断举办十三届的“蓝海密剑”中国对冲基金经理公开赛，携中国私募基金创富榜，多元展示国内CTA精英和私募基金风采。参赛选手权益规模和年度总收益再次突破，持续诞生累积盈利过亿“元帅”选手，以优秀选手组建各级孵化产品也有不俗表现。

人类历史长河中，不乏对时间与空间的思索，正因有不断的提问与解决，才有实践深化的推动。“蓝海密剑”虽以年度为届，但是始终秉承持续记录、盈利晋级、多级孵化等赛制，不断推动参赛者精进成长。本书《基金风云录2》力求客观，问答间记录着优秀投资人和特色机构面对价格历史性波动及不同市场环境的所思所悟。

由衷感谢“蓝海密剑”期货精英和创富榜获奖机构的无私分享以及编委们数月来的精心访谈整理，祝愿各位读者都能在本书中得到收获与启发。即将到来的2022年，《期货和衍生品法》颁布、广州期货交易所开市、商品指数期货期权创新品种等有望一一呈现，希望大家能在日新月异的市场发展中共勉提高。

王亮亮

2021年12月于上海

“蓝海密剑”中国对冲基金经理公开赛英雄寄语

2021 年是中国期货市场发展的大年，行情波动剧烈，个别品种价格创出历史新高。同时，期货市场保证金规模也突破了 1.2 万亿，机遇与挑战并存。

对于量化 CTA 机构来说，2021 年相对于 2020 年表现不太理想，建议大家要带有长期主义的态度去对待。因为无论哪种大类资产，都有低谷期与高峰期，只要资产具备长期价值，我们就可以长期持有，静待花开，复利增长！2021 年不少量化 CTA 机构也已经封闭申购，表明越来越多的投资者认识到量化 CTA 是资产配置中重要的组成部分，能让更多的投资者享受到中国期货市场健康发展的红利。未来私募行业的集中度将越来越高，同时量化 CTA 私募的发展空间也越来越大，共同期待 2022 年业绩能大放光彩。

祝愿“蓝海密剑”越办越好，前程似锦，《基金风云录 2》顺利出版！

——广东宏锡基金管理有限公司　总经理　**刘锡斌**

回顾过去 2 年，商品经历了史诗级的先抑后扬的行情。在这波澜壮阔的行情中，市场沉淀资金也飞速增加，涌现了一大批优秀的期货交易员。但辉煌只代表过去，如此级别的市场波动毕竟不是常态。放眼 2022 年，宏观环境越发复杂，内外周期错配，供应链瓶颈和全球需求增速互相牵扯，对于商品期货交易员来说，可能真正的挑战正在到来。我们应该认识到，财富神话毕竟只是个例，期货市场还是一个相对小众的资产配置的“赛道”，当市场从高速发展膨胀的阶段开始放缓进入存量博弈阶段，对于商品投研的要求才会真正体现出它的核心价值。站在今天看 2022 年，基本判断是一个分化、震荡为主线的商品年份，结构性机会的把握和对于区间上下安全边际的精准定位将是 2022 年对于商品基本面交易者最需要着重关注的方向。当然，期货市场是一个永远充满机会的地方，愿吾辈期货人漫漫求索，砥砺前行。

——上海锐天投资管理有限公司　主观期货组组长、投资经理　**倪彧章**

2021 年的期货市场风云变幻，暴涨的热浪和监管的寒流交替而至，市场先生以“凌波微步”的走势生动地诠释了量化投资的基本世界观：决定价格走向的因素当中，不可预知的永远是绝大部分，能被预测的只有一点点。均直作为量化投资机构，严格风控、专注于细节，在云谲波诡的 2021 年取得了不错的投资成绩。我们相信：投资是一场长跑，“积跬步以至千里，积小流而成江海”。从长期而言，多元化的高质量信号才是提升风险收益性价比的王道。从这个意义上来说，汇聚了众多风格迥异的高手的东航金融平台或许已经赢在了起跑线上，无怪乎屡屡斩获大奖。在 2022 年即将到来之际，祝东航产品节节新高，“蓝海密剑”越办越好！

——上海均直资产管理有限公司　总经理　**杨小雨**

2021 年是财富管理井喷的大年，机构及专业投资者对量化类基金产品的关注度和参与度有着空前的提高。

A 股和大宗商品期货市场的整体环境叠加了通胀预期管理和疫情影响等海内外宏观复杂因素，个别板块与品种出现极端走势。另外无论是公募基金和私募基金，由于规模的扩大、策略同质性的影响，使得某些板块、因子的切换节奏更为敏捷，走势更为撕裂。基金业绩的好坏依赖管理人的综合管理能力与策略储备情况。

展望 2022 年，疫情及通胀等因素已大部分 price in，同类型策略继续内卷的情形可能继续加剧，不可预期的因素也将持续袭来。短周期的波动期待继续放大，长周期的策略因子将越发弥香，让我们拥抱波动，并从中挖掘确定性更高的投资机会。

——广州博牛私募证券投资管理有限公司　总经理　**刘永冲**

2021 年是中国共产党百年华诞。我国完成了新时代脱贫攻坚目标任务，克服疫情影响，统筹疫情防控和经济社会发展取得重大成果。在全面建成小康社会最后关键时刻交上了一份令人满意的答卷。与此同时，步入第 31 个年头的中国期货市场，也终于迎来了历史性一刻——资金总量突破万亿大关！回顾 2021 年，期货市场波动加剧，市场交易难度加大，英雄时代风起云涌。“蓝海密剑”十三载，见证了中国期货市场和期货人的发展壮大。感恩！祝福！

——滨海天地（天津）投资管理有限公司　**龙芳**

期货市场是一片充满暴风和巨浪的海洋，无论再强大的人，在这片大海里都如尘埃一般渺小。然而，却有无数勇者，为了各自不同的梦想，决然扬帆出海。勇气未必能让你满载而归，然而勇气本身，已经是一笔巨大的财富。正因为这一份勇气，才让人可以踏上这一段旅途，去经历希望与失望，去经历困境与逆转，去经历犹豫与果断，去经历冷静与疯狂……归来时，这些经历已成为自身的一部分。我们自身，就是我们要寻找的财富。随手翻开一页，让我们投入到这些关于财富、关于勇气、关于经历的画卷中……

——广州千泉私募基金管理有限公司

新冠肺炎疫情在过去两年中席卷全球，对全球经济的外生性冲击开始内生化，造成了短期内的通胀和中长期的全球供应链布局变化；由于疫情防控以及政策效应的不同，各国经济复苏出现分化，从而导致全球宏观层面也相应出现分化。我们得益于本轮疫情的有效防控、经济持续复苏，极大地避免了本次危机的冲击，内生性不至于陷入严重的衰退风险；我们市场中许多优秀的企业在这两年也保持在一个较高的成长速度和波动率，给了我们一次次从证券市场中耕耘与收获的机会；同时也要感谢“蓝海密剑”大赛提供了一个这么好的舞台，让我们有展示成绩的机会，祝“蓝海密剑”大赛越办越好！中国经济越来越好！

——中闽汇金（厦门）资产管理有限公司

新篇章，新征途，愿所有的基金从业者，天高地阔，乘势而上，人海沧沧，顺遂无忧。

——北京京华龙资产管理有限公司　创始人　**袁海堂**

2021 年 10 月份以来，期货市场结束了自 2020 年 3 月以来的持续上涨走势。期间文华商品走势创出上市以来的新高，伴随着波动率亦处于历史高位。按照往年如此市场走势，2021 年应为期货策略大年，但是事与愿违，2021 年整体期货策略业绩表现较 2020 年确有大幅下滑，其中以中长期趋势策略负面表现尤为明显。我们认为主要由以下几方面造成——

一是自 2021 年 5 月以来行业政策的频繁干预，导致以黑色板块为首的部分品种涨跌反复，流动性快速衰减，行情延续性差。

二是期货品种间表现差异大，波动率的放大主要集中于某些板块个别品种，量化趋势策略出于分散的目的，会导致无行情品种的亏损吞噬掉整体产品的利润。同时后续行情快速反转，而中长周期趋势策略信号滞后，触发时点晚，对整个交易十分不利，造成了盈利的大幅回撤。

经历2021年三季度期货市场非正常波动，截至2021年年底已有近三月的修复，市场开始重归正常状态。当前价格处于历史高位，未来市场大概率将维持波动率偏高的状态，从而给期货策略创造了正向的获利空间，展望2022年我们相信管理期货策略有望创出优于2021年的业绩表现。

“蓝海密剑”大赛已经连续举办多年，一批优秀的交易者脱颖而出，给他们创造了更大的发展舞台，感谢大赛组织者长期的辛勤付出，在2022年虎年祝福《基金风云录2》成功出版，未来大赛越办越好！

——山东圆融投资管理有限公司

“蓝海密剑”就是2021年全球资管领域冬日里的一抹“暖阳”！非常感谢东航金融给予我们一个共同交流和成长的平台，在这里我们结识了更多的朋友，也收获了更多的宏观风险管理的理念认同。作为中国宏观量化中性体系探索者，我们在宏观风险管理领域克服了一个又一个挑战，不断披荆斩棘，奋勇向前！在此过程中，我们得到了“蓝海密剑”和东航金融平台大力的支持和鼓励，后面我们将继续探索宏观风险更深认知领域，并且持续帮助更多机构管理好宏观风险！

非常高兴《基金风云录2》的出版能够给更多有志于在衍生品领域发展的同行者打开了一扇窗。祝福“蓝海密剑”大赛越来越红火，也祝东航金融平台能够成为资管行业天空里闪耀的“启明星”！

——上海相变投资管理有限公司　李明

每当在年末回想这一年中交易的时候，我其实很难想起这一年中的某个高光时刻或者某些交易日的艰辛。总结下来，脑海中印象最深的其实是自己对市场的更加敬畏。在美林时钟已经被戏称为美林电风扇的时期，身为基金的受托人，保证投资者资金的安全是我们整个团队的第一要务。

投资对于我而言是一项极其复杂但同时又极其简单的工作。说复杂，是因为这项工作充满了未知和不确定性；说简单，是指我们的工作其实就是让赚的钱要比亏的钱多一些。所以从结果出发，我们在日常工作中做了无数的“加法”，同时也做了很多“减法”。尽可能地把团队的优势和对交易有确定性正向帮助的元素沉淀下来，然后在日常工作中把做对了的事儿简单重复。

——上海新萌私募基金管理有限公司　总经理　**李萌**

黑森投资祝“蓝海密剑”大赛（创富榜）取得圆满成功。展示各家私募机构的风采，促进策略和资产的连接，助推私募基金和财富管理行业的成长与发展。预祝《基金风云录 2》新书大卖，记录分享业内故事，增进投顾交流，为基金行业发展添砖加瓦。

——北京黑森投资管理有限公司

回顾 2021 年，我们感受了波澜壮阔的行情，也经历了跌宕起伏的市场。在这一年中，我们秉持“敬天爱人”的思想，小心谨慎地做好每一笔投资，为投资人实现理想的回报。感谢“蓝海密剑”的朋友们在过去一年中对我们持续的关注和鼓励。2022 年即将来临，期待中国的投资市场在新的一年中能更好，也祝愿“蓝海密剑”活动能越办越好！

——福建省同亨投资管理有限公司

我们要承认，在任何市场，通过交易赚钱并且持续赚钱都是非常困难的事。如果你的目的是找刺激，就去做交易；如果你的目的是投资，就把钱交给更有效的管理者。

——上海联卡企业管理服务有限公司

过去的一年是对基金经理极具考验的一年，这直接折射了当前国内外经济和产业千变万化的特殊背景，我和同事们深深感到固有观念和方法论正在面临前所未有的冲击，但同时也更坚定了在科技成长领域的投资信仰，相信对成长的坚守必将得到超额的回报。感谢“蓝海密剑”的平台为我们开拓了视野，为我们带来新的机遇，祝《基金风云录 2》圆满成功！

——上海枫池资产管理有限公司　执行董事/投资总监　**任竞辉**

衷心感谢“蓝海密剑”大赛，陪伴我们走过了一个跌宕起伏的交易年。2021 年的大宗商品市场，经历了三个季度的持续上涨和行情见顶后的急速下跌，极其考验交易员的交易定力和风控能力。通过“蓝海密剑”这个平台，我看到了自己与真正的交易高手们还存在着巨大的差距，期待 2021 年《基金风云录 2》的出版，可以学习到交易大咖们对 2021 年行情的应对和交易经验，同时也感谢大赛组织者的长期辛勤付出，祝愿“蓝海密剑”实盘大赛越办越好，期货英雄们新的一年再创辉煌!

——上海懋良投资管理合伙企业（有限合伙） **谈广荣**

2021 年参加“蓝海密剑 2021 中国私募基金创富榜”大赛，有幸受邀作为优秀私募基金管理人，为主办方即将出版的《基金风云录 2》一书写一段寄语（在此感谢主办方）。

时间过得真快，转眼就到了 2021 年年末。就在 2020 年的这个时间，我们和产品客户进行了一次交流，写给客户的那封信，依然历历在目，仿佛就在昨天：

2021 年，未知的世界正欣欣然向我们走来。有机会，也伴随着未知的困难，我们还将会面对各种意想不到的磨难，包括而不仅限于长时间被市场打脸，被按在地上摩擦，但是我们仍将耐心地坚守我们的交易理念，严格执行交易系统。在这个过程中，净值阶段性的回撤、阶梯式创新高将会是常态。

长期的投资，极其考验投资者的耐心和定力，坚持守望，步步上行是必由之路。作为投资赛道上的长跑者，我们始终“不抛弃，不放弃”。

山行拾阶不观景，石径隐现渐入云。终有一天，蓦然回首，天高云淡，月朗星稀。

谨以此段献给即将来临的 2022 年。日复一日，年复一年，投资过程枯燥而艰辛，困难和挑战，机遇和成绩，又将交织而至。

路漫漫，我们持守上行。

——上海煌延投资管理中心（有限合伙）

回首这一年来，上半年略有不足，出现一些投资偏差。2021 年市场前所未有的变化，对自己的操作还是挺满意的，希望以后的投资越来越稳健，学无止境，业精于勤，也希望东航期货秉持十年砺剑不忘初心的精神，期货公司越办越好，“蓝海密剑”创富榜一期办得更比一期好!

——**陈鹏**

目录

（按访谈时间顺序排序，排名不分先后）

合世资产：

专注量化 CTA，赚取时间和胜率的收益

（2021 年 2 月 4 日，李烨访谈整理）

张议夫

会世资产投资总监。南京大学物理学基地班学士，南京大学理论物理博士，美国高性能科学计算中心博士后，擅长建模。研究成果获年度中国物理学会最有影响力论文一等奖，博士及博士后期间总计发表 SCI 以及国际会议论文 10 篇。

曾就职于某大型量化对冲基金，擅长量化 CTA 策略、量化对冲策略等。2018 年创立会世资产，目前全面负责会世资产的投研和管理工作。

精彩观点

科学研究的通用范式包含两个要素：一是感知认识；二是严密的数理逻辑构建。

会世资产主要的投资策略为复合 CTA 策略，包含股指策略和商品策略。股指策略包含日内策略与隔夜策略；商品策略包含趋势追踪策略、套利对冲策略、基本面量化策略。

会世资产（以下简称“会世”）尽可能交易满足流动性的所有商品合约，开发出丰富的策略与因子，并进行充分异构，尽量做到各个策略低相关或者不相关，提升组合的稳定性，并能有效防止参数漂移等情况发生。

会世非常重视策略和策略之间的互相保护。

只因某个品种历史表现不佳而将其剔除，这是“结果论”的做法，因为未来该品种如果来了行情，策略一定会兑现相应的利润。

如果某一类资产的长期收益为正，且与其他资产相关性低，那么这类资产有非常高的配置意义。CTA 资产就是这一类资产的典型代表。

2021 年 CTA 的机会还是比较大的。

预计 2021 年其波动会延续，各品种或板块之间的矛盾也会有爆发的可能，但总的来看，行情可能并没有 2020 年那么好。

CTA 在一些极端的市场环境下，经常会产生一些“crisis alpha”，CTA 是极少数能捕捉到这一机会的策略。

对会世来说，策略就像精心编织的网，把它放在可能有鱼的地方，没有鱼来没关系，但是有鱼来的时候要保证捞到。

通过对海量数据的提取挖掘，以定量研究为导向，坚持量化交易投资理念，通过多元分散化的模型及标的，赚取时间和胜率的收益。

多元化的投资标的和利润来源是最好的风控。

对于机构或者个人而言，不论是量化投资还是主观投资，在实际参与投资的过程中，收益往往不可控，但风险一定是可控的。

期货市场的盈利效应强不强和行情有关，和参与者的专业与否关系不大。

问题1：张总您好，感谢您在百忙之中与我们进行深入对话。在进军资本市场之前，您从事的是理论物理研究方面的工作，并在业内取得了不菲的成绩，是什么原因让您决定跨行投身期货？在您看来，科学领域的研究和金融市场的研究之间存在着哪些异曲同工之处？

张议夫：我之前是做理论物理研究的，研究方向为凝聚态物理，主要研究各种材料（比如现在比较时髦的石墨烯、拓扑绝缘体等）中大量粒子（例如电子）在相互作用以及外场作用下的量子力学行为和性质。之前的研究方法就是从复杂的系统中抽象出各种模型来描述这些粒子的行为。我觉得这个研究过程或者方法具有普适性，是**科学研究的通用范式，它包含两个要素：一是感知认识；二是严密的数理逻辑构建**。这两个要素是皮亚杰在《发生认知论》一书中提出来的，大家有兴趣的话可以去看看。对我来说，无论是之前的物理研究还是现在的量化模型构建，都遵循上述两个要素，只是表现形式有所区别。

物理研究中的感知认识其实就是物理测量过程，比如实验物理学家用STM或ARPES测量到某些材料具有某些电学或者磁性的特征，然后我们这些做理论的人再基于已有的逻辑框架去构建模型来描述它。现在做量化模型，也是先基于一些经验总结，比如观察到在一些情况下上涨的概率比较大等，再去通过数理统计来建模。

我们目前所有的物理模型或者量化模型，并非可以描述所有规律，都只是描述我们经验认知到的一小部分而已。之前在理论物理研究经历中训练的方法论和积累的数理知识为我现在的量化研究提供了非常宝贵的经验。

问题2：您作为会世资产CTA策略的领头人，请介绍一下贵司的CTA策略及各自的特点。

张议夫：**会世资产主要的投资策略为复合CTA策略，包含股指策略和商品策略。股指策略包含日内策略与隔夜策略；商品策略包含趋势追踪策略、套利对冲策略、基本面量化策略。**

具体来看，趋势类策略以量价信号触发，右侧入场右侧出场，能有效捕捉日线级别的趋势，并在趋势结束后及时离场，适合趋势好的行情。套利对冲类策略为配对交易，一多一空，既做品种价差或比值的回归，又做扩散，适用于品种走势分化的行情。基本面量化策略完全不用量价数据，以基本面数据驱动交易，适合基本面数据对走势有指引的行情。

问题3：我们注意到，在CTA领域，会世资产属于业绩走势相对独立的机构之一，即使是在量化CTA并不好做的时期，也可以获得稳健的投资表现，这是如何做到的？

张议夫：会世业绩稳健的原因在于策略、周期、品种、利润来源上的高度分散。**会世资产尽可能交易满足流动性的所有商品合约，开发出丰富的策略与因子，并进行充分异构，尽量做到各个策略低相关或者不相关，提升组合的稳定性，并能有效防止参数漂移等情况发生。**

另外，会世的持仓在板块和品种上的分布比较均匀，对单品种持仓和板块暴露进行严格的限制，所以抵抗极端行情的能力比较好。此外，还有很重要的一点，**会世非常重视策略和策略之间的互相保护**，比如某些套利对的主要作用是对其他一对或几对起保护作用，互相制衡，这样单一对即使做错也不会对整体产生太大影响。

问题4：2020年以来，CTA策略的配置价值凸显，不论是在疫情期间还是石油战中，CTA策略产品都获得了不俗的表现，CTA策略也因此被称为"危机阿尔法"。具体来说，贵司是如何通过股指CTA和商品CTA来体现其功效的？会世资产2020年的整体表现怎么样？

张议夫：2020年会世业绩整体符合预期，CTA虽说是绝对收益资产，但是也有大小年之分，因为2021年突发事件对市场冲击较大，所以会世2020年的业绩比往年都好一些。总的来说，2020年无论是在品种上还是在持续时间上，机会都比较多，各品种或各策略对会世业绩的贡献度较为平均。

问题 5：贵司的 CTA 策略在品种配置上，是全品种均衡覆盖还是会对某类或某几类品种特殊对待？为何如此安排？

张议夫：会世一直坚持将满足流动性的品种及合约纳入交易标的，对品种和板块并无任何偏好。**只因某个品种历史表现不佳而将其剔除，这是“结果论”的做法，因为未来该品种如果来了行情，策略一定会兑现相应的利润。**会世的策略具有非常强的普适性。另外，全品种交易可以提升组合潜在的夏普比率，让资金曲线更加平滑稳定。

问题 6：会世的 CTA 策略在品种选择、周期选择上会不会考虑宏观因素、政策因素、供求因素以及事件因素等的影响？

张议夫：会世的主要策略为复合量化 CTA 策略，实际投资中不会融入主观判断，所有产品头寸都是复制的。对会世来说，主要目标是维护好底层的策略包。在会世的底层策略中，有些基本面量化策略会采用基本面的因子，比如库存等，而像事件、政策等不容易量化的因素则不在考虑范围内。

问题 7：目前，量化 CTA 策略已经成为市场上的主流配置策略之一。作为一家专注于量化 CTA 的私募，请您从多策略和资产配置的角度谈一谈 CTA 策略的价值。

张议夫：从资产的特性来看，**如果某一类资产的长期收益为正，且与其他资产相关性低，那么这类资产有非常高的配置意义。CTA 资产就是这一类资产的典型代表。**以海外成熟市场的情况来看，一般配置比例在 10%~20%。不过，由于 CTA 资产为绝对收益资产，其长期波动率适中，收益率较高的特性也适合单独配置。

问题 8：2020 年，全球资本市场“黑天鹅”事件频发，促使大宗商品、证券、债券及外汇市场都出现了大幅波动。您如何看待新一年的 CTA 市场，以及未来的投资机会？

张议夫：我们认为 **2021 年 CTA 的机会还是比较大的**，2020 年外部事件对市场的冲击较大，市场的运行节奏被打乱，这需要一个长期的修复过程。**预计 2021 年其波动会延续，各品种或板块之间的矛盾也会有爆发的可能。但总的来看，行情可能并没有 2020 年那么好，**并且从利润来源或品种来看，会较 2020 年更加分散，对管理人的要求也会更高。

问题9：2020年最大的“黑天鹅”当属新冠肺炎疫情，您如何看待此次疫情对金融市场的影响？对量化交易者来说，如何设计系统、配置策略，才能尽可能把“黑天鹅”的风险降低，甚至将其转变为增加收益的机会？

张议夫：2020年新冠肺炎疫情的暴发对风险资产来说是“黑天鹅”事件，但是**CTA在一些极端的市场环境下，经常会产生一些“crisis alpha”，CTA是极少数能捕捉到这一机会的策略**。对量化CTA来说，因为其双向交易的特性，不用特别在意市场的极端行情，因为这种极端行情会体现在波动率的急速上升中，而市场波动上升对CTA盈利是非常有利的。

问题10：您觉得一套完整的量化交易系统应该包括哪些方面？一套策略需要具备哪些条件、经过哪些步骤，才有可能被贵司纳入实盘策略中？

张议夫：量化交易是个非常系统化的工程，在会世的大框架下面，包含子策略的研究与开发，策略权重组合模块与风险控制模块，每个环节都会对我们的绩效产生比较大的影响。子策略的开发由研究员完成，经历如下环节：策略立项—策略研究—策略答辩及过会—反馈及修改—模拟盘运行—实盘小资金运行—正式入库及上实盘—定期或不定期回顾（如实盘表现不及预期则退回至反馈及修改环节或直接下线）。

问题11：很多量化交易者在进行策略开发时都会遇到这样一个问题，一套策略在模拟运行时表现很好，回测数据也很不错，但一到实盘中却表现不佳，甚至还有可能出现连续亏损，您遇到过这种情况吗？一般会怎么解决这个问题？

张议夫：一般遇到样本内表现好、样本外表现不佳的情况，大概率是过度拟合或参数漂移的结果。而会世的所有策略的底层逻辑清晰，有对应的盈利场景。**对会世来说，策略就像精心编织的网，把它放在可能有鱼的地方，没有鱼来没关系，但是有鱼来的时候要保证捞到**。会世的底层策略采用的是研究员负责制，研究员可以实时看到策略表现，以便研究员对策略进行跟踪和评价，如果策略本身没有问题，而行情导致策略表现不佳，也能增强我们继续交易的信心。

问题12：会世也有参与套利交易，主要关注相关品种间套利还是同品种近远月合约间的套利？目前来看存在哪些比较好的套利机会？

张议夫：会世的套利对冲策略的主要标的是板块内跨品种的组合，我们会根据产业链、替代品、同板块品种的强弱关系设计策略。会世一直是一家量化CTA公司，只会对底层的策略包进行维护，不会主动判断市场的套利机会。

问题13：没有一套较为完善的投资理念，很难在这个市场长期盈利，请问贵司的投资理念是什么？

张议夫：**通过对海量数据的提取挖掘，以定量研究为导向，坚持量化交易投资理念，通过多元分散化的模型及标的，赚取时间和胜率的收益。**

问题14：会世资产的稳健运营也离不开完善的风控体系，请您介绍一下公司的风控体系与标准。

张议夫：会世的风控和策略同样重要，会世一直秉承的理念是**多元化的投资标的和利润来源是最好的风控**。所以会世一直致力于挖掘低相关的策略或因子，进行全品种交易。在实际交易中通过风险控制模型严格控制净值波动，同时为防范潜在的“黑天鹅”风险，也会严格控制单品种、板块和净多空的暴露。

问题15：您如何看待风险和收益的关系？

张议夫：我个人并不是一个低风险的投资者，我也并不认为高风险就一定伴随着高收益。**对于机构或者个人而言，不论是量化投资还是主观投资，在实际参与投资的过程中，收益往往不可控，但风险一定是可控的。**会世要做的事情就是匹配各种风险接受度的客户，力争在同样的风险下为客户争取最大的收益。

问题16：虽然2020年受疫情的影响，资本市场波谲云诡，但私募的规模却刷新了纪录，您如何看待这个现象？

张议夫：我认为这是一件很正常的事情。虽然2020年市场受各种外部冲击较大，但各类资产或策略都取得了不菲的收益。资本都具有逐利性，不光是私募规模有了非常大的增长，公募的情况也一样。

问题17：随着越来越多的现货公司及私募等机构投资者的进入，期货市场的环境及资金结构发生了很大的变化，机构间的博弈也越来越激烈，赚钱是否会变得越来越难？会世将如何应对？

张议夫：这个问题其实是混淆了因果关系，**期货市场的盈利效应强不强和行情有关，和参与者的专业与否关系不大**。比如2020年的行情非常利于CTA策略，各家管理人的盈利能力也相当强，但我们认为这是由外部事件冲击或边际变化导致的商品的价格弹性变大，不能说2020年参与市场的资金都是傻钱。

问题18：自成立以来，会世资产以优异的业绩表现获得了业内多个奖项，请问会世资产的核心竞争力在哪里？就您看来，最终哪些类型的基金管理公司能够在这个市场生存下来并持续发展？

张议夫：会世资产成立的时间比较短，但是核心投研团队和管理团队在成立会世之前就具有丰富的管理CTA的经验。团队从业时间久，策略丰富，有管理过大资金经验，业绩长期稳定。此外，会世会持续在投研上面投入，深耕CTA策略，完善投资中的各个环节。我认为资产管理行业最重要的就是业绩，会世CTA产品业绩的定位是长期处在市场的中上水平。

顺时国际：

业绩和回撤是衡量私募是否合格的生命线

（2021 年 3 月 2 日，唐正璐访谈整理）

韩广宇

顺时国际创始合伙人，毕业于威尔士大学国际工商管理专业，硕士学历。自 2010 年起任职于中国国际期货、格林期货等机构，擅长宏观对冲策略研发，具备 10 年基金投资管理经验，在产品设计、策略研发、资产配置等方面有着丰富的从业经验。现负责顺时国际策略投研管理整合及项目资金调配。

精彩观点

保持投研深入以及人才梯队搭建非常重要，前者为交易提供保证，后者为深度投研提供基础。

研究人员一定要认识到投资策略是有生命周期的，研究人员要贴近市场，敏锐把握市场的动向，并在原有分析框架基础上及时调整影响市场行情的因子，修正投资模型使之更加贴近实战，只有这样，才能为投资团队提供有价值的决策信息。

在经历了2020年的金融市场剧烈动荡后，我们认为2021年仍然存在较好的投资机遇。

债市市场：随着中国经济回归常态，央行的货币政策已经回归中性，预计国债长端利率仍会震荡上行，但总体上行空间有限，目前十年国债利率已经回到2019年均值之上，投资价值显现，可以优先配置高等级城投债等短久期信用债获得基础票息收益，年内还有机会买入中长久期利率债进行波段交易。

股票市场：从目前A股市盈率可以看出，全球股市的价值洼地在中国，国内上市公司将会持续获得海外资金的青睐。虽然2021年A股可能面临着流动性边际收紧以及部分股票估值偏高的问题，但是国内居民财富向权益资产配置的趋势不会停止，业绩优良的大盘蓝筹股会得到更多投资者认可，高成长性的优秀科技公司也将继续走强。

商品市场：预计全球经济在2021年缓慢复苏，能源、有色、化工等大宗商品的供需基本面将进一步得到改善，而全球主要央行的宽松货币政策不会短期退出，流动性仍然充沛，这些因素都将支撑大宗商品价格持续走强。但大量资金涌入市场可能导致未来商品价格波动率变大，这也为CTA策略提供了机会。

鉴于目前美国经济并没有从新冠肺炎疫情中恢复，拜登政府还需通过大规模救助计划来维持经济运行，可以预见，美国债务将大幅攀升并削弱美元走强根基，2021年下半年由全球流动性泛滥引发的通货膨胀，届时将对权益类市场和债券市场形成一定冲击。

从长期来看，深度投研以及风格稳健的业绩是企业生存的基础。

头部私募的产生依赖于其强大的投研能力、稳健的业绩以及丰富的市场渠道，其中最吸引投资者的还是其稳健的业绩。

当前小而优的私募有很多，同时市场需求依然很大，在持续且稳定的业绩基础上，小而优的私募也有很大的概率发展成大型私募。

对私募而言，业绩和回撤是衡量私募是否合格的生命线。

问题1：韩董您好，感谢您在百忙之中接受我们的采访，首先恭喜贵公司获得了2020年七禾基金奖成长特别奖。据了解，您曾在多家期货公司就职，做过研究员、业务员、资管部门负责人、私募基金经理等，后来创立了顺时国际。请您谈谈从业这些年的经历和感悟。

韩广宇：就多年的职业经历来看，市场、运营、投研在公司运营中均占有重要地位，但是对于一个投资管理公司而言，还是要将更多精力放在投研上。能够静下心去做投研，并**保持投研深入以及人才梯队搭建非常重要，前者为交易提供保证，后者为深度投研提供基础**。

问题2：市场上有这样一种观点，认为研究员是“纸上谈兵”，您做过研究员，也做过私募基金经理，您如何看待市场上的这种声音？研究员的经历对您运营私募基金又有何帮助？

韩广宇：我认为这种看法有一定道理，由于市场环境经常发生变化，导致投资策略逻辑在某些时候可能失效。研究人员一定要认识到投资策略是有生命周期的，**研究人员要贴近市场，敏锐把握市场的动向，并在原有分析框架基础上及时调整影响市场行情的因子，修正投资模型使之更加贴近实战，只有这样，才能为投资团队提供有价值的决策信息**。

问题3：作为顺时国际创始合伙人，请您介绍一下贵公司，并谈谈公司的核心理念。

韩广宇：顺时国际于2012年4月在北京成立，2014年4月获得国内首批备案私募投资基金管理人证书，具备投资顾问资格。公司管理各类产品共计130余只，累计管理资产规模超过150亿元，公司以债券、股票、CTA投资策略为核心，以自主开发的交易系统和分析系统为主要工具，结合量化对冲技术形成全市场多策略轮动管理模式，为客户提供稳定、持续的绝对收益回报。

问题4：资料显示，贵公司主要投资市场包括股票、期货以及债券，针对不同的投资市场，贵公司分别采用什么交易策略？这些策略的核心逻辑是什么？

韩广宇：顺时国际针对股票、债券、期货市场研发了相应的投资策略，以下是每个策略的简单介绍：

（1）债券投资组合策略

债券投资策略主要由高等级信用债配置、（准）利率债交易、协议式回购三个子策略组成。

高等级信用债配置子策略是依据自行研发的信用分析系统，在综合考量宏观经济、行业状况、区域状况、发行人、偿债条款等要素基础上，筛选数十项指标进行综合评估，挑选出性价比良好且剩余期限不超过产品存续期限的短久期信用债构建投资组合，为策略实现稳定的债券配置收益。

（准）利率债交易子策略是依据自行研发的投研系统，在综合分析宏观经济先行指标和市场利率关键指标基础上对利率走势进行预测，当系统预测未来市场利率会出现大概率下行时，则选择流动性好的（准）利率债进行择时交易，为策略获取价差收益。

协议式回购子策略属于现金管理策略，当存在闲余资金时，可选择符合要求的债券进行质押式协议回购操作，为策略获取增厚收益。

（2）股票中性策略

股票中性策略是量化对冲+T0策略，股票多头构建一篮子指数增强股票组合（如中证500指数增强），股票空头使用股指期货或ETF一篮子融券卖出，通过数量化方法对多个维度数据综合构建收益预测进行选股，通过波动惩罚以及限制组合的行业、风格、个股偏离来控制相对指数基准的跟踪误差，在一定的跟踪误差偏离基础上实现超额收益最大化，通过股票空头将超额收益兑现为绝对收益，并在底仓增强组合的基础上，通过高频Alpha做日内价差交易以增厚底仓绝对收益。

（3）期货CTA策略

期货CTA策略是运用量化研究深度挖掘各期货品种的运行规律，主要包括趋势跟踪、模式识别、期现回归、基差收敛与发散、供需平衡分析、资金博弈、内外盘关系、统计套利、宏观驱动、相对强弱等数量指标，然后运用相关算法模型开发出特定的投资策略，再经过普适性检验筛选出风险收益比较高的策略，最后按照低相关性和风险均衡的原则构建投资组合，由策略程序化交易获取投资收益。

问题5：2020年，受疫情影响，全球经济受到严重冲击，资本市场经历了剧烈波动，2021年，海外疫情仍在持续蔓延，最新数据显示全球新冠肺炎确诊病例超1亿人。在这样的背景下，请谈谈贵公司2021年的投资布局，在股市、债市、大宗商品上将如何配置？

韩广宇：在经历了2020年的金融市场剧烈动荡后，我们认为2021年仍然存在较好的投资机遇。

债券市场：随着中国经济回归常态，央行的货币政策已经回归中性，预计国债长端利率仍会震荡上行，但总体上行空间有限，目前十年国债利率已经回到2019年均值之上，投资价值显现，可以优先配置高等级城投债等短久期信用债获得基础票息收益，年内还有机会买入中长久期利率债进行波段交易。

股票市场：从目前A股市盈率可以看出，全球股市的价值洼地在中国，国内上市公司将会持续获得海外资金的青睐。虽然2021年A股可能面临着流动性边际收紧以及部分股票估值偏高的问题，但是国内居民财富向权益资产配置的趋势不会停止，业绩优良的大盘蓝筹股会得到更多投资者认可，高成长性的优秀科技公司也将继续走强。

大宗商品市场：预计全球经济在2021年缓慢复苏，能源、有色、化工等大宗商品的供需基本面将进一步得到改善，而全球主要央行的宽松货币政策不会短期退出，流动性仍然充沛，这些因素都将支撑大宗商品价格持续走强。但大量资金涌入市场可能导致未来商品价格波动率变大，这也为CTA策略提供了机会。

问题6：拜登已正式成为美国总统，就您看来，拜登政府上台后可能会给中美关系带来怎样的转变？又会对金融市场产生怎样的影响？

韩广宇：拜登政府上台代表美国传统建制派重新掌权，中美关系也将重回合作与竞争并存的轨道，这在很大程度上消除了金融市场的不确定性。**鉴于目前美国经济并没有从新冠肺炎疫情中恢复，拜登政府还需通过大规模救助计划来维持经济运行，可以预见，美国债务将大幅攀升并削弱美元走强根基，2021年下半年由全球流动性泛滥引发的通货膨胀，届时将对权益类市场和债券市场形成一定冲击。**

问题7：最新数据显示，截至2020年年底，私募基金行业已登记管理人2.46万家，已备案私募基金9.68万只，管理规模15.97万亿元。在私募机构众多的今天，您觉得顺时国际的核心竞争力在哪里？

韩广宇：公司成立已经十年，在公司发展的十年中，顺时国际的核心依然是以客户为中心，并致力于为投资者创造持续且稳定的收益。在投资管理中，公司也始终以投研为中心，通过深度投研基础在金融市场获取稳健收益。

问题8：私募行业是一个高淘汰率的行业，统计数据显示，在过去十年间，至少已有5700多家私募被注销，就您看来，一家私募要拥有哪些能力才能长期存活于市场？

韩广宇：在当前行业中，私募在市场中生存下来需要具备多种能力，从顺时国际的角度而言，在私募行业中生存下来需要依赖深度投研能力。**作为一家投资管理公司，投研和交易是核心，也是为投资者创造收益最核心的基础**。行业中可能有的公司重市场、重运营、重投研、重交易等，但是**从长期来看，深度投研以及风格稳健的业绩是企业生存的基础**。

问题9：有业内人士称，对于私募等投资机构来说，若想获得稳定、可持续的业绩，优秀的投研能力是立身之本。请问顺时国际的投研体系是怎样的？

韩广宇：顺时国际的投研体系采用自上而下的分析方法，即通过对宏观、行业、公司以及市场等层面的定量和定性研究挖掘个股（个券）投资机会，顺时国际自行研发的大类资产投研系统基本能实现定量分析，研究人员和基金经理利用投研经验可完成定性分析，并在此基础上制定相应的大类资产投资策略。在整个投研流程中，风险管理贯穿全程，确保投资行为的合法规范、理性科学、稳健高效。

问题10：顺时国际将风险控制放在首位，也请您谈谈贵公司的风控体系。

韩广宇：顺时国际设立了独立于业务体系的风险管理职能部门，风险管理部门对公司的风险管理承担独立评估、监控、检查、报告职责，实行事前风控、事中风控、事后风控的全流程风控体系。日常风险管理环节有风险识别、风险评估、风险应对、风险报告等，每一环节相互关联、相互影响、循环互动，并依据公司内部、市场、监管等内外部环境的变化而及时更新完善。

问题11：对于私募机构来说，打造一支优秀团队，离不开人才的培养，顺时国际在吸引人才和培养人才上是如何做的？目前贵公司现有团队的情况怎样？

韩广宇：顺时国际历来对优秀的金融人才求贤若渴，我们通常把个人的职业规划和公司发展目标有机结合，然后实行丰厚的奖励机制和人性化的考核机制培养人才，目前，公司的股、债、期投研团队负责人均有丰富的投研经验和一定社会知名度，各团队人员稳定，团队之间配合默契。

问题 12：近两年，随着百亿私募的增多，投资者在选投基金产品时，会将更多的目光聚集到头部私募上，尽管一些小型私募有着较好业绩，但仍然难以获得投资者的青睐，您怎么看待这种现象？

韩广宇：从行业来看，这是正常现象，后期可能会更进一步分化。**头部私募的产生依赖于其强大的投研能力、稳健的业绩以及丰富的市场渠道，其中最吸引投资者的还是其稳健的业绩**。同时头部私募广泛吸引更多的人才，进一步为其投资能力提供保障。但并不是说以后会是一种头部私募垄断的情况，**当前小而优的私募有很多，同时市场需求依然很大，在持续且稳定的业绩基础上，小而优的私募也有很大的概率发展成大型私募**。市场投资者最关注的是其稳健的投资业绩，从这个角度上来看，大家依然是平等的。当前市场如果有持续两年或者三年以上公开且稳定的产品业绩，私募规模就能得到很快扩增。虽然小而优的私募短期在募集资金上可能有一定困难，但如果其存活时间足够长、业绩足够稳定，投资者还是会非常青睐的。

问题 13：2020 年，公募基金成为最“网红”的投资产品，盈利首超 2 万亿元，资产管理规模首度逼近 20 万亿元。2021 年开年以来，公募基金热度不减反增，短短半个多月就诞生了多只“日光基金”。而公募基金的亮眼表现，必然会使私募基金流失一部分客户。在您看来，私募机构应该如何应对这种情况？

韩广宇：2020 年可能是比较特殊的一年，对公募来说也是业绩非常亮眼的一年。公募 2020 年优秀的业绩吸引了大批资金，从整体来看确实会造成私募资金抽离。但是我们认为这是一个短期的现象，因为从本质上来说私募和公募有区别。2020 年整体宏观环境和国内理财需求增加促使权益市场快速上涨，但不可忽视的是，权益市场中权重股和小盘股分化明显，权重股大幅上涨也带动了公募业绩亮眼。但是从长期市场来看，当前市场大概率不可能持续，在市场出现较大回调的时候，公募很难控制好回撤。**对私募而言，业绩和回撤是衡量私募是否合格的生命线**。所以只要私募坚守稳定业绩和控制好回撤，最终在市场出现调整时，投资者还是能发现私募的闪光点。

问题14：当前国内期市和股市的投资者都是以“散户”为主，作为一家私募机构您如何看待这一现象？对私募来说，这是好事还是坏事？

韩广宇：国内市场中可能个人投资者更多一些，2019年以来，权益和期货市场逐步繁荣，在市场有明显收益情况下，个人投资者明显上升，这种情况对私募而言是一种好事。因为市场波动明显加大，市场获利能力也会明显增强。

问题15：《中国股民行为报告》显示，当前A股自然人投资者数量已经超过1.75亿人，“90后”“00后”成为开户主力军。投资者年轻化趋势越发明显，您觉得这会对私募行业带来哪些挑战？

韩广宇：投资者年轻化，同时学历水平和投资水平相应提升。另外，在当前互联网时代，机构投资者和个人投资者信息基本同步，所以对私募而言更需要增加投研深度。所以后续私募在人才引进上将花费更多的精力，进一步提升投研能力才能在当前市场中获取稳定的业绩。

兆信资产：

价值投资不是去追求绝对便宜和相对便宜

（2021 年 3 月 3 日，翁建平访谈整理）

侯雨欣

兆信资产投资决策委员会负责人，复旦—麻省理工工商管理硕士，有8年证券、期货投资交易经验；曾获得第七届全国期货实盘交易大赛最佳金融期货交易奖；曾参与多个跨国企业管理咨询与战略投资项目。

精彩观点

居民的长期财富配置的转移才刚刚开始，在未来一段时间内都会得以延续，并且可能会延续非常长的一段时间。

私募行业和2000年初的房地产行业是有类似点的，无论是从行业的需求还是基本面来讲，在未来可能会进入高速成长的一个时代。

在交易中，宏观研究实际上是调节和把控大方向的。

兆信资产本身的投资也是结合了自上而下和自下而上的两方面逻辑。在我们相对被动的投资组合里面宏观研究会占据比较主要的位置，因为它会去选择不同的指数做仓位的调节，而在主动投资组合上，个股和行业是我们研究的重点。

从短期来讲不好判断，但是从相对中长期的角度而言，我觉得未见得是一个坏事，因为2月到3月初整个市场的风险释放已经很多了，机会是跌出来的，风险是涨出来的。

现在以中证500为代表的比较有成长性的腰部公司，它们的配置价值及风险收益比约等于2020年1月的时候，所以说对这类公司和企业也不用过于悲观。

我们不希望也不认为A股在2021年会有“快来快去”的大牛市，就像2014年、2015年的行情，但是我认为在温和市场中的一个打引号的慢牛或者说是有震动的波折牛，在未来长期都是可期的，我们如果去复盘这20年，A股整体市场的波动率是在不断地降低。

新能源车国内的板块，我们并不是很看好。

在过去，很多资产是可以被衡量的，可以通过财报反映资产的价格和价值，但是现在的企业，比如说高新技术企业、软件型企业，很多价值沉淀在这些无形资产中，这在财务制度的报表中是非常难以衡量和计算的，因此我们对价值的衡量标准在改变，但我们的会计准则并没有改变。

价值投资不是一味地去追求绝对便宜和相对便宜，而是我们要重新去复盘和厘清企业的真实内在价值，对传统财报中没办法去覆盖的这部分价值有更加充分的认知，需要我们对企业有更多更客观深入的了解和价值的判定。

很多人会说期货的波动大、风险大，就像美国很多人说枪危险，但是并不是枪去杀人而是人去杀人，期货也一样，关键是期货的投资逻辑和思路，而不是工具本身的优劣。

投资本身是在做修行，从“术”的层面上是构建一个更好的风险收益比投资组合，但是从“道”的层面上是在做修行。

问题 1：侯总您好，感谢您在百忙之中与我们进行深入对话。据了解，兆信资产目前管理规模 7 亿元，这用了多长时间？您觉得做大规模的关键是什么？

侯雨欣：公司的管理规模现在将近 8 亿元，我们从**2018 年底到现在，大概用了两年半的时间做到 8 亿元的规模**。

做大规模其实就是长期持续地为客户创造超额收益。我的理解是，投资人去投资私募基金的机会成本是去投资公募基金，投资兆信资产的机会成本是去投资头部私募，比如说高毅、景林、幻方这样的机构，所以说在这一阶段，在为客户创造持续收益的过程中，我们也要相对于我们的竞争对手在一个相对确定的时间段内，去创造超额收益，交付投资人一个满意的结果，这也是我们设计这套策略的出发点。

问题 2：中国私募基金行业已经迈入 17 万亿元时代，在您看来，这是一个什么信号？

侯雨欣：我们认为**居民的长期财富配置的转移才刚刚开始，在未来一段时间内都会得以延续，并且可能会延续非常长的一段时间**。现在的资产管理行业，无论是公募还是私募的发展态势和空间都非常广阔。我们认为**私募行业和 2000 年初的房地产行业是有类似点的，无论是从行业的需求还是基本面来讲，在未来可能会进入一个高速成长的时代**。

问题3：兆信资产侧重于宏观与基本面研究，这在交易中主要起到什么作用？主要会关注哪些方面？

侯雨欣：**兆信资产注重宏观研究，同时也注重行业和微观研究跟踪。在交易中，宏观研究实际上是调节和把控大方向的。**投资的本质是进行风险收益比的测算及交易，宏观研究会帮助我们进行一个长周期宏观的择时，帮助我们构建一个风险收益比更佳的投资组合。

我们主要会关注以下几点：第一，海内外的政治和政策动态；第二，海内外的财政货币因素，它的变动方向以及未来的趋势；第三，我们会进行海内外的一些流动性指标跟踪；第四，债务以及经济周期相关的问题。

问题4：2021年，您觉得哪些宏观面要重点关注？

侯雨欣：第一，**海内外流动性的问题**，这可能也是造成近期海内外资本市场波动的一个因素。包括近期可能一个月之内美债收益率大幅攀升，引起国内和国外一些高估值股票的复制方式的重塑，这个方面的因素我们需要去着重关注，因为长端利率的上升仅仅是经济市场的一个预期。第二，**整个美国的货币政策**，包括鲍威尔在很多讲话中谈到他们还是会在很长时间内延续相对宽松的货币政策，但是货币政策到什么时候才会迎来量化宽松的边际收紧效应，这个是我们需要关注的，因为在那个时刻可能对一些标的和资产定价的影响就是持续性的。这两点是我们认为可能在2021年需要思考和着重关注的问题。第三，实际上就是整个经济恢复的进度，尤其是在2020年受疫情冲击较大的行业，哪些板块、哪些行业可能在恢复的过程中表现出彩，这也是我们会着重关注的。

问题5：宏观研究和个股研究，您觉得哪个更重要？

侯雨欣：宏观研究和个股研究，我认为是同等重要的，因为**兆信资产本身的投资也是结合了自上而下和自下而上的两方面逻辑。在我们相对被动的投资组合里面宏观研究会占据比较主要的位置，因为它会去选择不同的指数做仓位的调节，而在主动投资组合上，个股和行业是我们研究的重点**，所以这两方面都是很重要的。

问题6：最近，郭树清主席表示房地产核心问题是泡沫大，您觉得是否会出台更多的政策来抑制房地产投资？对房地产板块有哪些影响？

侯雨欣：我们认为政策的导向是很明显的，因为《政府工作报告》中关于房地产方面的表述，对其的定位没有本质的变化，依然要坚持“房子是用来住的不是用来炒的”定位，要稳定地价、稳定房价、稳定预期，同时还提到要解决大城市的住房突出问题，要增加土地的供应，安排专项资金集中建设，来落实一些保障性住房和共有产权房的供给。

相关政策可能还会出台，但是这些政策我认为大家的预期都已经比较充分，**对房地产板块的影响是有利于头部房企的发展，可能在某种程度上会有利于房地产行业集中度的进一步提升。**

问题7：拜登政府已经通过了1.9万亿美元的经济救助计划，这将会带来哪些连锁反应？作为投资人，应该关注哪些投资机会和风险？

侯雨欣：1.9万亿美元的计划经过参议院和众议院两党之间的商议和博弈，大部分的内容市场已经有了相对充分的预期，而在最初的刺激计划里面当时有一条可能会比较受争议，也就是提高美国工作最低时薪，但是这条在提案的时候就被撤回了，因为拜登为了让整个提案能够顺利通过。其实大部分的政策内容市场上已经有了相对充分的认知，但在**这次之后，拜登肯定会为了恢复美国的经济进行一定程度的其他刺激，包括财政政策上，会采取一定规模和方式的建设，比如说在环保、新能源、基础医疗设施领域，都会进行一些新的投入，这可能是在1.9万亿美元计划之后了，这方面的行业需求将会有较大幅度的提高，这方面相应的机会是可以去关注的，但是问题也在于此，就是资本市场通常都会进行提前预判和反应，同样地，投资者在关注这些板块的同时，也需要去关注高估值所诱发的边际风险。**

问题8：另外，您觉得2021年全国两会有哪些看点？

侯雨欣：第一看点，我认为是对未来社会经济发展目标的一个制定，发展目标会对很多经济指标有一定的指向性；第二看点，我们也需要去关注货币政策定调。另外，关于政策上的，比如说对于中小企业的金融支持，有关减税降费的一些具体举措，这些都可以从相对微观层面上去关注，还有，对整个资本市场的定位是什么，这也值得关注。

问题9：节后A股出现了暴跌行情，引发投资人恐慌，您觉得这轮股市暴跌的核心原因是什么？

侯雨欣：我认为**最大的一个诱因是长期美债利率的飙升**，在这一个月十年期美债抬升了50%左右，这导致了相对高估值的个股估值方式的再修正，在高估值的板块中，长期利率的提升会对它的估值模型造成非常大的影响和修正。中国和美国的资本市场反应都是一样的，在中国可能出现更多的所谓的抱团股，在美国是科技股，但是在国内可能还有一点市场行为要素，原先的抱团股所形成的正反馈的逻辑正在被瓦解，现在逐步转向负循环、负反馈的一个逻辑。当一些高位、高估值的股票在下跌时，基金的净值也会下跌，然后投资人就会选择赎回，而赎回又会使得基金的管理人被动地抛售股票，就会造成股价再次下跌。

问题10：那您觉得这轮暴跌会不会持续下去？

侯雨欣：从短期来讲不好判断，但是从相对中长期的角度而言，我觉得未见得是一个坏事，因为2月到3月初整个市场的风险释放已经很多了，机会是跌出来的，风险是涨出来的。另外，我们是从非常微观的一个指标上看待问题，因为大部分的抱团股、基金重仓股还是聚焦在一些头部企业，比如说集中在上证50、沪深300指数中。另外一个指标就是中证500，现在中证500的市盈率在28倍左右，如果我们考虑到2020年第一季度的低支出效应，那么其实它的收益率可能还会更低，哪怕不去计算，现在中证500的市盈率在整个历史的估值分位上就是在30%以下，虽然这30%不是绝对便宜，因为它有比30%还要便宜的时候，但却是一个相对合理偏低的估值分位。**现在以中证500为代表的比较有成长性的腰部公司，它们的配置价值及风险收益比约等于2020年1月的时候，所以说对这类公司和企业也不用过于悲观。**

问题11：2021年A股牛市的概率大吗？

侯雨欣：我们不希望也不认为A股在2021年会有"快来快去"的大牛市，就像2014年、2015年的行情，但是我认为在温和市场中的一个打引号的慢牛或者说是有震动的波折牛，在未来长期都是可期的，我们如果去复盘这20年，A股整体市场的波动率是在不断地降低。

问题12：兆信资产会关注哪些板块？为什么？

侯雨欣：我们着重关注的还有业绩支撑、有一定长期发展确定性的腰部

公司。我们现在关注和研究的板块是主流行业全覆盖，在整个消费、医药、科技、大周期行业上我们都会有覆盖。我们的个股选择不会局限于我们的行业看法，更多的是从自下而上的逻辑去看。

问题 13：您对新能源车板块怎么看？

侯雨欣：新能源车国内的板块，我们并不是很看好。我们认为特斯拉确实有很多革命性的改变，可能是长期非常有价值的公司和企业，会在某种程度上带动整个行业往上走，但是并不意味着我们中国的新能源企业就能沿着特斯拉的路径做一定的演变。因为特斯拉的本质就是不断降低成本，不断地通过低价车型去占领腰部市场，同时通过售出它的软件及服务来进行更高价值的变现。那么它的硬件利润率就不会像当年的苹果这么慷慨，当年苹果对于硬件厂商非常慷慨，它能给出这个行业非常高的毛利润率，所以说它能将整个产业链辅助起来，然后形成立讯精密、歌尔声学、蓝思科技等国内企业，但是新能源车板块中的制造型企业依然会面临成本不断往下压的一个大趋势。还有我们认为现在的新能源车估值已经过度地反映了它的价值，在这个阶段我们是不看好的。

问题 14：大部分做股票的人都说自己是价值投资，但是到底什么是价值投资？您怎么理解价值投资？

侯雨欣：我们一直在深耕价值投资，2020 年我们写过一篇关于价值投资的文章，我们认为很长一段时间内，所谓的价值股没有跑赢所谓的成长股，这并非价值投资本身失效了，而是对价值投资的理解发生了改变，因为时代在改变，我们公司实际的衡量标准也在改变。**在过去，很多资产是可以被衡量的，可以通过财报反映资产的价格和价值，但是现在的企业，比如说高新技术企业、软件型企业，很多价值沉淀在这些无形资产中，这在财务制度的报表中是非常难以衡量和计算的，因此我们对价值的衡量标准在改变，但我们的会计准则并没有改变。**

另外，**价值投资的理念也在不断地进化**，比如巴菲特的投资理念和认知也是在不断地进化，由以前的认知“便宜就是硬道理”，逐步转化为以合理的价格去购买优质企业的逻辑。我们从巴菲特的股票持仓中也能看出，其很多后期投资理念都是以相对合理的价格去购买长期优质资产，享受资产的长期增长。

最后，**价值投资不是一味地去追求绝对便宜和相对便宜，而是我们要重新去复盘和厘清企业的真实内在价值，对传统财报中没办法去覆盖的这部分价值有更加充分的认知，需要我们对企业有更多更客观深入的了解和价值的判定。**

问题 15：在贵公司的投资历程中，有没有让您满意的投资案例？

侯雨欣：股票的选择，比如说我们去看待食品饮料行业的时候，**长期以来我们都会建立一个中观维度的逻辑**。这有两个方面，一个是食品行业的上瘾程度，如果你去消费它，你的上瘾性越强，那么愿意为它付出的溢价也就越强；另外一个方面是保质周期，保质周期越长，就越可以做大规模。比如说白酒，它实际上是属于上瘾性高、保质周期比较长的品类，因此我们就不需要过多地考虑这个品类的供应链因素。对白酒的投资，我们主要还是买一些优质的品牌，比如说前三大品牌。还有一类保质周期比较长、上瘾性没有那么高的品类，比如奶粉、奶酪棒这些乳制品，能不能做大做强，实际上考验的是产品营销能力，能否在市场营销和宣传上精准地定位客户，在线下城市推广以及出货。

2020 年，我们消费研究员调研了妙可蓝多这个标的，它属于婴幼儿奶酪棒的品类。从中观逻辑上，这个品类就需要去考评它的市场营销和推广的力度，这个品牌实际上是一个相对新的品牌，最早做这个品类的是法国企业百吉福，它的市场营销比较佛系，其宣传 IP 是机器猫，但是机器猫对小孩的吸引力没有那么大，而且在中国的三四线城市是看不到百吉福这个品牌的。而妙可蓝多做了两件事情，第一，它的推广 IP 非常好，它选了小孩子非常喜欢的汪汪队，我们当时做了一些盲测，让小孩在百吉福和妙可蓝多之间选择，很多小孩选择了妙可蓝多，因为包装上面那只宠物狗是他们认识的。第二，妙可蓝多做了很多市场下沉，全国很多县级市都能看到妙可蓝多的铺货。我们对这个标的进行了非常紧密的跟踪，我们的研究员当时做了全国大概 25 个城市的商超调研，发现妙可蓝多铺货最多、货龄最短。像这样的调研，我们每个月都会做一次，最新一期已经覆盖了将近 200 个商超和城市样本，这在很大程度上赋予我们对这个标的行业认知，这就是我们的一个小案例。

问题 16：您对价值的周期是怎么判断的？它被低估的价值多长时间能被修复？

侯雨欣：如果谈价值，还是要先厘清价值的本质，明白这个是企业真的价值还是账面价值。随着信息沟通越来越有效，整个市场的有效性也是在逐步地提升，所以很难在市场上发现一些极度被低估的好东西。如果它的价值被认可，理论上修复时间是会非常快的。

问题17：兆信资产的投资策略还有主动投资结合被动投资，请问哪些是主动投资？哪些是被动投资？

侯雨欣：我们的投资分为四个主线，第一，我们通过被动的投资来搭建一个底层的组合，我们不参与市场的深度博弈，不去猜测哪个板块好，哪个板块差，而是用组合的工具去打败人性的弱点，通过股指期货或者ETF方式去构建一个组合，这里面会有一些高成长性的因子，比如说科技和医药、消费，也会有一些核心资产因子，比如说食品医疗、非银金融、银行等，综合地来做一个组合配比。**第二，基于这些被动的组合去做一些套利的增强**，去增强被动组合的整体表现和幅度。**第三，在主动投资上我们会通过相对深入的研究去创造一个长期的价值回报**，在我们熟悉且擅长的领域中做一些相对集中但是风险控制有度的投资来增强整个组合的收益。**第四，我们会通过一些工具和期权去对冲我们整体组合的仓位风险来化解一些事件性因素所致的极端问题。**

问题18：在风险控制上，兆信资产是如何做的？比如在事前风控、事中风控和事后风控都会采取哪些应对措施？

侯雨欣：我们的所有产品在成立之初都会和具体的交易人员进行磋商，**在交易还没有开始之前我们会做风险收益的测算。**投资会有波动和风险，那么它的波动风险在哪？假设市场是有下跌回调的，那么我的整体组合大致下跌回调要保持和市场相等的幅度，假设以后再也不涨了，那么我的策略要保证我能够通过套利和其他的方式将这部分的回撤慢慢地给收回来。当市场出现上涨或者反弹的时候，我的策略得从策略的底层和概率上保证同期的涨幅是市场涨幅的2~3倍，这个是我们在事前风控中打开的边际风险。

事中风控实际上是基于交易层面上的仓位分布，是出现极端行情的时候，对产品资金调用的分配。事后风控方面，当市场或者产品出现了比较大的回调，我们就会招集投资决策委员会与交易人员开会磋商，看看我们的策略在此期间是不是还能沿着我们当时测算出来的风险数据往上走。最近比较差的原因是什么？在未来会不会延续？以及我们要怎么去修正？这是我们在事后风控上要做的工作。

问题19：据了解，您家人是最早的国内期货场内交易员，是否因为家人的原因才选择了投资行业？

侯雨欣：我家人是国内最早的场内红马甲，我觉得可能会有一些认知上的帮助和影响，包括一些风险意识，可能是在相对早的时期就形成了。我也是很早在做一些交易上的实践，把学费交到了我职业生涯的早期。但是选择这个行业也不是因为家人的原因，只是想做我自己喜欢的事，而且这个事情也比较符合自己的性格特质。

问题20：就您看来，期货和股票的核心区别是什么？

侯雨欣：在我看来，期货是一种工具。**很多人会说期货的波动大、风险大，就像美国很多人说枪危险，但是并不是枪去杀人而是人去杀人，期货也一样，关键是期货的投资逻辑和思路，而不是工具本身的优劣。**期货可以在很大程度上去帮助你在交易中达到事半功倍的效果，我举个简单的例子，股指期货相对于指数基金有一个天然优势。第一，它是保证金交易，极大地省下了交易上的资金占用；第二，在一些指数上还存在贴水的幅度，这就是一个额外的收益。而股票的本质，还是会落在我们对这个企业的长期业务的考评以及长期价值的体现上，更加贴近于生意的本质。

问题21：从个人投资者转变为机构投资者，您觉得最大的改变在哪里？

侯雨欣：我成为个人投资者是很早的事，是在读大学的时候，毕业之后就以机构投资者的方式进行交易。我觉得最大的改变还是受托人意识，当你管自己的钱的时候，整个风险的敞口和心态是可以调节的，状态上可能受约束比较少。而机构投资者有受托人意识，对私募行业来讲，本质上有一点道德悖论，就是风险和收益的不均等，也就是说，当我们为客户创造收益的时候，我们分享成果，而我们给客户亏钱的时候，又不承担这个损失，所以很多的管理人会有赌博的心态。我觉得我们要把一个事情做长远，**作为机构投资人一定要有很好的受托人意识，也就是说要有足够的责任心。**转变为机构投资者之后，我的心态可能会变得更加成熟，会从投资人的角度去思考风险。

问题22：从进入投资行业到现在，您有哪些感悟可以跟投资者分享？在现在的大环境下，您对投资者有什么建议？

侯雨欣：投资本身是在做修行，从“术”的层面上是构建一个更好的风险收益比投资组合，但是从“道”的层面上是在做修行。在基本功层面上，无论是研究还是交易，我觉得投资者都需要具备一些基本的知识能力，但是做好投资其实更重要的是思考问题的方式，用什么样的方式去看待事件，能力圈究竟在哪边。另外，在投资过程中，一定会有很好的时候，也会有煎熬的时候，在这个时候能不能保持比较平和的心态很重要。

飒露紫资产：

2021年期货的盈利确定性高于股票

（2021年4月2日，李烨访谈整理）

石泽彬

飒露紫资产执行董事。8年投资经历，历任多家知名私募公司投资经理，目前全面负责飒露紫资产CTA策略产品运营。多次获得各期货公司及第三方平台举办的期货实盘大赛冠军。

精彩观点

我们花了两年的时间和精力全力以赴开发了自己的量化模型架构和海量因子，并进行了大量历史数据的回溯检测，从而保证策略长期可靠和盈利的确定性。

高收益产品主要是自有CTA趋势量化策略，策略全覆盖目前期货市场活跃的标的；FOF产品收益比较稳健；股票指数增强策略能实现长期超越指数的业绩。

行情波动幅度加剧，内部会自适应形成智能化的投资风险收益曲线，不会掺杂基金经理的主观意愿和人为操作。

从年初的行情走势来看，2021年的挑战应该会大于2020年，所以收益预期需要降低。

期货市场的盈利确定性还是要高于股票市场。

目前我们有对接和合作的投顾超过700家，2021年投资的子基金将超过150家。

长期取胜的关键：一方面，底层策略逻辑要足够可靠和普适；另一方面，资金要对策略有足够的信心和包容，能够伴随产品度过业绩低迷阶段，从而最终享受到策略的盈利成果。

我们在策略开发之初，就会推敲策略的投资逻辑，要求策略足够简单和普适，参数足够少。

所有策略都以趋势为基础，享受趋势带来的盈利确定性，管理好投资过程中的波动和压力。

我们始终相信量化只是研究和交易手段，核心还是开发者的理念，所以都是人的思想体现，不能因为这种使用手段的普及而担忧人被取代。

我们始终不相信一种策略能适应所有行情阶段，所以不能依靠有限数量的投顾完成配置和投资，只能依托海量投顾实现配置规模和收益确定性。

问题1：石总您好，感谢您在百忙之中与我们进行深入对话。首先恭喜飒露紫资产旗下产品"飒露紫复利成长一号"获得七禾基金奖年度收益奖，回顾过去一年，飒露紫资产在2020年获得优秀业绩的关键是什么？

石泽彬：您好，飒露紫资产2020年的优秀成绩，一方面，源于飒露紫的量化策略的专业性和盈利能力足够优秀，飒露紫策略研究团队主要成员具有丰富的行业经历，拥有扎实的专业基础。从2018年开始，**我们花了两年的时间和精力全力以赴开发了自己的量化模型架构和海量因子，并进行了大量历史数据的回溯检测，从而保证策略长期可靠和盈利的稳定性**。另一方面，2020年行情走势比较剧烈，为策略实现高额收益提供了有利环境。

问题2：近两年，飒露紫资产凭借优秀的业绩表现在市场上崭露头角，贵司旗下产品也曾多次获得各项期货赛事冠军。纵览公司旗下产品，飒露紫的获利头寸主要来自哪个市场？

石泽彬：飒露紫资产目前产品线比较丰富，**高收益产品主要是自有CTA趋势量化策略，策略全覆盖目前期货市场活跃的标的；FOF产品收益比较稳健；股票指数增强策略能实现长期超越指数的业绩。**

问题3：我们注意到，贵司旗下有产品在过去一年取得了远高于行业平均水平的超额收益，成绩十分惊人，而市场上部分投资机构会考虑到投资者预期，在产品实现一定的收益后对产品后续表现有所保留，您在这方面是怎么考虑的？

石泽彬：飒露紫资产复利系列产品的策略经过了多年的实测与历史的回测，我们在策略的长期盈利的确定性和最大回撤的控制上有足够的信心。但是，因为我们的高收益产品的底层逻辑是趋势跟踪，这就注定了产品的业绩曲线一定会有波动，所以我们不建议保守的投资者参与此类产品。同时，我们产品上线的时间还比较短，目前的产品实盘业绩最大，回撤还未达到历史回溯最大幅度，所以未来潜在回撤幅度可能会大于目前产品历史最大回撤幅度。投资者还是要理性思考我们此类产品的风险及收益是否和自身情况相匹配。

问题4：一般情况下，量化投资的风险是相对可控的，但贵司旗下也有部分产品出现过较大回撤，请问该回撤是在什么情况下发生的？贵司是否会根据投资者不同的风险偏好设计不同的产品？

石泽彬：我们波动较大的产品是量化趋势跟踪策略，回撤一般会出现在趋势行情的反转和分化阶段。另外，我们的产品一般会复利加仓，所以在产品有盈利的情况下会择时加仓，投资者购买老产品会面临较高的潜在波动压力。基于以上情况，我们一般会根据投资者对风险的要求定制新产品，不建议投资者购买老产品。

问题5：2020年以来，期货市场波动明显加剧，机会增加的同时，潜在风险也在加大，您对这样的行情有什么感受？在交易策略上是否会做出相应的调整？

石泽彬：在策略设计之初，我们就把各种行情的挑战设计进了系统，所**以行情波动幅度加剧，内部会自适应形成智能化的投资风险收益曲线，不会掺杂基金经理的主观意愿和人为操作。**

问题6：有一种观点认为，2021年是大宗商品牛市的起点，但是近几个月来，期货市场整体依旧处于震荡阶段，您觉得这套“牛市理论”还适用吗？

石泽彬：由于对行情性质和宏观环境的判断很不专业，所以我们不会主观去判断行情，也不会基于判断去干预系统。我们的量化系统会根据行情数据自动进行市场投资，我们更相信我们的系统能够在市场上经受住长期的考验，并最终实现确定性收益。

问题7：大部分基金经理都表示2021年的预期收益要降低，您是否认同？您觉得2021年的期货市场和股票市场哪个更有机会？

石泽彬：**从年初的行情走势来看，2021年的挑战应该会大于2020年，所以收益预期需要降低**。至于哪个市场机会更大无法进行评价，但**期货市场的盈利确定性还是要高于股票市场**。

问题8：作为飒露紫资产CTA策略的领头人，请您介绍一下贵司的CTA策略及各自的特点。

石泽彬：我们的策略是量化趋势跟踪策略，符合市场长期运行规律，同时，把风险收益进行了较好的平衡，所以我们的长期风险收益会比市场同类策略有优势。我们的量化策略都是跟随量价数据进行分析和交易的，至于系统性风险，我们会通过相关模型进行控制。

问题9：除了量化CTA策略，飒露紫资产还有哪些策略？这些策略的核心逻辑是什么？

石泽彬：除了量化CTA策略，我们还有FOF策略、指数增强策略。FOF策略是投资和配置市场专业投资机构的产品，**目前我们有对接和合作的投顾超过700家，2021年投资的子基金将超过150家**。指数增强策略由我们股票研究团队操作，长期追求高于指数的投资收益。

问题10：在不断变化的市场中，您觉得策略长期取胜的关键包括哪些方面？一套策略需要达到哪些条件、经过哪些步骤，才有可能被贵司纳入实盘策略中？

石泽彬：**长期取胜的关键：一方面，底层策略逻辑要足够可靠和普适；另一方面，资金要对策略有足够的信心和包容，能够伴随产品度过业绩低迷阶段，从而最终享受到策略的盈利成果**。对策略纳入实盘的要求相对复杂，很难用一两句话进行描述。

问题 11：很多量化交易者在进行策略开发的时候都会遇到这样一个问题，一套策略在模拟运行的时候表现很好，回测数据也很不错，但一到实盘中就表现不佳，甚至还有可能出现连续亏损，您遇到过这种情况吗？一般会怎么解决这个问题？

石泽彬：我们在策略开发之初，就会推敲策略的投资逻辑，要求策略足够简单和普适，参数足够少。回溯只是为了验证策略的有效性，而不会因为业绩曲线不佳而进行参数优化。所以，在开发策略的时候，一定要对其未来的适应性有足够的保证。

问题 12：没有一套较为完善的投资理念，也很难在这个市场中长期盈利，请问贵司的投资理念是什么？

石泽彬：我们的投资理念是和趋势做朋友，**所有策略都以趋势为基础，享受趋势带来的盈利确定性，管理好投资过程中的波动和压力。**

问题 13：据了解，飒露紫资产是国内最早一批布局 FOF 模式的专业投资机构，在投资基金的时候，贵司是如何利用不同的市场环境进行不同基金产品的匹配的？

石泽彬：我们有海量的私募合作伙伴，分布在不同策略领域，从而能实现在各个策略领域的投资和择时。我们在宏观方面不具备很强的研究能力，所以我们不会根据市场环境对策略进行择时，我们更相信合作私募的专业能力，主要是被动配置和定投，相信合作投顾的长期专业投资能力。

问题 14：目前国内投资 FOF 基金的机构越来越多，您觉得飒露紫资产在 FOF 投资上有哪些优势？

石泽彬：飒露紫资产作为国内最早一批涉足 FOF 投资的机构，我们拥有专业的投顾评价体系和团队，累计尽调和合作过的投顾数量超过 700 家，我们可以在市场波动阶段，择时对优秀的投顾进行投资，以定制形式成立子基金。

问题 15：贵司致力于智能 AI 量化策略开发，目前已经完成海量策略开发和压力测试，并于 2020 年上线了首只智能 AI 量化产品。您如何看待人工智能和机器学习对投资交易领域的影响？会不会有一天人工智能将完全代替人类交易？

石泽彬：我们始终相信量化只是研究和交易手段，核心还是开发者的理念，所以都是人的思想体现，不能因为这种使用手段的普及而担忧人被取代。

问题16：近年来，私募行业竞争越发激烈，投资者在选投基金产品的时候，更多地会将目光聚焦在头部私募上，在这种大环境下，尽管一些中小型私募有着较好的业绩表现，但仍然难以获得投资者的青睐，您对此怎么看？

石泽彬：我们更喜欢投资和合作中小私募，使我们既能享受中小私募成长期的高额收益，又能尽可能多地占用优秀策略的资金容量，还能通过中小私募的数量支撑FOF规模。**我们始终不相信一种策略能适应所有行情阶段，所以不能依靠有限数量的投顾完成配置和投资，只能依托海量投顾实现配置规模和收益确定。**

问题17：在私募强者恒强的效应下，您觉得中小型私募的生存空间在哪里，如何实现突围？

石泽彬：市场资金投资需求会非常多元化，只要每家私募有自身的专业性，就能在未来市场中找到自身的位置和发展机会。

问题18：贵司取名为“飒露紫”，这个名字很有意思，请问其含义是什么？您希望将来在投资者心中，飒露紫能呈现出一个怎样的形象？

石泽彬：“飒露紫”是昭陵六骏之一，是唐太宗李世民的坐骑，李世民东征洛阳，飒露紫中箭重伤，但直到把李世民安全带回大营才倒下，李世民赞其：“紫燕超跃，骨腾神骏，气詟三川，威凌八阵。”

我们公司的主要合伙人都属马，所以我们取了一个与马相关的名字。公司取名“飒露紫”是取其英姿飒爽、忠勇朴实之意，一方面，希望公司可以一帆风顺，马到成功；另一方面，我们更希望如飒露紫一样，忠于投资者的信任和托付，给投资者创造长期可靠的收益。

银瓴资产：

在战争中学习战争，不断适应变化中的市场情况

（2021 年 5 月 13 日，傅旭鹏访谈整理）

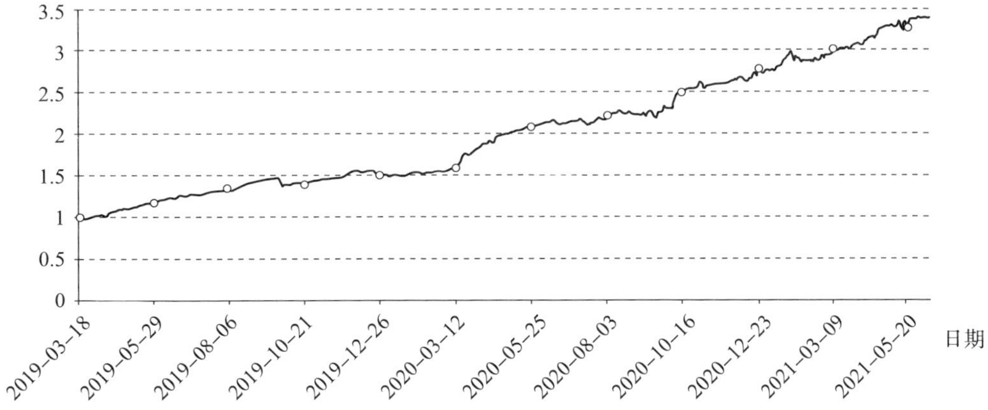

运通对冲套利进取1号的累计净值

李　坚

20 世纪 80 年代毕业于清华大学土木工程系，曾从事建筑设计工作，20 世纪 90 年代开始进行证券期货投资，2008 年起担任南宁运通投资公司总经理，从事对冲套利交易至今，现兼任广西银瓴资产管理有限公司银瓴运通基金总设计师。

李坚具有丰富而实用的理论知识、成熟的投资理念、极强的分析研究能力和20多年的实践经验，在其长期的对冲套利交易实践中，取得了罕见的穿越牛熊的稳定业绩。李坚先生著有哲学专著《生命的意义》一书。

精彩观点

听说期货除了买涨买跌之外还可以做套利交易，我听了之后觉得这是一种风险较低的交易方式，能解决杠杆交易带来的巨大风险问题，于是就一直研究并从事对冲套利交易。

对个人而言，投资能帮助我们实现财务自由，也能帮助广大投资者实现资产的保值增值。对社会而言，证券市场的作用是合理配置资源。

目前还没感觉到套利越来越难赚钱，而是感觉到套利还有很大的盈利空间可以继续挖掘。事在人为，能否盈利和盈利大小主要取决于投资者对市场机会的把握。

套利交易的基本思路是发现不合理价差，开仓后待价差回归时获利平仓。套利交易因为在开仓时就对冲了风险，相当于开仓时就做了风控，这比止损更能有效地控制回撤。

何时轻、何时重要看市场的具体情况，机会少、机会不好时就轻仓，机会多、机会好时就重仓，必须审时度势、随机应变，不可一概而论，否则就会犯教条主义的错误。

我们的想法是根据账户及产品的不同定位进行控制（进取型的账户和产品容忍较大的回撤，争取较高收益，稳健和保守型的账户和产品坚决控制回撤）。战略上随时准备接受较大的回撤，战术上随时设法控制回撤，尽量避免出现较大的回撤。

总体上说，高抛低吸类策略适合震荡行情，追涨杀跌类策略适合趋势行情，加减仓类策略适合情况不明的行情。

实盘交易策略都是在交易实践中不断摸索、总结、完善形成的，正确的就坚持，错误的就修正。在战争中学习战争，不断适应变化中的市场情况，好坏、对错以实践结果为判断标准。

总体上，套利策略不会失效，价差不会无限扩大。具体的操作判断错误、亏损则会经常发生，有错就改，改了就好。

套利交易潜在的最大风险是持仓中每个套利组合都出现亏损，且各个组合的价差均未修复，这种情况较罕见。出现这种情况时最好的应对措施就是平仓止损，这时候就会产生较大的回撤。

我们选择套利合约的依据是试仓，活跃的、盈利的就继续多做，不活跃的、亏损的就尽量少做或不做，而不是墨守成规、一成不变。

在绝大部分品种上实现盈利的主要原因就是在合适的位置进行无敞口的对冲套利，然后机动灵活地不断调整仓位。

基本面交易的问题在于我们无法完全了解基本面，投资者对基本面的解读也不同。技术派的最根本问题在于即使是经过长期检验有效的技术分析方法，一旦为大家所接受就会失效。

基本面的逻辑通常是基本面走强的品种买近月卖远月，基本面走弱的品种卖近月买远月。技术分析则是根据各种指标判断市场的变化趋势，比如：震荡市还是趋势市。

我认为，一套好的交易方法应该是：常态下能盈利，极端情况下也能应付各种意外、突发事件，黑天鹅事件，不至于崩溃失效、伤筋动骨。

问题 1：李先生您好，感谢您和我们进行深入对话。据您介绍，您从 20 世纪 90 年代就开始做股票，请问当时是怎样的机缘巧合让您进入股票市场的？为何后来又转而做期货？

李坚：不客气，感谢七禾网为投资者提供了一个很好的交流展示平台，也感谢七禾网给我提供了一个与投资者分享投资理念和实践的机会。

我在清华学的是土木工程，毕业后做了十年设计工作。因为希望工作和生活环境能宽松一点，也不想牵扯太多复杂的人际关系就辞职出来进行证券投资。初次接触期货大概是在 2001 年，当时股市不景气，想寻找别的投资渠道，就想到了做期货。当时做期货的交易手段还比较落后，交易了几个月的结果是亏损。期货没做好，就继续做证券投资，接着就在 2005—2007 年迎来了一波证券市场的牛市。2008 年初，熊市又要来了，我意识到继续做股票只会亏损，还想再找别的投资渠道，于是又重新回到了期货市场。当时**听说期货除了买涨买跌之外还可以做套利交易，我听了之后觉得这是一种风险较低的交易方式，能解决杠杆交易带来的巨大风险问题，于是就一直研究并从事**

对冲套利交易。

问题 2：您从 90 年代开始做股票交易，从此进入投资市场，做了近 30 年的投资，您最大的感受是什么？

李坚：最大的感受是交易之路很艰辛，我们要居安思危，继续适应不断变化的市场。**对个人而言，投资能帮助我们实现财务自由，也能帮助广大投资者实现资产的保值增值。对社会而言，证券市场的作用是合理配置资源。**

问题 3：据我们了解，您的投资经历和经验非常丰富，还做过权证和期权交易。请问您之前做股票、权证和期权的交易方法和现在做期货的方法有哪些异同？

李坚：个人的投资经历确实比较丰富，股票、权证、可转债、期权都做过，股票 IPO 上市首日的超短线炒作、持有贵州茅台等长线股进行股票中长线价值投资等各种投资方式都做过。这些方法和期货交易的最大区别是后者有杠杆且是 T+0 交易。期权买方的弊端是择时要求很高，否则会不断消耗权利金；期权卖方的弊端是一旦市场大幅波动风险极高，可能穿仓。

问题 4：在您进入期货市场的这些年当中，从套利的角度来看，您认为国内期货市场的行情走势等方面主要发生了哪些变化？是否觉得套利越来越难赚钱？

李坚：主要变化是套保企业和机构投资者增多了，期货价格波动减小了，期货市场的影响力增强了。**目前还没感觉到套利越来越难赚钱，而是感觉到套利还有很大的盈利空间可以继续挖掘。事在人为，能否盈利和盈利大小主要取决于投资者对市场机会的把握。**

问题 5：在您做期货的这些年中，交易的方法和理念经历了怎样的变化？

李坚：我们的投资理念就是追求长期稳定的复利增长，方法就是对冲套利。进行期货交易的方法和理念基本没有什么大的变化，细节上进行了各种完善，逐步提高收益和稳定性。

问题 6：请问您做套利交易的思路、逻辑和做单边交易相比主要有哪些区别？

李坚：二者区别很大，甚至可以说完全不同，套利交易关注的是不同合约之间的价差变化，单边交易关注的是价格本身的变化。

套利交易的基本思路是发现不合理价差，开仓后待价差回归时获利平仓。套利交易因为在开仓时就对冲了风险，相当于开仓时就做了风控，这比止损更能有效地控制回撤。二者的风控体系和理念完全不同。

问题7：受到疫情等方面的影响，2020年以来期货市场行情波动非常大，在这样大幅波动的市场中，您是否会考虑加大在单边交易上的投入？

李坚：我们的对冲套利账户和产品不进行单边交易。

问题8：在您做跨期套利时，有时候非主力合约流动性比较差，是否会存在非主力合约没有成交而导致“单腿”合约的问题？您又是如何处理这个问题的？

李坚：“单腿”的情况不多，出现“单腿”情况通常都会快速平仓或开仓尽快消除敞口。

套利的主要功能就是为非主力合约提供流动性，让市场运行更顺畅。交易所降低非主力合约手续费的目的也是引导资金流向非主力合约，这样既利于套利交易，也利于企业套保，从而更好地让期货市场服务于实体经济。合约活跃与否是相对的、变化的。做的人多了就活跃了，大家都不做就不活跃，就冷门。有些合约就是我们套利交易者参与进去才逐步活跃起来的，做了之后能活跃起来就继续做，活跃不起来就逐步退出。我们为市场提供流动性，为实体经济服务。正因如此，交易所也支持套利交易，给套利交易提供了保证金优惠。

问题9：我们分析发现，您在七禾网资管排行榜上注册的运通对冲套利系列账户，交易胜率都超过50%，请问您的套利交易能做到高胜率的主要原因是什么？

李坚：交易胜率超过50%似乎不算高吧？感觉这样的胜率还是低了点，没比较过其他投资者的胜率。我们认为我们的月胜率应该算比较高的，下面是我们一个账户的月盈亏分布图：

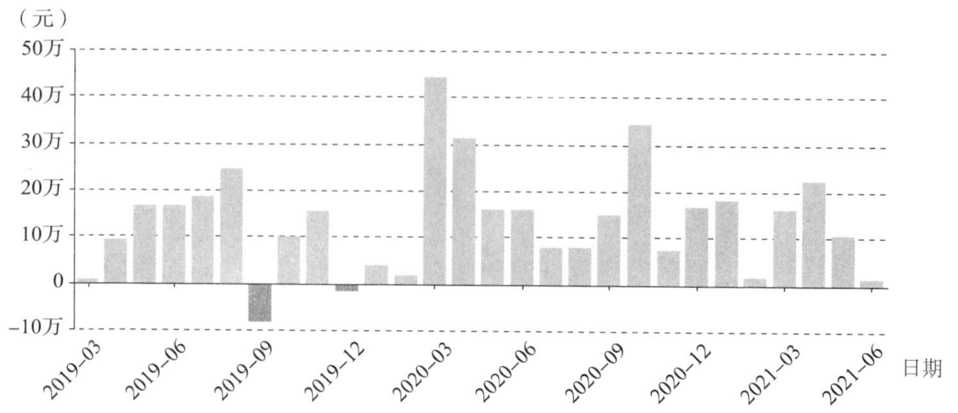

问题10：大家通常认为，套利交易的风险相对较小，而您的账户仓位却始终保持较轻，请问其中的主要原因是什么？

李坚：仓位有时轻、有时重，仓位比较轻是为了应付各种意外。**何时轻、何时重要看市场的具体情况，机会少、机会不好时就轻仓，机会多、机会好时就重仓，必须审时度势、随机应变，不可一概而论，否则就会犯教条主义的错误。**

问题11：您的账户回撤控制得非常好，甚至有的账户回撤控制在5%以内。请问您在未来是否会考虑适当增大仓位、适当扩大对回撤的容忍度，从而获取更高的收益？

李坚：这些账户的回撤控制得比较好是个客观情况，是实践的结果。我们思想上还是准备随时应付较大的回撤的，只是较大的回撤目前还没发生，将来估计会发生，但何时发生，回撤有多大很难预测。**我们的想法是根据账户及产品的不同定位进行控制（进取型的账户和产品容忍较大的回撤，争取较高收益，稳健和保守型的账户和产品坚决控制回撤）。战略上随时准备接受较大的回撤，战术上随时设法控制回撤，尽量避免出现较大的回撤。**通俗而言，就是在不断向最好努力的同时，随时准备应付最坏的局面，做最坏的打算，这样才能应付各种意外事件。

我们目前几个对冲套利产品在同等定位的产品里收益和夏普比率都是偏高的，后续也可能推出更激进和更稳健的产品，推出什么产品主要看投资者的需求和我们的交易能力。

问题 12： 单边趋势策略在震荡行情中通常容易亏损，请问您的套利策略在怎样的行情中是不适应的？从而可能会产生亏损？

李坚： 套利策略似乎没什么不能适应的行情，关键在于不断提高我们发现问题、解决问题的能力，随机应变，别死扛，也别墨守成规。

问题 13： 请问您目前实盘一共有几套交易策略，每一套策略的主要特点是什么？这些实盘交易策略是如何形成的？

李坚： 这要看您如何理解、定义策略了。总体上说我们就是一套策略：对冲套利。具体的操作方式方法就很多了，看如何细分，细分到什么程度。所以我们的策略也可以说有几十、几百套。**总体上说，高抛低吸类策略适合震荡行情，追涨杀跌类策略适合趋势行情，加减仓类策略适合情况不明的行情。**

实盘交易策略都是在交易实践中不断摸索、总结、完善形成的，正确的就坚持，错误的就修正。在战争中学习战争，不断适应变化中的市场情况，好坏、对错以实践结果为判断标准。

问题 14： 单边趋势策略存在着可能失效的风险，请问套利策略是否也同样存在策略失效的风险？

李坚： 这要看您如何定义失效这个概念了。**总体上，套利策略不会失效，价差不会无限扩大。具体的操作判断错误、亏损则会经常发生，有错就改，改了就好。**

套利交易潜在的最大风险是持仓中每个套利组合都出现亏损，且各个组合的价差均未修复，这种情况较罕见。出现这种情况时最好的应对措施就是平仓止损，这时候就会产生较大的回撤。在整个大的交易周期中，偶尔会产生较大的回撤，只要回撤的幅度和账户或产品的定位相符也属于正常现象，没什么特殊原因，正常应对即可。

问题 15： 您表示您各种品种都交易，请问您选品种的标准是什么？

李坚： 实践是检验真理的唯一标准，期货市场就更是如此。所以，**我们选择套利合约的依据是试仓，活跃的、盈利的就继续多做，不活跃的、亏损的就尽量少做或不做，而不是墨守成规、一成不变。**

问题16：您一般同时做多少个品种？每个品种的仓位和整体的账户仓位是如何控制的？

李坚：我们可以同时做几十个品种，套利机会多的时候，估计在10~50个左右，套利机会少的时候，也许只有0~10个。每个品种的仓位根据各组合的价差位置进行控制调整。机会比较好、比较安全的组合仓位就重，否则就轻。通常情况下，单个套利组合的仓位占比不大于30%。

通常情况下，稳健型的账户和产品的仓位在10%~60%附近，进取型的账户和产品的仓位在10%~90%附近，保守型的账户和产品的仓位在10%~50%附近。

问题17：我们分析发现，您的账户绝大部分的品种都是盈利的，只有少数几个品种比如液化石油气是亏损的，请问您能在绝大部分品种上实现盈利的主要原因是什么？

李坚：**在绝大部分品种上实现盈利的主要原因就是在合适的位置进行无敞口的对冲套利，然后机动灵活地不断调整仓位。**某一品种的盈亏短期会有反复，但长期看，假以时日，我们在所有品种上（或者说在大部分品种上）应该都能盈利，这没什么特殊原因。下面是我们一个账户的品种盈亏分布图：

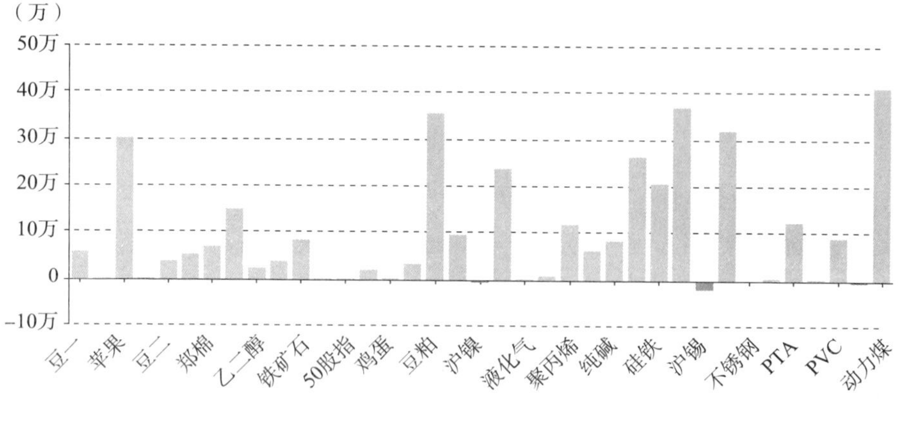

问题18：据您介绍，您的交易手法是将自动交易和手工交易相结合的，请您具体谈一谈是如何将两者结合起来运用的？

李坚：通常的做法是程序分析统计数据、寻找套利机会，个人综合判断决策，手工下单交易，有时也会让程序自动交易。但手工交易是最根本的办法，程序有可能失效或出错，而且程序适应不了出现的各种新情况。

问题 19：我们也了解到，您的交易手法同时也是将技术分析和基本面分析结合，请您具体谈一谈是如何将两者结合起来运用的？基本面分析是如何指导套利交易的？

李坚：基本面研究可以看大趋势、大方向，技术面确定进出场点位，技术上在趋势即将形成时进场最好。**基本面交易的问题在于我们无法完全了解基本面，投资者对基本面的解读也不同。技术派的最根本问题在于即使是经过长期检验有效的技术分析方法，一旦为大家所接受就会失效。**因此，我们具体操作参考的大多是常见指标，但也有我们自行设计、定义的特殊指标。后者属于商业秘密且在不断变化完善中，不便多说，以免失效后害人害己。

基本面的逻辑通常是基本面走强的品种买近月卖远月，基本面走弱的品种卖近月买远月。技术分析则是根据各种指标判断市场的变化趋势，比如：震荡市还是趋势市。基本面分析和技术面分析的结果一致时就多开仓，否则就少开仓或不开仓。

问题 20：您表示，您也曾有过短期大亏的经历，请您介绍一下这次经历的具体情况。您从中收获的经验或者总结是什么？

李坚：套利交易的最大优点就是风险较低且能容纳较大的资金。但是风险较低是相对于单边交易来说的，事实上没有绝对低的风险。我们的个人账户为了追求较高收益，2015 年在国债套利上就遇到过大的回撤。

2015 年 5 月 12 日，TF1512/TF1509 的价差突破 1.00，这说明什么事都有可能发生。当时自认为很安全的国债套利也因重仓而严重亏损达 10%以上，教训十分深刻。

2015 年 5 月 13 日，TF1512/TF1509 的价差突破 1.20。当时，长债价差不扩大，近月价差也不扩大，唯有自己重仓的短债远月价差不断扩大。

2015 年 5 月 14 日，价差继续扩大，从 1.25 扩大到 1.55 收盘。

2015 年 5 月 27 日，价差继续扩大到 1.95 收盘。

最后的结果是无可奈何地下决心平仓止损，亏损达 20%~30%。后来花了大概半年的时间才逐步弥补这次亏损。事后从结果看，平仓止损后，TF1512/

TF1509的价差逐步回到1.2附近，然后于9月11日10：25收敛于0.8附近退市。也就是说，如果当时不平仓止损的话，继续持仓几个月，价差最终也会回归正常，产生盈利。但因为重仓导致账户回撤太大，超出了我们的预期和承受能力，所以当时还是必须选择平仓止损。

失败是成功之母。这次重大回撤带给我们的经验教训就是：

第一，统计数据、回测都只代表过去，过去没发生过的事不等于将来不会发生，小概率事件其实挺常见，我们必须居安思危。

第二，想取得稳定的收益就必须控制仓位、分散投资。

第三，当事情超出了我们的认识范围，逻辑分析的结果也可能随着各种条件的变化而出错，因此，必须尽快平仓减少损失。

去掉那些大的回撤过程，剩下的就是小回撤的盈利前景，这就是我们要不断总结经验教训的原因。

问题21：据您介绍，您有自己特有的投资哲学，对投资、生活和哲学有自己独到的见解，请您谈谈您的投资哲学是怎样的。

李坚：从哲学上看，人的认识水平、认识能力有限。无论科技水平、文化程度有多高，也无论人有多聪明（无论是个体还是集体、团体），未知的永远比已知的多得多。因此，完全认知、精确预测是不可能的。人既无法完全认识自己，也无法完全认识身外之物。以前没发生的事不等于以后不会发生。“规律”是会改变的，是有条件的——经济领域更是如此。

凡是现实的都是必然的。通常，看似偶然的结果里包含着必然。事实上，“小概率事件”的发生太常见了。大部分期货交易高手都被意外的小概率事件击败，这绝不是偶然的。

智者千虑，必有一失。受认识水平及变幻莫测的市场因素的影响，交易必然有错误、意外……错误、意外本身就是交易的一部分，无法避免。因此，好的、稳妥的交易方法必须能应付错误、意外（包括自然灾害、突发事件、情绪失控、停电、通信故障等）……因此，**我认为，一套好的交易方法应该是：常态下能盈利，极端情况下也能应付各种意外、突发事件，黑天鹅事件，不至于崩溃失效、伤筋动骨。**

我的投资哲学就是追求长期稳定的复利增长，不把希望寄托在运气之上。

生活和哲学上的问题请感兴趣的投资者参看拙著《生命的意义》。

问题22：现在私募机构众多，各有各的特点，贵公司的核心优势在哪些方面？

李坚：我们的产品优势是有业内领先的夏普比率水平，能兼顾投资的收益和稳定性，比较适合稳健的投资者。

我们团队的核心优势估计有以下几个方面：

（1）全品种覆盖，能捕捉的机会更多。

（2）团队的理论和实践经验较丰富，能及时捕捉较多套利机会。

（3）操作灵活，应变能力较强。

（4）有领先的风险管理理念，能较好地协调回撤与收益的关系，不走极端。

（5）坚定不移地执行追求长期稳定的复利增长的投资理念，面对各种行情的诱惑不为所动。

问题23：贵公司位于南宁，就您的观察和体验来看，您认为南宁的金融投资环境和上海、杭州等地相比，有哪些区别？

李坚：南宁的金融投资氛围和上海、杭州等地相比差距较大，投资者对期货投资的接受程度较低，以购买产品方式实现资产长期稳定的复利增长的意识也比较淡薄，亟待加强。

这样的环境有利有弊，作为产品的管理人，这样的环境也能让我们以平常的心态去实践自己的投资哲学，克服急功近利的浮躁心理，更好地为投资者服务。

问题24：请谈谈您个人未来的投资规划，以及团队的发展愿景和规划。

李坚：个人的投资规划一如既往，还是追求长期稳定的复利增长。我们团队的发展愿景就是居安思危、与时俱进，不断发现机会、把握机会，适应变化中的市场，更好地为投资者服务，让投资者的资产也能实现长期稳定的复利增长，利人利己、利国利民。

彩霞湾投资：

多策略带来“稳稳的幸福”

（2021 年 6 月 23 日，刘健伟访谈整理）

鲁 俊

宁波彩霞湾投资联合创始人、投资总监。毕业于复旦大学数学学院，硕士研究生。专注于海内外证券市场和各类金融衍生品市场投资，有15年证券市场从业经历，具备多领域投资经验。

2006年4月进入光大证券总部，先后在金融衍生品部、经纪业务总部金融交易实验室和国际业务部等部门从事A股、A股相关衍生品以及股指期货的自营业务，投资收益稳定。

2011年离开光大证券后组建公司核心团队。

精彩观点

一直以来我们都以贯彻复利增长为目标。

复利最怕遇到的一个情况是波动比较大。

投资这件事情是科学性和艺术性相结合的工作。

艺术家在艺术创作的时候，每一个艺术家创作的“维纳斯”形象可能都不一样，艺术家都融合了自己的认知在作品里，这个就充分体现了证券定价的艺术性。

如何在这个过程中，真正做到处变不惊，或者真正不受市场影响，维持自己对事物本质的一个判断，也是很讲究艺术性的。

把时间周期拉长来说，所有的资产价格都会上涨，因为货币总是在不断地贬值。

我觉得从长周期的维度来看，股票是会一直处在牛市当中的，这是一个很确定的事情。

公司的基本面是影响价格的一个核心因素。中国的经济正处于一个非常重要的转折点上，很多人喜欢称其为“刘易斯拐点”。

从利率来说，无风险利率也会决定一个证券的价格表现。

随着投资者越来越成熟，这个牛市可能会走得相对缓慢一些。

去押注哪个行业短期内会比市场走得更好，这是一件很困难的事情。对于我们做价投的人来说，更关注的是自下而上的选择。我们付出的是价格，得到的是价值。

有很多白酒企业给的估值也比较高了，也需要斟酌着来看公司成长性能否跟估值匹配得上。

（选股）主要还是考虑两个因素：①整个行业未来的成长逻辑；②企业长期的竞争优势。

一定程度上，我们对于科技股非常看好。

我们会比较重视研究科技股一个竞争优势长期是否能够维持，深入分析研究后来下一个具体的结论。

医美行业我认为市场前景是非常大的。

随着人们收入不断提高，马斯洛需求中被别人尊重和认可的需求越来越大。

从十年前，我们做自营交易开始，价值投资就一直贯穿我们的投资体系。

我认为价值投资的本质就是买入一桩好生意、好企业，随着时间的沉淀，让优质的上市企业不断创造价值，带来长期持续稳定的回报。

我认为真正长期“好”的公司很少，我们自己这么多年投资的企业筛选下来，市场上可能真正值得投资的上市企业也就在10%上下。

好的公司一定要用一个比较好的价格去持有，这个直接关系到具体交易时的投资心态。

市值管理的本质是与散户博弈，博弈往往带有投机性，伴随的风险较大。

作为资产管理机构，还是需要坚守投资的本心，做投资人信任的合作伙伴。

做价值投资，还是要冷静独立看待这些外在声音造成的干扰，若对我们原有的投资确实有影响，我们会适度进行调整，调整投资节奏。

主要是市场份额不断集中，好的企业受到市场认可，不好的企业流动性就很差。

在投资过程中，我们始终把风险前置，在最小的风险下，给投资人一个长期可观的回报。

我们的核心竞争力在于比较独特的投研模式和投资视角。

问题1：鲁总您好，感谢您在百忙之中与我们进行对话。我们从您的履历中发现，您一毕业就进入了投资市场，您选择进入市场的原因是什么？15年的从业经历，您最大的感悟是什么？

鲁俊：谢谢主持人，很高兴有这样一个机会跟七禾网的各位朋友一起分享。我毕业后进入资本市场也是机缘巧合，2006年股权分置改革，当时推出了权证，权证作为一个金融衍生工具，它的定价，包括产品设计以及对冲会用到大量的数学知识。也是机缘巧合就进了光大证券做了一些与自营相关的业务，包括权证、股指期货、结构化产品这些对应的相关工作，还有一些量化选股之类。

那么在这种情况下，进入到市场当中，最大的感悟：首先，10多年以来，市场在不断进化，这个是有目共睹的。市场投资者结构也在不断变化，从以散户为主到以机构为主。现在工具越来越多，市场容量越来越大，股票也越来越多。在这个过程当中，**市场这个外部大环境也在不断地变化，我们作为市场的参与者，在大环境当中生存，需要不断提高自身适应大环境的能力，不断提升竞争力，这样才能在变化的市场中，获得一个长期相对可观的回报，只有不断进化，才能够在市场中不断生存下去。**

其次，**一直以来我们都以贯彻复利增长为目标，**虽然这个时间不长，但是也不短，在这个过程当中我们也见证了复利的一个长期表现，就我们前半段自营投资生涯和后半段踏入资产管理来说，这个15年，虽然没有哪一个年份业绩特别出众，但复合增长下来回报还是相当丰厚的。

问题2：您曾表示“投资圣杯”是您最为珍视的概念，能否跟我们聊聊您眼中的“投资圣杯”是什么样的？

鲁俊：因为我们刚才提到在长时间的复利情况下可以获得一个比较高的回报，在这个过程当中，**复利最怕遇到的一个情况是波动比较大。**举个例子，第一年赚了100%，第二年亏了50%，那么这两年是没有赚到钱的。因为第一年净值是从1到2，第二年净值是从2跌回了1，这就不存在一个复利增长。那么在这个过程当中，我们也恰巧接触到了来自雷·达里奥的《原则》一书关于“投资圣杯”的描述。书中提到，当你有20个相关性比较低的策略，每个策略都能贡献相关性比较低的回报流，你把20个策略组合在一起，那么这样的组合收益就会非常稳定，因为这20个策略的相关性比较低，不可能同时会回撤，可能今天这个赚钱了，明天那个赚钱了，过程当中可能也会有些策略有亏损，但长时间来看，整个波动会比我们把鸡蛋全部放在一个篮子里，单独押注一个策略低很多。举个例子，如果这20个策略年化收益都是20%，那么你的期望年化收益仍然是20%，这个过程当中波动就会比较小，相比单一策略年化20%收益要承受很大波动来说，这其实是一个免费的午餐。这个大概就是“投资圣杯”的一个理念。

在具体操作过程中，我们有很多不相关的策略，不相关主要体现在两个方面：①**主要是体现在品种上面**，有些会参与一些股票，会参与股指期货，也会参与一些其他金融衍生产品，还有一些类固收的策略。②**投资工具一样，但投资理念不一样**。投资过程当中，如可转债套利和可转债的投资，属于不同的投资策略，就构成了相关性相对低的数个回报流构建出“投资圣杯”。

问题3：您称在交易过程中采用主观自下而上的研究决策富有艺术性，这怎么来理解？

鲁俊：谈一谈主观自下而上研究的艺术性，我们一般认为**投资这件事情是科学性和艺术性相结合的工作**。科学性自然不用说，很多可以用科学方法给证券来做一个定价，股票可以用绝对定价和相对定价的方法，绝对定价的方法可能更多的是针对一些DDM模型。DCF模型，把未来的一个分红也好，EPS也好，自由现金流也好，折现到今天，计算一个证券的价格。相对定价的方法，看整个行业对未来的成长性给予多少倍的PE，这是整个证券定价偏科学的部分。

投资也还是有很多艺术层面的东西，主要分两点：

（1）虽然可以利用很多模型给证券来定价，但事实上来说，其中的很多参数对于这个模型最终计算的结果起了一个主导的作用，比如说未来的成长性，未来应该给予多少倍的风险折现因子，就更多考验人们对这家公司的判断，对整个国内未来宏观的一个大的判断，不同的人决策的点都不一样，因此说有一个艺术性成分在里面。**艺术家在艺术创作的时候，每一个艺术家创作的“维纳斯”形象可能都不一样，艺术家都融合了自己的认知在作品里，这个就充分体现了证券定价的艺术性。**

（2）任何一家公司证券价格上涨或者下跌都受很多因素影响，比如受情绪的影响会比较大，当人们悲观的时候可能一些影响价格的负面因素考虑得更多，当人们乐观的时候可能更多地考虑证券定价偏正面的因素，**如何在这个过程中，真正做到处变不惊，或者真正不受市场影响，维持自己对事物本**

质的一个判断，也是很讲究艺术性的。

问题4：“牛市”一词触动着很多投资者的心，就当前的A股来看，您觉得是否可以称之为牛市？或者说您定义的牛市是怎样的？除了牛市论，其实市场上也有很多悲观的看法，因为疫情、因为中美贸易争端、因为西方与中国的各种冲突，股市并不具备上涨的条件，您怎么看？

鲁俊：把时间周期拉长来说，所有的资产价格都会上涨，因为货币总是在不断地贬值。从美国过去100年的历史来看，现金是不断贬值的，债券、股票包括实物资产、房地产都会上涨，无非就是说在过程当中会有些波动，而且波动维持的时间也比较长，有些资产价格低迷的时间也会持续得比较长。**我觉得从长周期的维度来看，股票是会一直处在牛市当中的，这是一个很确定的事情。**

那么**国内市场从中长期来看，我们还是觉得是处在一个牛市中的。**

第一个方面：证券是一个公司的所有权，**公司的基本面是影响价格的一个核心因素。中国的经济处于一个非常重要的转折点上，很多人喜欢称其为“刘易斯拐点”**。这个拐点出现是人口红利逐渐消失的一个过程，国家产业会不断升级。随着每年人口红利的减少，人口的学历以及人口素质不断提升，对应有了这么多人才，有了这么多创新性机会和创新型企业产生，自然会带动一个国家的产业升级。随着人均GDP提高，我们的收入也会不断增长，我们有更多可支配收入去消费，逐渐形成由出口拉动到内需拉动的一个过程。**我觉得中国的经济会处在一个比较好的状态，应该是会变得更好。**

第二个方面：**从利率来说，无风险利率也会决定一个证券的价格表现。**从所有比较主流的国家来说，我们中国的利率还是维持在一个相对比较高的水平的，还有一个向下的空间，可能对整个估值也会有所带动。而且随着“房住不炒”政策的持续，更多居民财富可能会流入以股票为主的权益市场。不管是买一个类似“雪球”结构的产品，还是买一些公募基金，或者以其他间接方式，都会逐步地配置到股票当中。因此从这几点来看，未来几年应该会处在一个牛市当中。当然这个牛市不是一蹴而就的，如果涨多了，像2007年、2008年脱离基本面的暴涨就可能会有一个下跌。现阶段，**随着投资者越来越成熟，这个牛市可能会走得相对缓慢一些。**短期来说，可能也会面临很多不确定性，比如通胀的担忧，美联储未来边际上收紧货币，以及新冠肺炎疫情后续演变，国际政治博弈等都会阶段性影响市场，牛市会走得相对更持久一些。

问题5：您是全行业布局，那么在2021年，您觉得哪些行业更适合投资？

鲁俊：关于行业布局，首先我们认为**去押注哪个行业短期内会比市场走得更好，这是一件很困难的事情。对于我们做价投的人来说，更关注的是自下而上的选择。我们付出的是价格，得到的是价值**。我们会在自己能力范围内选择一些比较能看得懂的行业来寻找一些低估的机会。当然，这个低估不能从PE的角度来看，这要结合该公司未来发展的可能性，我们会去关注一些价格相对更合理的成长型公司，抑或是价格非常合适的，业绩也比较稳定的白马股。

问题6：有人说“喝酒吃药”是A股永恒的主题，您怎么看？

鲁俊：永恒倒不敢说，这些行业过去走得比较好，与行业自身的大背景有关系。

我们可以看到酒企为了迎合消费升级，不断改造产品线，将低端产品往高端产品靠，企业过去几年确实在迎合了消费升级以后业绩有所增长，这也是非常合理的一个方面。

医药这块，中国毕竟是人口大国，随着医疗技术发展，人口老龄化的到来，国民人均寿命也越来越长，比如药品尤其是高端药品的需求也在不断增长，这个是前面几年表现比较好的大前提。

至于未来也会有一些不确定性，国家也会有一些政策出台，包括带量采购，对一些仿制药会带来一些业绩的挤压，更多是鼓励一些创新药，让企业把更多的营销费用作为研发费用，同时也帮助减轻了居民看病的压力，给医保减轻负担，对多方面都有利。**创新药会受益一些，仿制药会更累一些**。消费升级还是比较确定的，至于这个吃药的话跟以前就不太一样了，**有很多白酒企业给的估值也比较高了，也需要斟酌着来看公司成长性能否跟估值匹配得上**。

问题7：选择板块后，您一般会挑选符合什么条件的个股？

鲁俊：**首先我们不是选择板块以后来挑选个股，我们是用自下而上的方式来挑选**。

主要还是考虑两个因素：

（1）整个行业未来的成长逻辑。

（2）企业长期的竞争优势。

举个例子，一家企业的新产品很受市场欢迎，但如果市面上很多其他企业也能生产类似的替代品，意味着市场会不断萎缩，这个就很难赚到长期的超额收益，那么很难有一个向上的股价表现。

问题8：随着鸿蒙的发布，科技板块的热度又一次提升，但从过往的表现来看，科技股的波动通常都非常大，您对科技股怎么看？

鲁俊：首先人类的进步是因为科技的不断发展，科技企业是带动社会经济发展很重要的一股力量。**一定程度上，我们对于科技股非常看好。**就像刚才提到的，科技企业掌握核心竞争力的深入详细分析。例如，它虽然起步更早，但它的竞争优势很难维持。再如，制造业的科技企业，它有大量的资本开支，整个未来的技术路径也是不断变化的，竞争对手可能也在实验室研究新的东西来颠覆它。这样相对来说我们更谨慎一些。**我们会比较重视研究科技股一个竞争优势长期是否能够维持，深入分析研究后来下一个具体的结论。**

问题9：这两年医美逐渐进入人们的视野，也被很多投研机构称为未来的好赛道，但实际上当前医美行业还是良莠不齐，负面新闻居多，您怎么看这个板块？

鲁俊：医美行业我认为市场前景是非常大的。中国有一个大量的消费群体，医美渗透率相较美国、韩国还有提升空间。因为**随着人们收入不断提高，马斯洛需求中被别人尊重和认可的需求越来越大。**女性甚至男性，都希望通过医美的方式能够打扮得更好看，获得更多的社会认同。

但是，我们知道医美行业有很多不确定性。很多医美机构，微整形工作室，中间的销售环节可以提走整个价值链80%以上的利润，大量医美行业的企业可能在同质化竞争，没有一个相对很独特的竞争力，同时这几年快速发展过程中也积累了很多问题，还要再看一看。

医美一定程度上也是跟科技相关的一个行业，技术也不断在推陈出新。比方说，以前是割双眼皮，现在是采用埋线。现在流行的玻尿酸其有效成分也不断在改变，对于这些能否在行业上维持一个竞争优势，还需要再看，当然赛道是非常好的赛道。

问题10：价值投资似乎在每个投资者的嘴里都不断被提及，就您来看，价值投资的本质是什么？

鲁俊：在做出转型资产管理的决定时，我们做好了长期在一个困难但正确的方向上，做自己擅长的事情的心理准备。**从十年前，我们做自营交易开始，价值投资就一直贯穿我们的投资体系，**价值投资是经过海外验证的最好的长期有效的投资方式。**我认为价值投资的本质就是买入一桩好生意，好企业，随着时间的沉淀，让优质的上市企业不断创造价值，带来长期持续稳定的回报。**

比如20年前的亚马逊、苹果，现在的全球巨头企业，它们都不是一朝一夕成就的，而是经过长时间的积累，发展期间遭遇波折，但最终坚定正确的方向、把握住时代的趋势脱颖而出的。我们投资也一样，资产管理机构要有足够的耐心，不断地学习，方能在不断变化的市场中去适应、去生存。从长期来看，权益市场是非常不错的投资领域，而资产管理行业也将发展得越来越好，随着投资环境越来越成熟，资金结构不断优化，居民财富配置需求不断上升，中国将诞生一大批优秀的超级私募机构。

问题11：谈到价值投资，无一不想到巴菲特，您觉得A股市场会出现类似巴菲特一样的投资家吗？或者说A股市场要符合什么样的条件才会诞生"中国巴菲特"？

鲁俊：我觉得中国巴菲特肯定是会有的，毕竟现在中国股票市场也不过30年时间，处于非常快速发展的阶段。这几年我们看到A股变化非常大，股指期货、期权等交易工具不断完善，私募基金阳光化等法律法规更加健全，人民币国际化预期带来的海外资金关注，包括MSCI指数不断加大投资比例，放开海外金融机构投资A股市场的限制，包括鼓励保险资金、长期资金进入股市等，都表明A股市场已经是一个全球都不容忽视的投资市场。随着IPO不断加大，A股的融资属性更加市场化，好的企业留下来，不断创造价值。不好的企业随时退出，聪明的资金不再买单，反过来促进企业的自我强化，从而形成一个正向反馈，这是符合经济发展趋势的。

问题12：从价值投资的角度来讲，A股市场有具备"价值投资"基础的公司吗？或者在您眼中，什么类型的公司，过去是一家好公司，现在是一家好公司，未来十年后，依然是一家好公司？

鲁俊：A 股当然有具备“价值投资”基础的公司。如果 A 股没有值得投资的公司，我们也不必来做资产管理了。**但我认为真正长期“好”的公司很少，我们自己这么多年投资的企业筛选下来，市场上可能真正值得投资的上市企业也就在 10%上下。**而这 10%的企业品种中，有一部分未来很有可能成为领域中的独角兽。

首先我们看的时间维度相比其他公司可能会更长一些，进入我们视野的企业，一般过去要有一个持续的运作时间，以验证它的商业模式是成功的。也就是过去必须是一个好公司，当然不排除有些新兴行业，是没有很长的历史可追溯的，那我们也会用一个未来的眼光来看这个企业。

再者，我们要深入分析商业模式的可持续性，至少在未来 3~5 年甚至 10 年能够继续保持竞争优势的企业是我们比较青睐的。我们很注重业绩的持续性，原因在于我们很清楚自己的优势是什么，擅长什么。这个很重要。

最后，**好的公司一定要用一个比较好的价格去持有，这个直接关系到具体交易时的投资心态。**

问题 13：彩霞湾的投研方式很特殊，采用的是“计算机辅助人脑”的方式，为什么不设计一整套程序或者策略，让机器来完成整个交易流程？

鲁俊：十多年投资下来，我们这套“计算机辅助人脑”投研方式是我们不断进化、不断与市场交互、不断完善的一套自创式投研体系。对我们团队而言，多年跑下来证明有效的，也最适合我们。

问题 14：您这边是通过计算机初步筛查，是筛查什么？板块还是个股？筛查的依据是什么？

鲁俊：利用计算机处理海量信息，从海量的上市公司中，寻找到可能的好公司，排除看不懂的公司和不好的公司，**我们主要采用财务指标，对于个别行业，我们会采用特征指标来定义。**

问题 15：当前量化交易的发展非常迅速，在市场中的份额也越来越大，您怎么看待量化交易？您是否会考虑未来采用量化交易？

鲁俊：量化交易发展很快，2020年也诞生了千亿级私募基金。**量化私募发展迅速跟它逐步被投资者接纳，且同机构合作的天然优势有很大关系。**从投资本质来看，量化私募采用的是以历史数据来提取指标作为未来投资的依据，高效客观能承载很大的体量。相比客观研究，对一个行业未来的发展空间等进行深入弹性分析主观研究会更加可靠，同时一些不错的金融衍生工具的运用，还有一些特殊的投资机会，比如定增，主观策略比价有优势。

目前，我们还是着重主观分析这个领域，但同时也会加大量化研究团队的建设，帮助我们的主观决策做一些前期准备工作，提升投资机会的确定性。

问题16：您是复旦数学硕士出身，现在行业中还有基于数学的量化策略，您是否有研究？

鲁俊：量化策略主要是交给团队来做，我会提出一些启发性想法和投资思路。

问题17：前不久前私募冠军叶飞曝光的“市值管理”引发了市场的热议，您怎么看？

鲁俊：市值管理的本质是与散户博弈，博弈往往带有投机性，伴随的风险较大。投资与投机有本质区别，投资是赚取企业的钱，投机是赚取博弈的钱，赚不同的钱，那么承受的风险自然不同。**作为资产管理机构，还是需要坚守投资的本心，做投资人信任的合作伙伴。**所谓受人之托，忠人之事。现在的信息传播很迅速，一个事件容易发酵放大，对于私募基金来说，更多的公众力量来监督是好事情，也是督促我们要做好自己、做好当下。

问题18：有些人也把A股称为政策市，例如近期上海本地股的涨停潮，这一类与原本市场运行轨迹不同的情况出现，您这边会如何应对？

鲁俊：做投资清晰定位所投的投资品种，热点效应自然有热钱去追逐，投机资金存在对市场很有意义，这些我们基本不参与。**做价值投资，还是要冷静独立看待这些外在声音造成的干扰，若对我们原有的投资逻辑确实有影响，我们会适度进行调整，调整投资节奏。**

问题19：除了股票投资，您还参与期货、期权、债券等投资，您觉得股票与期货投资最大的区别在哪里？

鲁俊：对，我们采用多市场多种交易工具来打造我们的产品线，投资大部分还是围绕A股股票，期货的比例目前还不是特别大。股票跟期货既有关联的一面，也有相互独立的一面，最大的区别在于，期货可以做空，股票目前还不支持这种交易方式，那么在策略上也就不同。

问题20：2021年上半年大宗商品上演了一波大波动行情，有人认为大宗商品的牛市来了，但上层多次关注大宗商品价格后，大宗商品也出现了一波大幅回调，您怎么看2021年的大宗商品行情？下半年的商品行情又会如何演绎？

鲁俊：比较难以判断，商品2021年的上涨很大的一个因素是疫情之后的货币政策扩张，供应源下降以及海外的通胀预期所引起的抗通胀配置预期。**从现在来看，疫情有二次暴发三次暴发的风险，可能在2~3年都会是一个影响因素，具体还需要结合货币、汇率的情况来看。**

问题21：人民币汇率的表现对国内市场会产生什么样的影响？

鲁俊：这几年人民币一直处于上升趋势，有人民币国际化的原因，也有疫情后国内经济恢复的原因。近期央行上调外汇存款准备金率，离岸人民币汇率近期表现也出现了一个下跌态势，那么相关的进出口企业、贸易企业可能会受到较大影响。

问题22：彩霞湾投资作为一个新锐私募机构，在2020年获得牌照后就获奖不断，您觉得能够取得这样的成绩得益于什么？

鲁俊：我们公司成立时间不是特别长，比较年轻，团队的投资经验倒是比较丰富的，基本都有十年以上的投资经验，经历了几波牛熊市场。我们在做投资时，可能考虑会比较长远，不是很在意短期的投资业绩波动。

问题23：2021年上半年的市场并不好做，不少在2020年获得优异成绩的机构表现都不尽如人意，而彩霞湾依然成绩斐然，您觉得主要原因是什么？

鲁俊：我认为2021年的市场相比前两年，具有更多的挑战。2019年和2020年沪深300指数的平均涨幅在30%左右。咱们看这两年不少个股上涨幅度远高于指数。原因是什么？**主要是市场份额不断集中，好的企业受到市场**

认可，不好的企业流动性就很差。最后呈现出来的是两极分化，好的企业很贵，不好的企业无人问津，2020 年的量化折戟也是这个道理。我们知道，**企业的价格体现的是内在价值，若市场估值给得过高，一旦有风吹草动，就很容易泥沙俱下。**2021 年上半年，我们算比较幸运，从 2020 年第四季度开始做一部分减仓，增配了低估值板块。另外，我们的投资品种足够分散，单个行业或者单个企业的急速下跌，对于我们的影响就非常小了。**在投资过程中，我们始终把风险前置，在最小的风险下，给投资人一个长期可观的回报。**

问题 24：近两年私募行业迅猛发展，我们也发现很多资源、资金也都在向头部私募靠拢，彩霞湾作为新锐私募，应该如何应对目前的私募竞争格局？或者说彩霞湾要在私募竞争中获胜的核心竞争力是什么？

鲁俊：我们的核心竞争力在于比较独特的投研模式和投资视角。我们希望做成一家长期为投资人盈利的私募基金，给我们的投资人及合作伙伴带来价值。基于长期的考虑，我们一直坚持了复利的理念。在具体投资上，我们采用的是多策略、多市场、多种交易理念的独特方式，前面提到这样低相关度的策略之间、品类之间，能够降低整体波动率，规避单一市场的剧烈回撤风险，达到一个稳定的整体回报流构成我们的投资圣杯。**私募基金最核心的竞争力其实是人，这个也决定了我们的投研模式和投资视角。彩霞湾采用“传承式”投研模式，**吸纳最年轻、最鲜活的投研后备力量，进行内生培养，替代外采经验型研究员，这样最大化保证投研体系的一致性，投研视角的独立性，同时保持投资思路的创新性、多元性。我们将把成熟的投资系统传承下去，保证我们的投资业绩长期持续的稳定。

子辰私募基金：

盈利的关键在于策略的迭代及不断更新

（2021 年 6 月 28 日，傅旭鹏、李贺访谈整理）

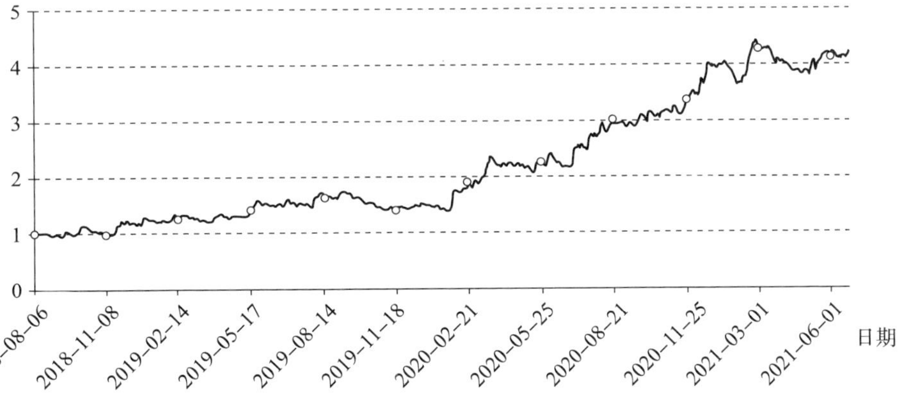

3101190的累计净值

尹先志

北京子辰私募基金管理有限公司总经理。中国人民大学统计学专业，拥有9年量化交易经验，曾就职于国内知名私募，在第十三届、第十四届全国期货（期权）实盘交易大赛程序化组中均排前三十名。

精彩观点

盈利的关键还是在于策略的迭代、策略的不断更新。

一是策略要不断地迭代更新；二是对于短期的波动，心态要稍微放好一点，不要太在意，该做研究就做研究；三是多跟行业内的人交流。

基于因子的策略，它有一个数值，仓位变化是连续的。

最近两年又加了一个基于横截面的策略，这是从股票上面借鉴的，现在市场上做的人已经越来越多了，2021年这块盈利好一些。我感觉趋势策略2021年挺难做的，我们2021年总体收益一般，就是基于横截面的多空策略2021年表现还可以。

我感觉入门是比较重要的，跟着一个研究体系完善的公司，熟悉每一个流程，会对以后有比较大的帮助。

目前实盘有两套策略：一个是时间序列的趋势策略；还有一个横截面的多空策略。

趋势策略的周期从日内到周，各个频率的子策略都有；横截面策略都是日频的，横截面策略可以用到一些基本面数据，而时间序列策略都是量价，基本上都是基于数据逻辑。

第一个是强逻辑，逻辑上说得通，有据可循；第二个是回测，回测好的才能纳入进来，回测我一般看收益回撤比和夏普比率。

我从设计开始就会把周期从短到长都跑一遍，策略跑下来，如果它适应中长线的，就上中长线；如果有的逻辑天生就适合日内的，那就做日内。

我自己会设计一个指标，这个指标跟夏普比率、收益回撤比和相关性有关系，完全是根据这些数值来分配权重的，抛开相关性不谈，基本上收益回撤比跟夏普比率大的话权重就高。

横截面也有涉及基本面，基本上每个品种会有一个数值，做一个排序，做多值高的、做空值低的，一般会做前20%和后20%。

（一家优秀的量化机构，需要具备）第一个是人才，看怎么吸引人才过来，这是一个关键。第二个是激励机制要到位，因为我自己也是从私募出来的，这个深有体会。国内一些做得比较大的机构，肯定是激励机制做得好，人才流失少。

问题1：尹先生您好，感谢您和七禾网、东航金融进行深入对话。您2021年29岁，在期货市场中相对来说年纪较轻，但是您在期货市场上盈利总和已非常丰厚，请问您是如何看待自己的人生财富的？您认为您能在期货市场上盈利丰厚的关键原因是什么？

尹先志：我平时其实很少登录账户查看盈亏，主要专心研究策略，具体盈利的数额，其实我也没怎么算过。我觉得**盈利的关键还是在于策略的迭代、策略的不断更新。**

问题2：最近几个月，大部分做量化交易的人都出现了比较大的回撤，而您的账户却很平稳，并创出新高，请问是否您的量化交易策略和逻辑与其他大部分人相比有所不同？

尹先志：我是趋势策略，5月按收盘价算刚好在新高附近，按结算价算在新高下面一点点。5月还可以，6月稍微有一点回撤，应该是持平不赚不亏，横截面的多空策略其实是新高了，还是有点不一样的。

其实我不太清楚别人具体怎么做的，我自己是做趋势策略。最近做得相对好一点，可能跟周期什么的有关，这个也要跟别人深入了解后才能知道。

问题3：2021年是您做量化交易的第9年，做了9年的量化交易，您最大的感受是什么？

尹先志：一是策略要不断地迭代更新；二是对于短期的波动，心态要稍微放好一点，不要太在意，该做研究就做研究；三是多跟行业内的人交流。

问题4：在这量化交易的9年时间中，您的交易理念、交易方法有过哪些变化？

尹先志：我之前是根据具体的交易规则来做策略的，一个规则，做一个策略，结合在一起，当时我相信做量化交易，开平信号肯定都是很明确的，而且可回溯、可统计，这样实盘用起来会放心一点。

后来把基于规则的策略改为基于因子的策略，差别就在于，基于规则的策略是0和1的关系，就是多和空。**基于因子的策略，它有一个数值，仓位变化是连续的。**本质上来说，我一直都是做多策略、多周期组合交易，这个都没变过。

最近两年又加了一个基于横截面的策略，这是从股票上面借鉴的，现在市场上做的人已经越来越多了，2021年这块盈利好一些。我感觉趋势策略2021年挺难做的，我们2021年总体收益一般，就是基于横截面的多空策略2021年表现还可以。我做的基本上还是多策略、多周期，就是往里面加因子。

问题5：您表示，您曾就职于国内知名私募，在私募工作的经历，对您做量化交易有哪些帮助？

尹先志：我觉得对我帮助最大的是我入门的一家公司，不太有名，公司叫大行简道。这个公司的老板带我入的门，他水平很高，他们主要是以自营为主，一些方法论和研究的流程，我都是在这家公司学到的。后面虽然我也进了一些有名的机构，但感觉对我的帮助其实不大，因为当时已经是独立小组工作室了，公司别的小组怎么做的我自己都不清楚，完全是自己摸索的。总的来说，**我感觉入门是比较重要的，跟着一个研究体系完善的公司，熟悉每一个流程，会对以后有比较大的帮助**。再一个，平台的好处就是研究流程上规范一点，跟着一个研究体系完善的公司，每一步都能做得到，这也是一个优势。我当时去的公司不大，如果当时直接去一个大公司的话，可能这一套流程就完全接受不到了，这也是机缘巧合。

问题6：请问您目前实盘一共有几套交易策略，每一套策略的主要特点分别是什么？

尹先志：目前实盘有两套策略：一个是时间序列的趋势策略；还有一个横截面的多空策略。

至于策略的特点，**趋势策略的周期从日内到周，各个频率的子策略都有；横截面策略都是日频的，横截面策略可以用到一些基本面数据，而时间序列策略都是量价，基本上都是基于数据逻辑**。我们是没有用到机器学习的，都是很简单的一些统计方法，基本上策略都是强逻辑的，都没有用机器挖的因子。

问题7：就您看来，一个量化交易策略需要达到哪些条件、经过哪些步骤，才有可能被您纳入实盘策略中？

尹先志：第一个是强逻辑，逻辑上说得通，有据可循；第二个是回测，回测好的才能纳入进来，回测我一般看收益回撤比和夏普比率。品种不一样要求也不一样，像螺纹、铁矿这种本身策略就比较好跑的，要求会高一些；像甲醇这种要求就会偏低，也是根据经验总结的。

问题8：据我们了解，您的交易策略从日内到周线级别的都有。请问日内交易策略和长线交易策略相比，在策略设计、逻辑原理上有哪些区别？

尹先志：我从设计开始就会把周期从短到长都跑一遍，策略跑下来，如果它适应中长线的，就上中长线；如果有的逻辑天生就适合日内的，那就做日内。但也有少数，比如股指期货，可能就专门做日内，收盘前平掉，但这种是少数，大部分其实还是同一个逻辑。

问题9：在这些不同类型的策略中，您的资金是如何分配的？

尹先志：我自己会设计一个指标，这个指标跟夏普比率、收益回撤比和

相关性有关系，完全是根据这些数值来分配权重的，抛开相关性不谈，基本上收益回撤比跟夏普比率大的话权重就高。基本不会动态调整，除非是策略重新组合后，有新的东西进来，或者是做了优化之后，发现在某一个时间段的数值改变了。

问题10：小周期策略交易中滑点是非常重要的一环，请问您的日内交易策略实盘交易时，滑点是如何控制的？

尹先志：我的做法其实很简单，像螺纹这种盘口厚的品种，我就加一跳，直接吃对价，像股指我会加3~6跳，因为我回测的平均每手盈利，跳数比较多，所以即使损失几跳滑点影响也不大，我在回测的时候已经加了3~6跳。但是这样的话有一个不足，就是会导致一些盘口比较薄的品种，在回测中表现不好，这也是导致我整个策略体系短周期偏少的原因，总体跑下来，还是稍微偏长一点的策略表现好，这也是我没有太多关注滑点的一个原因，可能短一点周期的策略会考虑滑点，我的策略其实还好。

问题11：中短线策略的有效性是大部分量化交易者比较关注的地方，请问您对于中短线策略的有效性是如何看待的？如何判断一个策略是否已经失效？

尹先志：我这边因子有100多个，因为我进场的要求不高，所以有时候仓位会进得很多，失效是非常常见的，有时可能1/3的因子都不赚钱，一般我也不怎么在意，我关注的是整个品种。这个品种如果行情好的话，所有因子都赚钱，如果行情不好，可能大半因子都不赚钱，我感觉这也不能说策略就失效了，如果真的要判断它是否失效，可能是在加入新的因子之后，对组合重新跑一遍，对样本内外回测，看收益回撤跟夏普比率表现怎么样，然后根据这个调整权重，如果一直表现不好，权重就一直降低，但其实也没有剔除掉。剔除因子我只有一个依据，就是相关性，相关性0.9以上才会把好的跟坏的因子做替换。不会把某一个因子直接剔除掉，所以就会导致组合里面东西越来越多，这可能也是我的一个不足。

实盘超过最大回撤的情况非常常见，所以也不好根据最大回撤判断策略是否失效。我记得铁矿石在2019年上半年特别难做，那半年一直在亏钱，所有的策略都在亏钱，但是后来所有的策略都特别好，观察下来跟品种的波动性关系更大，所以我更关注品种波动。

问题 12：对于中长线交易策略而言，用指数合约出信号，映射交易主力合约这样的交易方式，会造成实盘和回测有较大的误差，您是如何看待和处理这个问题的？

尹先志：我之前两种方法都试过，现在是直接用主力合约来回测。先是用主力合约回测，然后对主力合约做一个对数收益率，然后把它拼起来，这样的收益率就完全没有误差了。用指数合约我感觉不太合适，因为有一些农产品不同合约之间还是差蛮多的，比如鸡蛋，指数合约跟主力合约完全不一样，我感觉用主力合约更好一些，我直接用主力合约。

问题 13：您表示，您有些策略是基于基本面数据的截面，请问这样的交易方式具体是如何操作的？您目前的实盘效果如何？

尹先志：这个其实跟股票有点像，**横截面也有涉及基本面，基本上每个品种会有一个数值，做一个排序，做多值高的、做空值低的，一般会做前20%和后20%**。目前市场上这个方法已经偏主流了，现在很多CTA主流都是这种方式，我们也可以把它归为套利，它相当于是一个跨品种套利。它的好处是容量很大，不足的是赚钱的时候可能一直赚，回撤的话，可能一直都在回撤，不会往上走几天再往下。

实盘下来的话还好，2020年肯定不如趋势策略好做，2021年的话效果比趋势策略好，收益还可以。横截面策略我现在其实是做一个辅助，因为趋势策略我做的时间长，横截面策略我是2019年下半年才实盘的，刚好碰上2019年第四季度的横截面策略大回撤，有点受挫，就没有做比较大的账户。另外，这两个截面我是用不同的系统框架写的，两个信号不能合在一起，只能分账户，这也是我之后的一个工作方向。

问题 14：您表示，您赚的主要是趋势行情的钱，趋势不常有，20%时间内的行情贡献超过80%的利润。请问您是否考虑开发震荡策略，以和趋势策略形成互补，使得整体账户更加稳定？

尹先志：我一直都想开发震荡策略，但是开发不出来。我这边基本上都是右侧信号，没有左侧的摸底。我尝试过很多次，最后做成的也是短周期的趋势策略，所以它还是趋势，都是行情形成之后才进场，比如大周期开始震荡，小周期可能还是趋势，后期这方面也不是我的主要方向，我自己可能还是会在横截面策略上花的精力多一些。这方面可能也不是自己擅长的，这跟每个人的交易观念、方法论有关系。

问题15：您有一个观点：市场是变化的，策略模型不是万能的，不断迭代更新的模型才能适应不断变化的市场环境。请问您在什么情况下会迭代更新模型？

尹先志：我基本上每天有时间的话都会做策略研究，做出新的策略后，会跟老的策略对比一下相关性，如果相关性在0.9，相关性特别高的话，新的东西比老的东西好，这种情况下会替换。

问题16：据我们了解，您的量化交易中，每个板块的品种都会覆盖到，请问您选品种的标准是什么？

尹先志：基本上是根据回测，回测数据好才行。有的即使过去回测不好，但最近行情起来之后表现好，我也会添加上去的。比如玻璃，玻璃前几年的回测都不行，到2020年之后才好，所以我最近才把玻璃加上去，这个肯定会滞后很多，但是也要有这一段时间的好的回测数据，我才会考虑。

问题17：对于不同的品种，账户的资金您又是如何分配的？

尹先志：这个我也是用自己研究的组成系数来确定，它跟相关性、收益回撤比和夏普比率有关，基本上收益回撤比跟夏普比率高的，权重就高。

问题18：据您介绍，目前来看，您的策略近三年实盘年化收益/最大回撤达到了6.5。期货市场行情变幻莫测，在未来的行情中，是否有信心继续保持这样的成绩？

尹先志：6.5应该是前几个月的数据，最近几个月有回撤，估计现在只有五点几，这个数值还是有一点偏高的，主要是因为2020年的行情太好，2020年收益回撤比达到15。像2018年、2019年，收益回撤比只有四点几，长期来看的话我觉得后期继续保持应该很难，我估计可能再过几年就到4左右，再接下来就是3，到最后可能就2~3左右，我感觉肯定是很难长期维持下去的。

问题19：我们了解到，您做量化交易用的是自己开发的平台，请问您认为这和直接用商业平台做量化交易相比有哪些好处？

尹先志：我自己在用的这个平台，是我采购的，其实相当于把他们代码买过来之后再做开发。它的好处是比较自由，想做什么都可以，可以个性化定制。商业平台我唯一用过的一个是 MT4，它的好处是写代码会比较容易。像我们都是自己做平台，会在 IT 上花费一些时间，尤其像现在，我是既做策略也做 IT，效率会偏低一点，后续会招一个专职的人来做维护。

另外，我个人建议还是用自己平台会好一些，一是安全；二是个性化定制会容易。我们的最终目的是技术不会成为我们开发策略的一个障碍，现在很多研究成果、发现并不是逻辑上实现不了，而是技术上实现不了。技术还是在自己手里会好一点。

问题 20：北京子辰私募基金管理有限公司是成立于 2021 年 4 月的新锐投资机构。现在私募团队和机构众多，各有各的特点，您认为一个优秀的量化团队和机构需要具备哪些要素？贵公司的核心优势有哪些？

尹先志：第一个是人才，看怎么吸引人才过来，这是一个关键。第二个是激励机制要到位，因为我自己也是从私募出来的，这个深有体会。国内一些做得比较大的机构，肯定是激励机制做得好，人才流失少。

我们公司初创，目前优势是比较开放，包括入不入职、来不来上班都可以，很灵活。做得好的人，其实都可以合作。如果入职的话，代码提不提交都无所谓，很开放。因为入职其实也是一种合作，相当于就是交了一个社保，我觉得这些是初创公司现在暂时的一个优势。

问题 21：请您谈谈您未来的投资规划，以及团队的发展愿景和规划。

尹先志：我自己未来估计会一直做期货 CTA 这一块。公司的话肯定会多元化，各个细分可能都会涉及。我自己做，也会招一些小伙伴一起合作，以合作的形式来做，国内大的一些公司基本上都是这样，自己毕竟精力有限，能够做好一块就可以了。

要做成一个管理规模大的资管机构，可能主流会往股票迁一下，当然也需要跟人合作，其实我现在主要形式也是合作，后续可能会更广一些，像策略上的合作。目前投顾上的合作还少，这样的人本身就不多，而且找到也不一定愿意帮我们管资金。如果找比自己业绩差太多的，不如自己做，因为我自己找投顾的主要目的是降低相关性，行业里还是有很多人跟我们做得不一样的。每个人研究体系跟自己用的平台关系很大，研究会有个路径依赖，像我用自己平台可能就适合自己开发策略，比较容易开发出来。比如说有的人用金字塔软件，可能就会开发出一些适合金字塔软件的策略，我这边肯定是做不了，就会导致相关性偏低。

麟众投资：

看形态，不看指标，看突破

（2021年7月22日，傅旭鹏、李贺访谈整理）

平湖习剑

1999年开始股票交易，2005年开始杠杆类交易，交易商品期货16年。对套利、对冲、波段、日内等交易策略均有研究，在股票、期货、外盘等市场均有交易。期货市场主要风格为短线波段。

在期货日报第八届、第九届、第十一届、第十四届全国期货实盘交易大赛，第六届、第七届全球衍生品实盘交易大赛获得奖项。资管网2015年CTA基金综合排名第七，主观策略组第二；连续三年综合收益率排名第二（2015年、2016年、2017年）；2019年度最具成长性操盘手。第三届夺冠高手东方杯期货实盘大赛轻量组第七。获第十二届“蓝海密剑”中国对冲基金经理公开赛少校头衔。

现任上海麟众投资管理有限公司总经理并担任中国金融投资培训班特聘讲师。

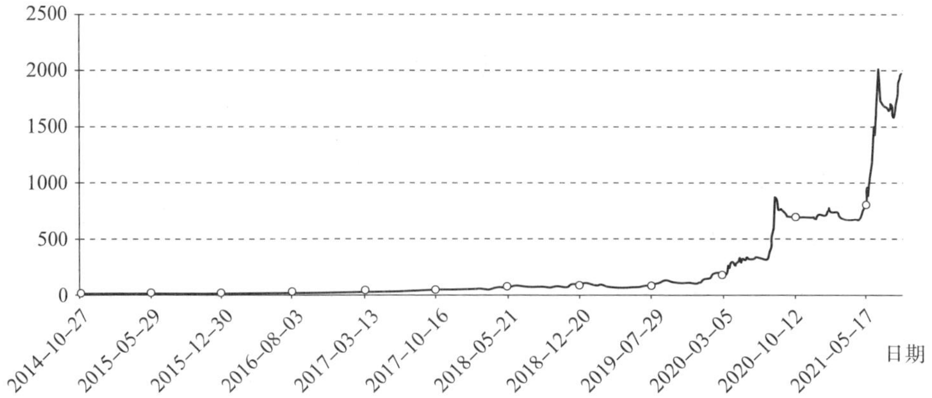

"平湖习剑"的累计净值

精彩观点

交易方法从研究基本面、研究单个品种变化，到寻找技术上的规律和尝试高频、对冲和套利交易，最后再把一些技巧全部融合到以技术分析为主轴的交易里，另外再参考一些当下的基本面，配合套利对冲的这么一种融合交易方式。

大赚的情况，风险收益比比较好的行情，仓位要适当地重一点；大亏的情况，以前就是赌行情，仓位不知道控制，所以要避免一开始就仓位很重。

技术分析方法就是看形态，不看指标，看突破，去感受哪个势头比较强劲、动量比较足。

周期的话是大小周期结合看，有的时候也会看一下周线，一般是从日线一直看到一分钟线，所以我是结合着看。

做突破的策略，特点就是在商品走出趋势的时候，容易赚到钱，如果盈利的话也是比较顺畅的。对冲的策略，就是会来来回回的，比较纠结，也赚不了太多钱，但是好处就是，如果商品没有出趋势的话也能找到一些机会。

我是反预判止损，就是跟自己原来预想的不一致了，就离场。止盈是达到目标位，或者有盈利，但跟预期走势不一样了，就止盈，实际上也是止损。

震荡行情中，就是做一些套利或者对冲，赚点小钱；守住利润就是要少做。不亏是不可能的，一直在市场里面去试单，出不来行情就是会亏，但是可以控制，亏了就少做。

问题 1：“平湖习剑”您好，感谢您和七禾网、东航金融进行深入对话。我们了解到，您在期货上实现了 6 年半超百倍的复合收益，最大回撤 40%。请问您通过技术分析、手工交易的方式能做到高收益、低回撤的主要原因是什么？

平湖习剑：回撤也不低，用手工交易的方式做到高收益，是因为有的时候能够抓到行情，并且仓位押得比较重，所以收益就容易上去。

问题 2：您在七禾网实战排行榜的展示账户“平湖习剑”，2021 年 5 月初到 6 月底盈利快速增长，资金曲线迅速创出新高，请问您当时主要是抓住了哪些品种的交易机会？

平湖习剑：主要是抓到了生猪行情。因为当时生猪现货快速下跌，现货每天在跌，现货与期货有价差，然后就做空了生猪。

问题 3：您做商品期货已有 16 年的时间，请问当时是怎样的机缘巧合，使您进入到期货市场中？您目前仍然是兼职交易，随着资金规模的增长，您后期是否会考虑全职交易？

平湖习剑：一开始做了地下炒金，就是那种所谓的现货黄金，发现那个东西不正规，就去开户做了期货。

后期有考虑全职交易。

问题4：在您做商品期货的16年中，交易的方法和理念经历了怎样的变化？

平湖习剑：**交易方法从研究基本面、研究单个品种变化，到寻找技术上的规律和尝试高频、对冲和套利交易，最后再把一些技巧全部融合到以技术分析为主轴的交易里，另外再参考一些当下的基本面，配合套利对冲的这么一种融合交易方式。**

问题5：在您做商品期货的16年中，您认为期货市场的行情走势特点以及投资者结构主要发生了哪些变化？是否觉得越来越难赚钱？

平湖习剑：我个人觉得走势特点没有什么变化，有些人反映，以前做手工高频能赚钱，现在不好做。可能走势的波动上，现在行情比原来反应速度更快，相对来说就不容易赚钱。

问题6：在您这么多年的交易生涯中，是否有过让您印象深刻的短期大赚或大亏的经历，您从中收获的经验或者总结是什么？

平湖习剑：2020年、2021年还好，大亏都在交易初期的时候，因为赌行情会押得重，出现大亏。

总结：**大赚的情况，对风险收益比比较好的行情，仓位要适当地重一点；大亏的情况，以前就是赌行情，仓位不知道控制，所以要避免一开始就仓位很重。**

问题7：我们了解到，您是根据技术分析交易的，请问您主要用哪些技术分析方法、看哪些指标或者形态、关注多大的K线周期？

平湖习剑：**技术分析方法就是看形态，不看指标，看突破，去感受哪个势头比较强劲、动量比较足。**

周期的话是大小周期结合看，有的时候也会看一下周线，一般是从日线一直看到一分钟线，所以我是结合着看。

问题8：请问您目前实盘一共有几套交易策略？每一套策略的主要特点分别是什么？这些实盘交易策略是如何形成的？

平湖习剑：主要就两套，一种是做单边突破、做趋势，还有一种是强弱对冲。

做突破的策略，特点就是在商品走出趋势的时候，容易赚到钱，如果盈利的话也是比较顺畅的。对冲的策略，就是会来来回回的，比较纠结，也赚不了太多钱，但是好处就是，如果商品没有出趋势的话也能找到一些机会。

交易策略是在过去很多年的摸索中逐渐形成的。

问题9：在这些不同类型的策略中，您的资金是如何分配的？

平湖习剑：我是在策略中跳来跳去的，分配比较灵活，不固定，有可能全部都是对冲的策略，也有可能都是趋势的策略，或者两个夹杂的，都有可能。

问题10：您一般同时做多少个品种，每个品种的仓位和整体的账户仓位是如何控制的？

平湖习剑：因为我是通过技术分析进行操作的，所有品种都做的。单个品种仓位一般不会超过三成，整体账户的话仓位一般不会超过六七成。

问题11：在您的交易体系中，一笔交易入场后如果出现亏损，您是如何止损的？如果出现浮盈，您又是如何止盈的？

平湖习剑：**我是反预判止损，就是跟自己原来预想的不一致了，就离场。止盈是达到目标位，或者有盈利，但跟预期走势不一样了，就止盈，实际上也是止损。**

问题12：您以人工主观的方式同时关注这么多品种，有时是否存在精力不足的问题？您用技术分析的方式做交易，您是否有考虑把您的这套交易系统编成程序化策略，用完全程序化的方式自动交易？

平湖习剑：现在精力是不足，因为会被盯盘困住。也有考虑过把它变成程序，但是自己没学过编程，不会编写；另外就是里面夹杂了主观交易，夹杂了很多的经验，还会结合当下的市场行情、信息等，有些东西很难量化。

问题13：您是根据纯技术分析进行交易，有些了解基本面的交易者，近期重点配置了黑色系品种，因此取得了不错的成绩。您对于用基本面选品种、用技术面做交易执行这样的交易方式怎么看？您后期是否也会考虑采用这种方式做交易？

平湖习剑： 有些做基本面的交易者，技术分析可能不擅长，但是他们靠基本面也能赚到大钱，能够找到大的波动。如果是依托技术面，然后去做交易，一般都赚不到大钱，但是不容易爆仓，因为风险控制得都比较好，所以我就是两个互相结合。如果是做基本面为主，然后用上技术的一些手段，肯定在风险控制上会比原来好很多。像我这种先以技术为主的，一般是以技术为主线，然后结合基本面去看。

问题 14： 您表示，您赚的是趋势行情的部分利润，请问在震荡行情中，您是如何守住利润的，做到不亏或者少亏？

平湖习剑： 震荡行情中，就是做一些套利或者对冲，赚点小钱；守住利润就是要少做。不亏是不可能的，一直在市场里面去试单，出不来行情就是会亏，但是可以控制，亏了就少做。

问题 15： 就您看来，近期哪些期货品种会有比较好的投资机会？

平湖习剑： 就今天来看的话，没看到什么机会。

问题 16： 据我们了解，您也在做期权交易，请问您的期权交易策略和期货交易策略主要有哪些区别？

平湖习剑： 期权交易策略我现在以卖方为主，搭配买方去规避一些风险，其实是赚震荡的钱。期货上是赚趋势的钱，所以这两个是完全相反的，其实也是用期权来补充期货在震荡中的亏损。

问题 17： 据您介绍，您同时也在做套利交易，请问您做套利交易的思路、逻辑和做单边交易相比主要有哪些区别？

平湖习剑： 套利交易我主要看强弱，不需要过多去关注品种在结构上有没有形态和突破。做单边的话就是要看有没有趋势，在结构上找进出点位。

问题 18： 您从 1999 年开始做股票交易，从此进入投资市场，做了 22 年的投资，您最大的感受是什么？

平湖习剑： 最大的感受就是这个行业也有一些跟其他行业本质一样的地方，它不会让你用相同的策略一直赚钱，总是会呈现螺旋式上升的特点，所以经常会经历快要死亡的阶段，这个应该跟其他行业也是一样的。当一个行业比较亢奋的时候，有很多行业外的人冲进来，似乎人人都可以赚钱，那么接下来就可能会经历一个淘汰、筛选、清洗、行业重新洗牌的过程，这个过程对所有人来说都是比较难熬的，这个过程熬过去以后，又会出现比较容易赚钱的、容易盈利的阶段，这个应该跟其他的行业差不多。

问题19：对于期货交易，您有一个观点："一阴一阳谓之道"。请您具体阐释一下这句话。

平湖习剑：一种哲学会演化出一种文化。西方文化是实证主义、解构主义的科学，东方文化是全息主义、结构主义。东方文化是把万事万物都分成阴和阳，然后用阴和阳的结构来表明当下所处的阶段。用结构的不同来表述当下特征的不同，并且能够去预测未来的变化趋势。在所有以中国文化为主线的学科中，包括中医、围棋、太极拳等，都是用阴阳的互补来表述万事万物的变化规律，我的这个观点"一阴一阳谓之道"，指的是在交易里面的涨和跌。阴和阳它们之间组成这些结构，结构运行的规律，组成了整个市场运行的规律，如果找到这些规律就可以在一定程度上指导未来的操作。

问题20：当前期货市场专业性越来越强，很多人认为只有团队协作交易，才有可能在当前的市场中有所成绩。请您谈谈您未来的投资规划。

平湖习剑：我最近接受了一个看法：如果自己缺少，就要寻求帮助，一般是自己交易不行，这个人一般是处于亏损状态，他觉得自己有一块不行，所以他要找团队。

团队协作这个问题分为两个方面：一种就是如果他已经有比较完整的交易体系，那么他组建团队可能就是来协助他完成一些重复性的劳动，使得整体运行效率更高；还有一种团队协作是因为自己缺失，靠单个力量无法完成盈利的交易，所以他要寻找其他的团队来组合、补齐这块。

未来也有考虑组建团队，需要一些人来拓展。依据刚才的两个分类方法，第一个是基于自己已经有完整的交易系统，也需要有人来完成一些重复性的劳动，以使得工作的效率更高；第二个是自己缺少诸如程序化的编写能力，也有寻找这种有程序化能力的团队的需要。

明睿资本：

我们要做多人类未来命运

（2021 年 8 月 12 日，顾姗姗访谈整理）

明睿（北京）资本管理有限公司

“蓝海密剑”中国私募基金创富榜优秀参赛选手。公司成立于 2015 年 3 月，是一家以宏观对冲为基石，以大宗商品趋势投资为特色的私募基金管理人。截至 2021 年 6 月，管理规模 18 亿元，运行 6 年累计现金分红 17 亿元。拥有全资研究所子公司和现货贸易子公司，基本面研究能力强。明睿资本树立了“让财富更有价值”的愿景，“与志同道合者共创财富”的使命，以及“精益求精、互利守信”的价值观。

精彩观点

在上游我们要了解这个行业，我们要知道这个行业现在所处的周期，它发展到什么样的状态；在中游我们要了解所有的市场参与主体，参与者是怎么理解这个行业及行业周期的状态；在下游我们要看到整个资金，大家是怎么在参与这个投票的过程及对这个价格是如何进行博弈。

我们要做多人类未来命运。

一波暴利，甚至有一定可观收益率的，都是伴随着一定级别的行情，而这种一定级别的行情，往往大家俗称为趋势。

我们的离场观点其实有三种，简而言之，第一，价格中枢区间；第二，情绪释放；第三，价格拐点。

在明睿整个的研究过程当中，非常重视产业链利润转移这一逻辑。就是因为我们认为任何一个产业链的平衡和阶段性的平衡，都是由产业链内部阶段性的上下游关系形成的。一旦上下游的关系形成了错配，那我们就要来观察它形成错配的原因到底是什么，是政策扭曲还是供给根本上的矛盾？我们把这个定义为两个矛盾，一个叫作可调和矛盾，一个叫作不可调和矛盾。

针对套利交易，我们的逻辑是阶段性的基于产业链的品种强弱关系。

我们认为系统性的波动风险才是量化要面对的最根本的问题。

黑色系的价格中枢现在就是由钢材来定的，因为原料的价格全都是跟着钢材的价格来波动，而钢材的价格是有明确的前置指标，那就是产能、产量以及社会库存。我们有效地去预判社会库存的这个环节，其实就是在预判供给和需求之间的差值。

我其实并不会去特意地区分散户与机构，而会区分专业与非专业、职业与非职业。

当我们的收益率和投资能力不匹配我们的管理能力和管理规模的时候，那我认为过大的管理规模其实反倒是企业成长的负担，所以这并不是一个谁更优的问题，而是如何能够找到更优平衡点的问题，就像一个人认知自己的过程一样，你的能力边际、你所能掌控的财富和你的幸福感最终也是一个平衡点。

问题 1：高总您好，感谢您在百忙之中与我们进行深入对话。明睿资本成立 6 年以来，每年实现正收益，累计盈利超过 17.86 亿元，这个数字让人印象深刻，请问明睿资本的价值观以及主要策略是什么？

明睿资本：我们公司成立于 2014 年，公司成立 6 年以来能有这种收益，其实最主要的原因还是这 6 年来我们处在整个中国产业周期的变化中。2012—2015 年，在这么一个房地产下行周期中，走出了一波波澜壮阔的向下行情，然后在供给侧结构性改革的宏观背景下，我们又看到 2016 年到 2019 年整个行业的迅速上升。在大家经历完这个上升期之后，又突然间降到了让我们很惊讶、很意外的这么一个疫情行情。所以，能够有这种收益，我认为其实并不是我们个人能力有多强，而是我们所处的这个大时代，它的波动给我们带来了这个收益。作为我个人来说，可能在这个时代下，在这个大的行业波动下，我们恰巧通过我们的专业性和对行业的深度理解把握住了这轮波动的周期，所以才能创造出比较可观的收益价值。

谈到价值观，我们觉得明睿资本的价值观就是精益求精，这是我们自己也是公司的理念。在这个精益求精的过程当中，不只是我们做人要精益求精，做事要精益求精，更是对于我们做的每一笔交易，对于我们交易的每一个头寸，甚至为什么要去交易这个头寸，我们都要做到精益求精。**在上游我们要了解这个行业，我们要知道这个行业现在所处的周期，它发展到什么样的状态；在中游我们要了解所有的市场参与主体，参与者是怎么理解这个行业及行业周期的状态；在下游我们要看到整个资金，大家是怎么在参与这个投票的过程及对这个价格是如何进行博弈的**。所以，我们至少要在三个维度上不断地实时监控着这个行业的走势，这也是我们形成明睿主观 CTA 交易策略的核心框架，即基于产业背景、基于我们的投资逻辑和理念去分析当下时间节点所有投资者的情绪，最终关注到资金面，然后落地交易的时间节点。

问题 2：明睿资本策略主要分为主观 CTA 和宏观对冲，针对主观期货策略，可否给我们讲一下深层策略的逻辑？

明睿资本：主观期货，其实是延续我刚才说的问题，首先我们要知道这件事情是什么，它的本质到底是什么。比如在疫情期间，有一件事让我记忆特别深刻，2021 年 3 月、5 月疫情在全世界范围内都很严重，虽然我们中国在党的领导下，整个疫情得到了有效的控制，但大家由于悲观的情绪仍不敢进行大规模投资，那在这时我们是怎么做的呢？我们当时坚定地看多了铁矿石，而看多铁矿石的理由其实是基于两个维度：

第一，基于整个市场和未来的人类发展，我们做了一个迫不得已的选择，这个选择是什么呢？这是当时我觉得比较逆人性的一个故事。如果疫情真的很严重，那我们要钱做什么，我们整个的社会经济——现代经济体系，甚至人类经济体系都已经瓦解掉了，大家再不会像以前那样生活了，那我们的货币还有什么意义呢？但是相反，如果我们党能够控制住疫情，那我们还会在这个健康的社会中生活，还是会处在现代化的金融体系当中，那我们的货币才有意义。所以这时候我们就产生了第一逻辑，**我们要做多人类未来命运**。做空不是不可以做，但是如果你做空胜利了，那就变成了你的生活失败了。

但反过来，如果我们未来的生活还有幸福的可能，就应该坚定地做多，这是第一个维度，我们为什么做多。

第二，我们做多什么？在那个时间点上，我们可以选择做多商品，做多股票，甚至可以做多比特币，但是我们发现疫情的的确确很严重，所有的经济交通、经济活动都已经暂停了，但是有一样没有停，就是我们钢厂的高炉。在那个时刻，炉子是不能停的。我们发现实实在在的钢材需求是萎缩的，终端消费是萎缩的，但是原料的需求却没有萎缩。所以在那时，我们就选择了最好的落地优质标的——铁矿石，因为它的需求没有在疫情期间受到严重的打击。然后我们看到了基于 5 月的整个经济的全面复苏。说实话，在此之前我们也没有这个逻辑，我们也没有预测到一定会控制住疫情，经济能全面恢复，但基于我们有一个安全的底部区域，基于我们有一个强势的标的品种，以及基于我们共克时艰度过了这个疫情期，那 5 月，铁矿石迎来了一波很流畅的向上行情，这一点就是明睿资本的投资逻辑，包括主观逻辑的产生过程，我觉得这是蛮有代表性的一个案例。

问题 3：您觉得明睿资本产品盈利的大部分是由策略的哪一部分贡献的呢？

明睿资本：趋势交易。交易方法千千万，大家各种各样的方式就像武功一样五花八门，说实话，**一波暴利，甚至有一定可观收益率的，都是伴随着一定级别的行情，而这种一定级别的行情，往往大家俗称为趋势**。前提条件是什么形成了趋势，在这个过程当中，我们定义的就是矛盾级别，即我们看到的所谓的趋势，其实它只是一个结果。在这个结果出现之前，是有在某一个行业、某一个品种过程中已经酝酿了巨大的产业矛盾，不管是供给面、需求面，还是政策面的，一定已经酝酿了很长时间或者是很大级别的这么一个矛盾，然后当这个矛盾形成堰塞湖集中迸发出来的时候，它才形成了某种趋势。那我们要做的，明睿要做的是什么？是在这个矛盾形成的过程当中，发现它；在趋势交易来的时候，享受它。

问题 4：明睿资本在趋势交易中擅长找到趋与势的共振，请问如何判断真正趋势的形成，又是如何选择进出场点呢？

明睿资本：首先，在进场之前，我们相信趋势是有信号的，就是刚才我所提到的矛盾级别，如果一个行业、一个产业链，甚至一个品种在形成趋势之前，形成了某种明确的巨大的产业矛盾，那明睿资本就会提前去着手布局，着手研究，但不代表我们要马上进场交易，这时候我们只是重点关注。

其次，要做什么呢？要做的就是刚才提到的共振，这个共振不只是趋与势的共振，还是所有市场参与者主体的共振，我们有产业、投机、金融等各种各样类型的客户，所有这些投资人在他们的投资过程中也会形成某种情绪与基本面判断的共振过程，这个共振过程特别像拉选票。大家都知道，市场上有一手多单，就有一手空单，那最终的价格是怎么形成的？是某一方胜利了带动形成的。在胜利的过程当中，它是明显带着资金成本胜利的，即当价格上涨的时候，多头的成本实际上越来越高；反之，空头也一样。在这个过程当中，只有信念越来越坚定了，才会形成趋势。所以，我们所谓的关注市场情绪的共振，就是发现大家一致性的形成过程。

再次，就是刚才提到的什么时候出场。其实出场我们有很多技术指标，比如基本面离场，那我们可以有一个所谓的价值评估线，你到底是被高估了，还是被低估了。对一名交易者来说，价值只是衡量价格的锚，但是价格最终就像狗绕着主人一样，它一定会跑偏。那这个跑偏的过程我们不能说不做交易，那我们怎么办呢？就是基于价格中枢的锚，我们要知道它的合理价格区间在哪儿，同时要享受大家“吹泡沫”以及把情绪释放出来的过程，所以我们也会有一部分头寸去享受这个超边际效益的价格带来的红利。

最后，就是该离场的时候，其实被动离场就可以了。因为你已经知道价格区间，那所有的主力仓位怎么处理，实际上已经有了逻辑。是不是泡沫，其实也已经知道了。当行情拐头，当市场热度已经达到了一定程度，甚至政策已经出现了明显表态的时候，那该我们离场的时候自然就得离场。所以，**我们的离场观点其实有三种，简而言之，第一，价格中枢区间；第二，情绪释放；第三，价格拐点。**

问题5：请问明睿资本是如何做资金管控的呢？以产品的形式做交易，都会设立止损线，请问你们是怎么做止盈止损的呢？

明睿资本：资金管控和止盈止损其实是对一个合格基金经理的最基本要求。我个人一直坚持着一个原则：判断对一波行情其实并不重要。比如我经常会跟我们公司的基金经理说笑，我做了100笔投资，我只做对了一次，输了99次，你说我是优秀的还是差劲的？显而易见，这个比例你的胜率只有

1%。但是如果我在后面附加一个条件，我输的那99次只做了一手单，而我对的那一次我做了1万手单，那你说我还是不是1%的胜率呢？所以在这个过程中，资金管控实际上是最强的投资理念。即只有当你用资金仓位来表达你对头寸态度的时候，才是真真切切地在表达投资理念，而不只是此时此刻开的是多单还是空单。

另外，从止盈止损的逻辑上讲，明睿资本坚持了整个资本管理的风控理念，我们有三重风控。第一重风控是事前风控，事前风控就是所有的基金经理，在做这个头寸和具备这个理念之前就要有一个逻辑上的风控；你什么时候做、为什么做，什么情况下会做错、为什么会做错，也是有信号的，那你有没有逻辑止损，这是我们放在第一位的风控。第二重风控是冷静期止损，大家知道，即便一个很优秀的基金经理，他在某一刻，不管是基于情绪还是基于身体状况，也有可能会钻牛角尖，我们预先设定5%或7%的止损，称之为冷静期。我们的这个逻辑其实是非常人性化的，此时此刻触碰到了这个动态的冷静期，你必须要离场，但是离场之后，下一秒钟你随时又可以进场。我们认为一个优秀的交易员可能恰恰在那停的一瞬间就清醒了，这是我们所称的事中风控。第三重风控是事后风控，这就很简单了，严格的风控线，不管是预警线还是止损线，这叫生命线，也是对投资人最后的承诺，这条线我们在运营6年的过程当中从来没触碰过一次。

问题6：请问明睿资本是如何理解上中下游产业利润链关系的？又是如何通过这种关系去捕捉市场机会的？

明睿资本：这一条是我特别想去强调的——利润链。明睿的整个研究体系就是建立在利润链这个逻辑上的。我举了一个很微观的例子，大家都知道平衡木，平衡木是不稳定的，就像一些特技演员，站在上面左摇右晃的。如果在平衡木上放很多小圆球，那大家能够想象到这个圆球会更不稳定，对不对？那我们再来描述一下这根平衡木，我们把这根平衡木从左到右分成段，区分上游、中游和下游。把这些球假设成每个利润链环节中的利润，那我们把这些球放在这儿，来观察这根平衡木的变化，你就会发现它是不稳定的。当它左右摇摆的时候，整个产业链的利润球都会跟着转动滚动，而这个滚动的过程，也不是一帆风顺的。它有一种摩擦力，不管是政策的影响，企业的话语权，还是市场情绪的逆转，都有可能形成这种摩擦力。我们想象一下，如果这根平衡木已经倾斜到了一定程度，这个利润球还是不动，那接下来会发生什么？就是在陡然的某一个时间节点下，突然间利润大规模地转移。这件事情我们其实也是刚刚经历完，就是2020年底的焦煤行情。当时整个下半年经济恢复了之后，我们焦化行业的利润有史以来的高，在这个过程中，一个中游的加工行业，在整个产业链话语权比较弱势的这么一个历史背景下，它竟然有了巨大的利润，而这个巨大的利润形成之后，这个利润球就已经在中间聚集着了。这个聚集的利润球是怎么形成的呢？是下游整个粗钢产能的快速上升和上游的焦煤受中澳关系的影响，整个焦煤快速下跌而形成的。大家都知道，在这种状态下，它是不会持续的，一旦这个行业的摩擦力消失，那也就是这个利润球滚动的过程。我们看到的就是在2020年底焦煤迅速地出现了一波暴涨，然后吞噬从上游到中游加工的行业利润。

所以**在明睿整个的研究过程当中，非常重视产业链利润转移这一逻辑。就是因为我们认为任何一个产业链的平衡和阶段性的平衡，都是由产业链内部阶段性的上下游关系形成的。一旦上下游的关系形成了错配，那我们就要来观察它形成错配的原因到底是什么，是政策扭曲还是供给根本上的矛盾？我们把这个定义为两个矛盾，一个叫作可调和矛盾，一个叫作不可调和矛盾。**可调和矛盾是什么？比如政策今天变了，明天还可以再变；那什么是不可调和矛盾呢？比如农产品、产能，没有就是没有，想有也不可能有，所以我们就会发现这两者决定了趋势的流畅程度。一旦一波行情起来了，一波趋势形成了，如果这个矛盾是可调和的，大家就会发现这波趋势非常难做，做得很不流畅，甚至很扭曲。但是如果这波行情的基础是不可调和矛盾，那这波行情一定会非常流畅，非常凌厉，那这也是我们获利的原动力。

问题7：明睿资本主观期货策略中除了趋势单，还有套利单，请问套利策略，你们是如何判断产业品种间的强弱关系，又是如何通过套利稳定赚取超额收益的？

明睿资本：这个问题完全承接了上一问题。利润球转移的过程，其实就是某种趋势交易。但是利润球没有转移时或者阶段性平衡的时候，我们可以做些什么呢？就是做套利交易。**针对套利交易，我们的逻辑是阶段性的基于产业链的品种强弱关系。**我们都知道，任何一个行业的定价中枢最终大概率是一致的，但你不能否定的是阶段性大家都会有各自的基本面，各自的强势与弱势，而这个各自的形成也是一定程度上阶段性基本面的变化造成的。举个例子，比如 2021 年的热卷和螺纹，国外的需求比较好，价格很高，对于工业制造业的需求很旺盛，热卷的需求明显比国内的房地产、建筑用钢、螺纹钢的需求要高一些。所以在这个过程中，螺纹钢的价格涨势就不如热卷，这就形成了卷螺基差。基于国外的需求复苏，需求端促进了卷螺价差，这种品种间需求的不一致，就会形成阶段性的套利头寸，那这就是我们做这一波行情的这么一个理念。

问题 8：明睿资本从 2014 年就开始做期现研究，铁矿石上市后你们做了第一单交割，你们是如何把产业做到实处的呢，可以给我们简单讲讲这段经历吗？

明睿资本：这段经历其实还是源于我们基础的投资理念。我举一个例子，比如打麻将，各地的麻将规则都不一致，大家在打麻将的时候先会干什么？看规则。是打四川麻将还是北京麻将，你会发现大家其实都是很在意规则的。可到了期货行业上，不管这个品种是生猪还是豆粕，是玉米还是大豆，大家上来就可以做多或是做空，根本没有人去研究它的本质到底是什么。就像打麻将一样，我们公司的立足点是我们要知道它的规则是什么，在做铁矿石第一单交割的时候，我们并不在意它的盈与亏，也并不在意它的多与空，而是关注到底什么样的铁矿石是可以被交割的？我们铁矿石的定价标准到底是什么？我们的规则是什么？因为只有研究明白了规则，研究明白了所有的具体要求，我们才能在这个市场中长期走下去。

所以，在铁矿石的交割过程中，无论是跟大商所交流交割品，通过我们的贸易公司进行实物交割，还是我们在港口上涉及的每一个交割环节，都得益于我们深入产业的这么一份心，一定要研究明白、研究透彻这个规则。所以在这个过程中，我们也享受到了红利。从 2014 年交割之后，每一笔交割，不管我们做与不做，我们都很清楚这批货能不能交割，现在到底国内有多少货可以交割，交割成本是多少，这就变成了刚才我们提到的，我们一定要知道事物的本质是什么。我们交易合约的最后一个价格一定是合约到期日那一天的价格。比如我们交易 5 月合约的时候，不管你是在 2 月还是 3 月，你心里一定要明白这是这个品种 5 月到期的现货价格，那你在这时一定要理解在 5 月那天的价格变化的基础是什么，这样在 2 月或 3 月我们可以有哪些变量去做这些提前的预期管理，而这也就是要求我们关注期货价格的变动。

问题9：可以给我们举两个真实案例，理解如何在产业链中抓住套利机会吗?

明睿资本：套利机会，我举这个例子可能会比较恰当。说到套利机会，行情都比较多，但是有一波行情是真真切切地走劈叉了，就是供给侧结构性改革带来的钢厂利润。众所周知，在2015年之前，钢厂的整个利润大概就在±200之间波动，当供给侧结构性改革来临之后，我们看到整个行业的基本面发生了根本性的变化，这个根本性的变化就是很多民营企业切实的产能被打下去了，虽然由于环保限产，但一些国有企业和大型钢厂的产量却明显地上升。在这个过程当中就会出现另外一个问题，就是铁矿石的需求大不如前，我们的钢材价格，由于整个供给量的管控，价格有一定的明显支撑，在这整个近三年的供给侧结构性改革的周期里，都形成了一波螺纹钢非常强势、铁矿石非常弱势的周期，我觉得这是一个很明显的周期性的带有政策导向性质的案例。

我也可以举一个阶段性的例子。2015—2016年，当提出供给侧结构性改革的时候，我们第一步要论证的不是供给侧结构性改革能不能实现，而是到底是行政化去产能还是市场化去产能。如果是市场化去产能，那价格就是一路暴跌，但如果是行政化去产能，那价格未必是跌的。所以当时我们基于这个逻辑，也是很深刻地理解了我国的国情。最后大家也都看到了，去掉的都是与我们经济命脉无关，或者说并不是我们最核心的中坚力量，而留下来的呢？一定是我们的这些中坚力量。基于这件事情，也就产生了我们当时的逻辑，就是一定是行政化去产能，那必然是有利于价格上涨。所以在这个过程中，国有企业的钢厂，大型公司的钢厂必然享受到了这个政策带来的红利。而这个政策相对来说又是可持续一段时间的，我们也就看到了整个钢厂从200~300元的利润走到了1500元以上的利润这么一个周期。

问题10：明睿资本设立有自己的研究院，对黑色系商品有较为深入的研究，您能简单地介绍一下研究院如何运作，整个研究体系有什么特点吗?

明睿资本：明睿的研究院其实是从明睿的研究部门划分出去的，在最早的时候，我们的研究是基于两个维度来做的。

第一个维度是数据，我们研究最根本的基础数据是什么。我们六年前开始创业时整个行业的数据并不完善，一步一步发展到现在，大家看到我们的数据已经完善到了一定程度，这个工作其实是得益于行业的进步，这也是我们最基础的一个工作。

第二个维度是信息收集和信息处理。我认为投资是基于你的信息收集能力相比其他人更强，你知道得更多。那也是我们的一大优势，在数据没有很完善的年代，能把数据库当成宝贝的，就是有红利的。但当整个数据都已经非常完善了，你再说你比别人多多少，你比别人快多少，可能这个红利就已经淡化了。那第二个逻辑就是我的信息处理能力要比别人强。那这就是我们泛询研究院的第二个功能，在这个过程当中，我们不仅是收集到了数据，而且要对数据做成预判，做成研判，做成未来有引导性、有影响力的评估，这是泛询在整个研究过程当中一个很有效的作用。

问题11：无论期货公司、贸易公司或者一些现货公司都拥有自己的商品研究团队，但是事实证明研投的有机结合是一项有难度和技术性的工作，您如何看待这个问题，明睿资本又是如何实现投研一体的？

明睿资本：在这件事情上我跟市面上大多数公司有一定差别，我本人是研究员出身，研究员出身就特别诉求探寻本真。探寻本真的态度是做好研究员的优势，也是天然的基础，但问题是一个研究员如果把一件事情研究得特别透彻，他脑袋当中会出现另外一个问题，那就是他已经听不进去另外的声音了。所以，我们要处理的最大问题是如何能够让研究员解决“屁股决定脑袋的问题”。你的研究很扎实，很深入；你很刻苦，你屁股坐得很沉，但正因为你屁股坐得很沉，另外的声音你就根本听不进去了。那在这个过程中，我们要解决这个问题，实际上不能通过投研一体，而是要投研分离。这也是大家看到的，为什么明睿的研究部门最后独立成了一个研究院，而明睿的交易员体系、交易员框架还是在原有的团队内。

我们称之为流水线分工，研究员要解决的是，这件事情是什么，这件事情要往哪个方向发展，然后发展的可能性有哪些，比如一二三；而交易员判断的是什么，判断的是我要做的是一二三里的哪一件事情。打个比方，研究员就像后厨备菜的，他把所有食材洗干净切好，而我们的交易员就是大厨，把这些原材料下锅，变成我们可口的佳肴，这实际上是一个流水线的工作，我们用这种分离的形式来解决“屁股决定脑袋”这种人性很难克服的弊病。

问题12：除了期货主观策略，明睿资本还配合宏观对冲策略，请您介绍一下你们是如何用量化交易的手段寻找宏观对冲的交易机会的呢？

明睿资本：明睿的宏观量化对冲逻辑，是通过全市场的宏观配置把整个市场30多个可交易的品种的波动率统一，然后通过风险评价模型，把风险和波动进行有机的平滑，以此来获取整个市场平均的波动收益。

我们在这个过程中，实际上并不是传统意义上的对冲掉某一品种的逻辑风险，而是要对冲掉整个系统的波动风险。我们认为不管是股票还是商品，都阶段性地会有同步，而在这个同步的过程中，我们必须要去争取一些东西，也会舍弃一些东西。在这个过程中我们就形成了一个“削峰填谷”的逻辑，比如当某一个品种的波动率升得很高时，可能作为大多数的资产配置会越来越关注它。而我们因为它的收益率高了，它的波动率高了，可能反而还要降低它的资金配置。反之，一些目前波动率处在低位，甚至价值处在相对低位的品种，我们可能还要稍微多配置一些。所以，明睿的宏观对冲并不是传统意义上的对冲风险，而是要对冲波动。**我们认为系统性的波动风险才是量化要面对的最根本的问题**，也就是我们在分析了市场上多数的量化基金之后，大家差异性多来源于仓位管理，其实大家的曲线形态相对一致。明睿在做宏观对冲的过程当中，跟大家的区别恰恰在此，我们做了五六年的宏观对冲，追求的就是年化20%的这么一个绝对收益的过程，而不是说在行情好的时候我们多赚多少，在行情不好的时候，我们少亏多少，我们追求的就是这样一个“削峰填谷”的绝对收益的目标。

问题13：国家政策和产业政策对黑色系品种的影响十分大，往往带来行情趋势的扭转。明睿资本的量化策略是否考虑到这一点？如何规避或者度量政策对市场的扰动？

明睿资本：大家在2021年已经经历了黑色系行情的一波暴涨，然后马上迅速冷却，采用各种各样的产业政策、国家政策来扭转这波行情。明睿的量化策略，刚才我已经提到了“削峰填谷”，而这个“削峰填谷”其实恰恰也是我们现在国家政策的导向，就是既不希望某一个点过热，也不希望某一个点过淡。所以，我们在宏观对冲的逻辑下，当某个品种，比如像2021年的螺纹钢，都已经冲到6000点的时候，甚至还有人喊8000点、1万点，那我们在螺纹钢的量化配置过程中，仓位就要有所降低，因为我们认为它的波动率已经过高了，它承载的预期也已经过大了，所以我们必须要降低配置，然后去寻找一些相对低波动率的品种，比如农产品，而在那个时间节点下，大家其实并不怎么关注，但是接下来的农产品行情其实是相对流畅的。

问题 14：您觉得 2021 年期货黑色系市场和 2020 年相比，盘面上有哪些变化呢？您觉得 2021 年市场的驱动力是怎样的呢？在后疫情时代货币宽松、世界经济错位复苏的宏观背景下，受供给侧因素影响，黑色系产生很大的行情，您能否解读一下？

明睿资本：我们理解 2021 年的黑色系行情，最精辟的两个字叫“预期”。大家在此时此刻再回过头去看上半年的行情，我们发现基本面没什么变化，不管螺纹钢是否基于任何一个大家耳熟能详的理由能从 4000 点涨到 6000 点，大家看到的还是粗钢的产能在上升，透过所有在上半年炒出来去讲的螺纹钢上涨的故事，我们看到其实基本面都没有发生任何变化。但为什么在基本面没有发生任何变化的情况下，价格还能涨这么多？这也就是我们说的事物的本质和大家的预期，这是两件事情。之所以能形成这种预期是基于两个方向引导，而这两个方向形成的巨大的剪刀差才是这个行情的启动因素。

第一是供给端，2021 年我们最大的国家政策之一就是碳中和。基于碳中和，第一个反应是所有的产能过剩，环保污染治理落后，钢铁行业、煤炭行业一定会得到有效的改制，所以大家基于碳中和，就把碳中和跟减产、限产画上了等号。在供给端上大家就始终抱着一根弦，我们可能环保限产，我们可能产量降低，我们的产能可能像供给侧结构性改革那几年一样迅速地被打击掉。

然而在这种供给的背景下，我们又看到了另外一个角度——需求端，需求是国内国外双重因素导致的。国内因素是我们国家的疫苗和经济环境，大家已经感同身受，我们一直处在一个很平稳的发展周期里，而国外，虽说疫情问题一直是居高不下，但是国外的经济大家都不太敏感了，大家也都该做什么做什么了。国际因素是所有的工业经济复苏，除了个别国家以外，包括欧美在内，其实它们的需求已经明显地都在回升，在这个回升的过程当中，也能够感受到对于大宗商品需求的抬升。我们看到的是国内的需求没有明确向上的边际变化，但国际上的需求出现了明显的边际变化，而在这种双重的供给收缩预期和需求外延预期项下，这两个预期造就了整个黑色上半年的行情。紧接着，如果对下半年预期，我们觉得整个黑色还是会进入一个比较大的波动周期。在这个过程当中，我们首先能够确定的是基于我国的碳中和政策，我们认为环保限产也一定会实施，只不过在这个实施的过程中，我们必须要去考量我们的经济状态，我们的环保和就业状态，我个人认为这个“一刀切”的可能性并不大，但作为一个长期政策还是会被实施下去的。

我认为第三季度，需求应该是继续平稳，既不会出现大规模的向上迈冲，也不会出现一个断崖式的下跌，原因也很简单，就是在这个过程中，我们国家对于需求的调控能力要比国外强，即当国外都很好的时候，那我们的工程哪怕慢一点儿，大家也都过得去。之所以放慢不是说我们不发展了，而是因为你对国外的需求释放程度不可控，国外不行的时候，我们怎么办，那我们就把国内的需求再释放出来，这样国内需求实际上就成了我们国家经济调控的一个“蓄水池”，在这个过程中，“蓄水池”如果外沿高，我们就放低一点儿，外沿低我们就调高一点儿，整体需求应该是一个平稳过渡的状态。在这个过程当中，大家去交易，基本面上可能真的全年都没有什么变化，但是预期面和资金面会影响行情出现非常大的波动，所以我们的预期就是高点和低点可能大家都已经见到了，但是中间的波动还是会有的。

问题15：从2020年开始黑色系商品走势较强，2021年“五一”过后更是一路高歌，但5月12日左右，便开始大幅下挫，您是如何理解这波黑色系价格下跌的逻辑？接近5月底黑色系又有一波集体上涨，你们又是如何理解这波反弹的呢？

明睿资本：一路高歌就是预期强烈，至于大幅下挫，大家也都能看得到，不管是总理的发言，还是在总理发言之前一系列的政策，国家从宏观层面对于黑色系的政策一致性都非常强。我们一定要在“碳中和”这么一个大的背景下去有效地调控黑色系的价格。由于我们国家体系庞大，部门繁多，在这个过程当中一定会有阶段性的政策扰动，政策冲突，甚至是不一致。但是，我们一定要相信我们党的领导，其统一性的能力是非常强的。就是当所有部门出现了一些阶段性矛盾的时候，我们看到克强总理站出来统一大家的共识，其实就是在调节部门之间的矛盾和部门之间政策的不一致，那这时我们看到的就是预期的改变。而这个预期的改变，也是带来黑色系价格下跌的一个根本动力。然后，从这个下跌之后，基本面依然并没有发生变化，这才是核心。它涨的时候是带着预期涨的，跌的时候也是带着预期跌的，那跌下去了之后，大家发现我们的需求还在，我们的供给也没有那么大，这就是我刚才说到的价格的高低点，不管是情绪的冲击还是基本面的不变，都已经给了出来，而在这个过程当中的反复波动，反弹也好，下跌也好，其实更多的是跟着情绪面和资金面在走。

问题 16： 进入 6 月以后，你们如何看待下半年的黑色系运行逻辑？您认为影响黑色品种近期和中期的主要逻辑是什么？我们应该关注哪些因素？

明睿资本： 我们现在关注黑色系最核心的问题就是刚刚一直在强调的价格中枢。**黑色系的价格中枢现在就是由钢材来定的，因为原料的价格全都是跟着钢材的价格来波动，而钢材的价格是有明确的前置指标，那就是产能、产量以及社会库存。我们有效地去预判社会库存的这个环节，其实就是在预判供给和需求之间的差值。**从现阶段来看，大家基本上也都能够判断，在明确的政策下供给进一步上升的空间是非常有限的，甚至可能在政策加码的过程中还会略有下降。而需求端，我们现在只能给出一个持平的预期，或者说是随着国外经济的复苏，需求略有升高的这么一个状态。在这种状态下，黑色系的整个中期波动围绕着社会库存。如果钢材的库存在需求导向下出现了比较明显的去库乏力，那这个价格就必然会经历去利润的过程。大家都知道钢厂的利润还是比较高，如果需求有阶段性的萎缩，或者季节性的萎缩，那至少价格是有钢厂利润作为空间去向下运行的，反之如果库存可以有效地被消化，那说明我们整个下游的需求还是很旺盛。所以，价格还是可以阶段性地坚挺，作为前置指标，我个人比较关注库存数据。

问题 17： 您如何看待“碳达峰、碳中和”对黑色系未来的影响？

明睿资本： 这个问题是一个比较中期的概念，我们可以对标欧美的先进经验。从长期来看，中国必然要走去高炉、增加电弧炉，去铁矿石、增加废钢的过程。所以，我个人认为，中国对于钢铁的需求其实未必会下降，只不过是调整钢铁品类的结构，我们可能会剔除一些劣质钢、粗制钢，同时提高我们国内的钢铁行业的技术标准，提高我们的钢铁产品的附加价值，以此来达成“碳达峰、碳中和”的目标。

问题 18： 2021 年下半年，针对铁矿石、焦煤、焦炭、螺纹钢、热卷，明睿资本是如何看待这几个品种的强弱排序的呢？

明睿资本：至少按照现阶段的预判，我的逻辑是如果螺纹钢不涨，其余黑色品种都不会涨。因为我们看到的是整个产能、产量已经被压制住了，没有太大的上升空间，所以整个强弱关系最核心的定价中枢还是螺纹钢。其次，在螺纹钢的基础下，才是铁矿石。由于铁矿石的供给问题、价格和现货供应的问题，它能够有一定的强势话语权。再次是焦炭，因为焦炭其实也被列为2021年的环保重点监管对象。基于焦化企业利润，最后是焦煤。

问题19：现在期权品种上市很快，给市场提供了更丰富的投资标的和策略方法。明睿资本如何看待？未来有无计划在此发力？

明睿资本：明睿其实在期权的交易时间上是比较早的，我们在2013年和2014年的时候就在新加坡铁矿石掉期市场上大量地参与了期权的交易。其实我个人认为期权是一个很好的有效的投资衍生品的方式，因为毕竟它的理念和期货本身的理念是一致的。但是它们最大的区别是交易风险和交易时间节点的不一致。期权可以有效地控制好风险，并且能够实现你的投资逻辑和投资理念。但是期货，由于价格的变化，阶段性的风险可能会被无限地加大，在风险承受力上，其实期货是远不如期权的。然而，有优势就有劣势，期权的劣势在于时间节点必须要掌握得比较精准。综上，由于期权的时间理念和风险理念可以跟期货形成互补，我们觉得期权在未来整个商品贸易、产业链关系、金融投资衍生品的组合当中，必然将起到一个非常重要的作用。

问题20：据期货业协会统计，截至4月末，我国期货市场资金总量已突破万亿元，达10243.52亿元，较2020年年底增加近2000亿元，涨幅达24.21%。5月全国期货市场成交量为6.36亿手，成交额为49.81万亿元，同比分别增长44.01%和79.36%。您如何看待未来几年我国期货市场的发展？

明睿资本：这个问题也特别好，让我有很多的回忆。当年入行，大家都在喊着我们整个期货市场是一个小众市场，只有两三千亿的池子，很多行业和资本根本都看不上我们。但是到2021年，我们这个两三千亿元的小池子已经突破了万亿元的规模，这也是我们行业发展里程碑式的进程。当然这些年期货行业能够有这么大的资金规模的上升，其实主要得益于以下两个方面：

第一，我们国内产业资本的金融化转型越来越成熟。不管是黑色产业、有色产业、化工产业，还是农产品产业，大家都可以看到，我们实体产业在接触金融衍生品过程中的深度与规模越来越大。原本大家都是踏踏实实地做好自己的现货就可以了，但是当大家看到了欧美的四大粮商、加工厂等成熟的期现模式、风险对冲模式以及自己赚钱的模式，当大家越来越理解了这个逻辑之后，我们产业客户参与期货的成熟程度和定位便越来越精准。举个例子，我们合作的一些钢厂，原本它们可能由于更偏向于投机，囤现货的同时还会囤期货，在期货市场上做多铁矿石的时候还会去买铁矿石的现货，但是，随着产业的逻辑与产业的周期走了很多轮之后，它们发现其实钢厂利润、加工利润才是安身立命的根本，所以大家能够看到很多钢厂现在根本就不会再去做投机了，它们就去老老实实地买铁矿，然后卖钢材，你会发现到最后这些企业也很舒服，它们最后赚的就是生产加工的利润。甭管这个加工利润是 200 元还是 2000 元，无非是去调整利润结构和采购市场。至于到底是在期货市场当中采购铁矿石更有优势，还是在现货市场上采购铁矿石更有优势；到底是在期货升水的时候去卖期货，还是在现货好卖的时候多卖现货，都只是两个市场的选择，而不会影响其交易策略，那在这个过程当中，钢厂就能真真切切把它们百万吨、千万吨的产能、产量都释放到我们的这个期货市场当中，这必然会带来资金池子越来越大。

第二，随着我们国家私募基金与理财行业的发展，我们看到居民投资意愿越来越强烈，那在这个过程当中，无论是个人高净值客户，还是机构金融投资者，对于优质商品、优质基金的诉求也越来越强烈。而作为主要资产类别当中的大宗商品，也必然承载着艰巨的任务。在这个过程中我们发现，随着整个私募基金行业的迅速扩张，在大宗商品市场上，金融机构、私募基金、个人投资者的投资资金的规模也在迅速扩张。所以这也是给我们期货市场，包括刚才提到的所有产业客户进入期货市场，提供流动性的一个先决条件，在这个先决条件下，我们看到的就是整个行业的蓬勃发展。

问题 21：随着期货市场的保证金规模突破万亿元，市场不断丰富成熟，无论是个人投资者还是机构的策略都面临更新和迭代。请问您怎样看待期货市场未来的参与者结构，散户还能赚钱吗？您认为 CTA 策略在其中是什么位置，未来会有怎样的发展趋势？

明睿资本：明睿资本的定位是精益求精。我曾经举过一个很有意思的例子，就是我有一次去练拳击，然后对着教练说，如果我练一周就能把你打倒，你会怎么想？再把这件事情放到我们行业来说，**我其实并不会去特意地区分**

散户与机构，但会区分专业与非专业、职业与非职业。也就是说，哪怕这个人是个散户，但是他在所处的行业中是极其专业的，我也不会称之为散户。但如果你即便是一个很有钱、有地位、有能力的人，若你并没有把精力放在投资这件事情上，那你再优秀，来了也是个散户。所以，我们认为区分是否是散户，并不是与他的资金规模及身份挂钩，而是与他投入的精力挂钩。就像我刚才说的拳击教练，如果我练了一周就把他打倒了，那他的台下十年功在哪里？

所以我们认为整个未来的社会发展、行业发展，都会趋于长板效应，都会趋于专业化、职业化。我们可以看到，大家身边各种各样的服务都是趋于精细化的，大家也会享受这个便利及优质化的服务带来的红利，那我们私募基金行业其实提供的也是这种专业化、职业化的服务。我们将一天 24 小时当中的大部分时间都放在了看产业的基本面，看产业的调研，看产业的信息，看这些 K 线图，那我们精力的投入难道没有价值吗？而这些价值其实恰恰是我们精力的体现，同时也是对投资人的一种服务，而这种服务本身其实我们相信是可以做到置换的，就是我们优秀的投资人在他所处的行业当中赚他专业的钱，到我们期货投资的领域当中来把他的信任再交到我们手里。

问题 22：相比股票、债券，期货投资在整个证券二级市场比重相对较低，请问明睿资本在股票市场是如何布局的？未来又是怎样规划的？

明睿资本：这个其实我们明睿还是有一个长久的规划的。我可以举一个我们切身的例子，也是在 2020 年，大家都知道在整个股市中最耀眼的就是特斯拉，涨得一塌糊涂，但是作为特斯拉这种概念股，不是我们做期货的人能够理解的。同时我们也看到了国内的“特斯拉概念股”宁德时代也是涨了很多，这种股票的上涨也不是我们能理解的。那我们一般做大宗商品期货研究的人就没有能理解的股票了吗？并不是的，我之前提到过利润链传导。如果特斯拉的概念是真，它在中国建厂，它未来的产能和产量有一个明确的爆发周期。同样，我们必然也可以看到宁德时代的发展，不管是三元锂电池还是盐酸锂电池，它最后还是需要锂的，那作为我们大宗商品的逻辑就是锂谁家好，天齐锂业？赣锋锂业？所以在那个时间节点下，我们选择了出圈儿，我们选择了基于我们大宗商品人能够出圈儿的逻辑，我们选择了天齐锂业和赣锋锂业。当然在这个过程当中也享受到了这种上游带来的红利。

接下来我们会继续坚守这个产业链利润转移的过程，比如，我们看到了2020年焦化企业历史性的爆发期，从几十元且还都是到处要账的利润，变成了几百元的利润，那么国内的焦化企业管理最好的，运营最好的，还上市的是谁家？是旭阳焦化。那我们在2元多的时候买了很多旭阳焦化的港股，现在6元，我们觉得这个利润兑现得可以了，好了，我们就出来了。不管是基于行业的状态，还是基于产业链利润的状态，我们在焦化上不敢吃的利润，那就跟他的老板在他的股票上一起吃。

问题23：据基金业协会4月统计，我国私募基金管理规模达17.79万亿元，您如何看待未来我国私募基金行业的发展？

明睿资本：我相信我们国家私募基金行业是一个未来越来越具备发展潜力的行业，大家都知道我们国家投机客的赌性很高，散户化程度很大。但是我们看到的是什么，前面也提到了专业化、职业化，大家都会把自己的长板效应发挥到最强。所以当人们说“80后”“90后”的财富积累到一定程度的时候，大家自然会坚守着“我去做我擅长的事情，让别人去做别人擅长的事情”的这么一个理念。所以在私募基金行业，我相信资产管理的这条路会越走越宽，规模会越来越大，因为它承载的不只是人民的财富，更是整个中国人在专业化、职业化发展分配路线上不断形成优化的过程。

问题24：据基金业协会4月统计，私募基金管理人存量24479家，规模在0~5亿元的有17261家，规模在5亿~10亿元的有1400家。即10亿元以上规模的私募基金管理人仅占23.77%，您觉得要在市场上基业长青，规模和收益率哪个更重要？

明睿资本：这个问题也是我们一直在纠结的问题，因为我们曾经也是从0~5亿元、5亿~10亿元、10亿元以上这么一路走过来的。其实说实话大家都会有这么一个迷茫期，在规模小的时候，我们一定要去追求收益率，在规模逐步扩大之后，觉得有这种社会红利了，我们要去追求规模。从明睿的发展来说，我们定位非常清晰，就是收益率才是核心、才是王道。我们并不把自己定义成一家资产管理公司，而是把自己定义成一家价值创造公司。那在这个过程当中，规模的上升其实是业绩优秀和管理资产能力提升的一个衍生。**当我们的收益率和投资能力不匹配我们的管理能力和管理规模的时候，我认为过大的管理规模其实反倒是企业成长的负担，所以这**

并不是一个谁更优的问题，而是如何能够找到更优平衡点的问题，就像一个人认知自己的过程一样，你的能力边际、你所能掌控的财富和你的幸福感最终也是一个平衡点。

问题25：您觉得一家优质的私募基金管理人应具备哪些特质？

明睿资本：我觉得最主要的是具备两条特质，第一是专业、敬业。作为私募基金管理人大家都能够感受到我们的生产要素就是货币，我们的生产结果还是货币。我们经历过各种各样的资产管理形式，甚至是P2P、小额贷款，但在这个过程当中，实质都是真正能够创造价值的。也就是说，如果是庞氏骗局，那我们会发现它最大的问题不是不能赚钱，而是不能持久地创造价值。那我们的投资企业，大家现在耳熟能详的比如高瓴、京东，你会发现它最核心的价值是什么？它在为我们的生活，为整个全人类的生活，在改变着一些东西，在真正地创造着一些东西，所以明睿所追求的是我们一定要通过自己的努力，让这个世界更美好、更顺畅一些。

第二是诚信。一个人把什么交给你是最大的信任？就是把自己的钱交给你。回想我们成长的一路，当年我的第一个投资人，直到今天我还是特别感激的，因为他在你什么都不是的时候，可以把他的钱交给你，不管他是基于什么理由，但是对于我来说，这就是莫大的信任。直到今天，我还是认为每一个投资人能够把他的钱交给我们，这就是对我们无比的信赖。所以，不管是风浪雨雪，还是欢声笑语，我都希望与我的投资人能够敞开心扉地沟通，能够彼此真诚地对待，最终能够创造一个共赢的好结果。

问题26：近年来中国私募市场发展十分迅速，无论组织形式、策略、人才、市场成熟度都有所提升，明睿资本在其中能有一席之地，您认为公司的优势是什么？未来的发展方向是什么？

明睿资本：明睿资本这一路走来，也是经历了各种周期、各种坎坷。从成立开始，我们从一家自营的管理公司变成现在一个大的团队，在这个过程当中，其实我最深的感受就是“以人为本”。很多投资公司都是老板一言堂，老板一个人的交易能力很强，可能就奠定了一家公司的发展，但是明睿绝对不是这样的。明睿资本，我一直坚守的是人才化的长板效应的集约化管理。到最后形成的是一种什么样的状态呢？就像一条流水线，每一个人都在自己专业的岗位上发挥最大的效用。所以明睿的组织架构，我就是这么设计的。

明睿的组织架构就是很简单的交易部门、风控部门、运营部门、研究部门和投资者关系部门。作为一家投资公司，我们不需要冗杂的人员管理，但是我们需要清晰的流程，即从研究部门产生投资理念、投资逻辑，到我们交易部门去实现净值化、结果化的这样一个过程，再把这个结果呈现到我们运营的基金，这是我们的基金运营部门的任务。那接下来，我们有了好的产品，还要跟投资人对接，而这个对接并不是简单地由我们去拉资金和我们去销售，而是要让大家彼此互通互懂，能够让投资人理解我们为什么可以赚钱，让我们的投资者关系部门的同事能够说清楚公司的理念，在什么情况下，我们赚的是什么钱，找到一些志同道合的人，一起共创财富！

林智彤：

我从来不认为自己会一直是一个小散

（2021 年 8 月 17 日，李烨访谈整理）

林智彤

福建人，现居上海。2014 年开始做股票，次年进入期货市场，2020 年开始做外盘，基本面分析，主观交易。第十一届“蓝海密剑”中国对冲基金公开赛晋衔奖，“大校”头衔；第十二届“蓝海密剑”中国对冲基金公开赛基金组第三名。

精彩观点

我从来没有想过离开这个市场，一方面是我坚信自己肯定能盈利，亏损只是暂时的；另一方面是觉得自己注定就是要做交易的，其他工作都没法让我产生兴趣。

我一直认为金融做到最高层面还是会回归到政治，永远不要和国家意志作对。

政策可以改变基本面。

宏观上有两个确定的点：①美联储的流动性收紧，虽然时间表不确定，但收紧的趋势是必然的。②疫苗的普及和疫情的缓解，这同样是时间表不确定但趋势确定的事件。

我进行了做多国内商品并做空国际化商品、做多消费品并做空耐用品的配置。

供需格局较好，或消费端有增长潜力的品种会比较有空间。

同一个品种既可以做多赚钱也可以做空赚钱，关键在于你的交易行为是否遵循了合理的交易逻辑。

从资金使用效率来说，我觉得轻仓是没有意义的。

对自己的交易计划有信心就可以把仓位做上去，没信心的头寸干脆别做不是更合理吗？轻仓只是在自我安慰。

我目前主要资金还是在国内期货市场上，不过长远来看肯定还是需要往股市努力一下。

我从来不认为自己会一直是一个小散，从入行开始就在思考大资金应该执行怎样的交易理念。

想清楚自己想在这个市场得到什么，相应地需要付出什么，然后就坚定地去执行吧。

问题1：林先生您好，感谢您在百忙之中与七禾网、东航金融进行深入对话。您是从什么时候接触到期货并开始期货交易的？期货吸引您的地方有哪些？

林智彤：研究生毕业的时候，有几个同学找了期货方面的工作，我才第一次知道期货，后来我也进了一家期货公司，开始正式接触期货。最初我对期货并不了解，只是觉得自己想从事交易类型的工作，所以就进入了这个行业。

问题2：与很多投资者一样，您刚进入市场的时候也经历过大亏，现在总结来看，是什么原因造成的？对很多人来说，可能在经历大亏后就离开这个市场了，您能够坚持下来的原因是什么？

林智彤：当时对一些头寸的理解太浅显、太片面，而且上了很高的杠杆，所以造成了大亏。**但我从来没有想过离开这个市场，一方面是我坚信自己肯定能盈利，亏损只是暂时的；另一方面是觉得自己注定就是要做交易的，其他工作都没法让我产生兴趣。**

问题3：从资金曲线看，您的账户［赚点旅游费］近两年的盈利能力很强，您觉得该账户能够持续并较大幅度盈利的核心原因是什么？

■ 单位净值：9.7745 ■ 本届盈亏：73378643.26 ■ 累计盈亏：113416493.57 ■ 目前仓位：0.7024
■ 平仓盈亏比：0.7283 ■ 年化收益：399.98% ■ 夏普比率：0.3241 ■ 回撤率：0.2736

［赚点旅游费］账户 2020-12-31 至 2021-8-17 期间单位净值表现

林智彤：我觉得核心原因可能是这两年把握住了市场的主线逻辑吧，剩下的无非就是在哪个品种上赚钱，以及赚多赚少的问题。

2020年疫情初期，我采取了做多货币流动性、做空实体经济的策略，然后在过度悲观的时候把握住了时间窗口转向全面做多。2021年又在判断行情将进入分化和宽幅震荡的时候再次转向了对冲策略。

问题4：2021年5月12日，您的账户［赚点旅游费］在连续拉升后创下新高，但随即却经历了一波相对较大的回撤，当时发生了什么情况？您是如何应对的？

林智彤：国常会提出要应对大宗商品价格过快上涨问题，各相关部门也都很重视，所以大宗商品价格经历了一波较大幅度的下跌。当时我手里的多头头寸比较多，所以账户出现了回撤。

我的应对措施就是做了减仓处理。**我一直认为金融做到最高层面还是会回归到政治，永远不要和国家意志作对，**这种时候谈基本面没有意义，**政策可以改变基本面。**

问题5：6月以后，市场普遍遭遇回撤，您的上述账户净值却在回撤后出现拉升，并打破前高持续向上，主要是抓住了什么行情？是如何判断的？

林智彤：我一直在警惕疫情后这波持续了一年多的大宗商品整体单边上涨行情什么时候会结束，所以提前转变了思路，开始增加一些对冲策略。

大体思考如下，我觉得**宏观上有两个确定的点：①美联储的流动性收紧，虽然时间表不确定，但收紧的趋势是必然的。**对应国内，流动性已经经历过收紧，且因为进出口数据和汇率表现等原因甚至时有宽松预期出现。**②疫苗的普及和疫情的缓解，这同样是时间表不确定但趋势确定的事件。**随着趋势的演变，消费结构会出现从耐用品转向消费品的现象。出于上述考虑，**我进行了做多国内商品并做空国际化商品、做多消费品并做空耐用品的配置。**

问题6：2021年是国内商品期货市场的大年，不少品种纷纷冲上历史新高。在您看来，此轮大宗商品集体上涨的主要逻辑有哪些？是否还具备大幅上涨的动力？

林智彤：主要逻辑在于流动性的泛滥叠加疫情冲击后经济的修复。未来是否还具备上涨动力要分具体品种来看，**供需格局较好，或消费端有增长潜**

力的品种会比较有空间。

问题7： 近段时间，黑色系期货出现大涨大跌，行情波动较为剧烈，对于这样的行情，您会如何把握？

林智彤： 黑色系的行情一直很难捉摸，经常突然一个政策出来就造就一波行情。政策难以预测，跟随去做又很被动，而我的交易理念又是更喜欢去做一些自己能够把握的东西。比如2021年市场上很流行一个头寸：买成材、空炉料，做扩钢厂利润。我觉得这个所谓对冲和单边做多成材基本是一个意思，因为核心逻辑是一样的，都是控制钢材产量。无非有时候是在做是否控产，有时候是在做控产是否达到预期，有时候是在做控产的预期有没有变化。但这些因素没有一样是我能把握的，所以我没有参与，而是去做了买焦煤、空铁矿，把我无法把握的因素对冲掉。

问题8： 在交易中，您侧重于基本面研究，您的研究体系和逻辑是怎样的？主要研究哪些方面？

林智彤： 我倾向于先思考宏观上的主线，通过大的主线逻辑去分析应该如何进行板块之间的配置，然后再在板块内选择具体品种。

问题9： 在市场运行的过程中，经常会出现价格走势与商品供需情况相悖的情况，碰上这种行情，应该如何应对？

林智彤： 决定价格的因素有很多，供需情况只是其中一个维度而已。我觉得首先要搞清楚自己想做什么行情，你是想做驱动、做情绪，还是做价格向基本面定价的回归。**同一个品种既可以做多赚钱也可以做空赚钱，关键在于你的交易行为是否遵循了合理的交易逻辑。**

问题10： 一般来说，做基本面分析的投资者都倾向于轻仓长期持有，但我们注意到，您的账户仓位基本上都维持在七八成上下，请问您敢于重仓的主要原因是什么？

林智彤： 首先，仓位的轻重和风险的大小并不是必然联系的，评估风险还要参考敞口的大小、头寸的波动性和流动性。其次，**从资金使用效率来说，我觉得轻仓是没有意义的。** 比如，如果我永远控制在五成仓以下，那另外五成仓的资金就没有存在的意义，不如直接拿去买理财。

我觉得只要把仓位控制在能够承受当前头寸的波动，不会由于权益回撤造成资金不足而影响交易计划就行。**对自己的交易计划有信心就可以把仓位做上去，没信心的头寸干脆别做不是更合理吗？轻仓只是在自我安慰。**

问题 11：您从 2020 年开始参与外盘市场，某些外盘品种在内盘也有相同品种或者关联品种，您觉得这类品种的内外盘行情的联动性如何？我们能否在内外盘的行情走势和相互联动中找到交易机会？

林智彤：有联动性很强的，比如黄金内外盘之间基本就是汇率差异，还有一些贸易流很畅通的品种。当然，也有比较割裂的品种，这主要是关税、进口配额、市场份额等原因造成的。这里面存在很多很多机会，但内外盘套利我很少做，因为还是希望能参与一些收益率更高的机会吧。不过有时候从内外比价可以为内盘交易提供一些安全边际的参考。

问题 12：由于高杠杆、低保证金等特点，外盘市场往往都给国内投资者高回报、高风险的印象。在您眼中，外盘市场是一个怎样的市场？与国内市场相比最大的区别又在哪里？

林智彤：对我来说参与外盘市场主要是可以丰富自己的投资手段。比如之前一些外盘品种的行情一直走得比国内更大，也更顺畅，因为国内更早进行了流动性环境的切换，而且人民币的升值也吞噬了一部分涨幅。

有时候也可以对投资方向进行一些补充，比如我想做一些缩表预期的交易，在外盘我可以做美债，但在内盘我只能通过贵金属去做一个间接的配置。另外，我之前做过国外股市和 A 股的强弱对冲，这个光靠内盘也无法实现。

问题 13：您目前在各市场的资金配比情况如何？以您的判断来看，在 2021 年剩下的时间里，投资者应该更关注哪个市场？又有哪些潜在风险需要注意？

林智彤：我目前主要资金还是在国内期货市场上，毕竟是自己最擅长的领域。外盘由于外汇管制的原因，只是利用一些初始资金在做增值。股市上分配的资金介于两者之间，**不过长远来看肯定还是需要往股市努力一下。**

我觉得每个市场都时刻充满机遇，投资者应该更关注自己的能力边界。潜在的风险其实大家都在关注，比如疫情的进展，会不会有新的变异或者意料之外的扩散等。

问题14：您也有在运行自己的产品，运行情况如何？接下来有新产品的发行计划吗？

林智彤：有一只产品2021年6月刚开始做，目前净值表现稳定，最大回撤控制得还行。暂时没有其他新产品的发行计划。

问题15：在管理产品的过程中，您在操作风格以及品种选择上，与之前做单账户有何区别？

林智彤：大体策略是差不多的，不过风格会更稳健一些，毕竟产品的投资者比较多，众口难调，而且对投资者也不熟悉，所以尽量按照大众口味来做。

问题16：您目前就职于鸿凯投资，林军作为鸿凯投资的创办人，也是期货市场上的传奇人物之一。在您看来，林军是一个怎样的人？在交易中有哪些值得学习的地方？

林智彤：林总看人很准，看问题很透彻，这也体现在对行情的判断上，经常有自己独到的见解。不仅如此，他还是全公司最勤奋的人，精力比很多年轻人还好。这些方面都很值得我学习。另外，我在交易中有时候会产生一些不该有的犹豫，或者有时候很轴，果断和灵活也是我需要向他学习的地方。

问题17：您做期货已经有6年时间，在此期间，您的交易方法和交易理念经历了哪些变化？

林智彤：**我从来不认为自己会一直是一个小散，从入行开始就在思考大资金应该执行怎样的交易理念**，所以这些年理念上并没有太大变化。交易方法的变化则主要源于资金规模的变化，毕竟交易5万元是一种做法，交易500万元的时候会有变化，交易5亿元又是另一种方法了。

问题18：进入投资行业至今，您有哪些感悟可以与投资者分享？在如今的大环境下，您对投资者有什么建议？

林智彤：我觉得最重要的是**想清楚自己想在这个市场得到什么，相应地需要付出什么，然后就坚定地去执行吧**。比如我一直希望自己的生活精彩、丰富一些，但是做这行避免不了要忍受很多的枯燥，这时候就需要做出取舍。

问题19：在国内期货市场快速发展的过程中，有一个现象也非常值得关注，那就是随着机构投资者的大比例入场，市场参与者的专业化程度越来越高，您觉得市场对手的改变对您的交易影响大吗？赚钱是否会变得越来越难？

林智彤：我进入期货市场算比较晚的，这早就已经是一个专业机构博弈的市场了，所以这几年并没有感受到对手的明显改变。主要是自己必须保持进步，否则肯定会越来越难。

问题 20：据了解，您也爱好德州扑克，您认为德州扑克的高手和交易的高手，两者之间存在哪些共同点？

林智彤：德州扑克确实和投资有很多共同点，包括下注盈亏比、止损、资金管理、长期主义，等等。德州扑克算是简化的交易，所以很多交易做得好的人打德州扑克也很厉害，不过德州扑克打得好的人未必交易做得好，交易包含了更多东西。

问题 21：您已连续多届参加“蓝海密剑”期货实盘大赛，也都取得了非常不错的成绩，请问您参加大赛的初衷是什么？在比赛中又有何收获？

林智彤：初衷是想把自己放到一个大的平台上看看自己在市场中处于什么水平，然后跟别人对比一下看看自己有什么不足。另外，实盘比赛有很多数据统计也可以方便分析下自己的交易。收获就是很高兴认识了一些其他的交易高手。

壁虎资本：

我们在这个时代不要跟时代的趋势对抗

（2021 年 8 月 24 日，刘健伟访谈整理）

张增继

浙江壁虎投资管理有限公司执行董事、总裁。美国亚利桑那州立大学凯瑞商学院金融工商管理博士，价值成长型投资理念创始人，拥有 20 年的投资实战经验，独创“壁虎六核心”的选股逻辑。曾出版著作《散户的革命》，并联合出品《伟大的时代——深度解读价值投资》。

2020 年 8 月获“道合—私募寻星 2019—2020”股票多头策略 C 组优胜奖（国泰君安）

2020 年 12 月壁虎资本张增继荣获 2020 东方财富风云榜“年度杰出私募基金投资经理”（东方财富）

2020 年度 wind 最强私募评选中获得：

2020 年度最强私募基金公司（总排名）TOP20

三年期最强私募基金公司（总排名）TOP20

三年期最强私募基金公司（10 亿~20 亿）TOP20

三年期最强私募基金（股票多头）壁虎成长 6 号

2021 年 3 月荣获金斧子第五届私募大会金斧子价值投资之星奖

2021 年 6 月荣获第十二届金阳光·三年卓越私募公司奖

精彩观点

早在两年前我就觉得这些互联网大厂上涨到五六万亿元人民币市值的时候，垄断是不可避免的，会受到国家的监管，甚至是很有力度的阻止。

我们觉得游戏行业在 30 倍以上市盈率的估值其实是不合理的。

我觉得这些垄断的大厂，它的天花板几乎已经看到了，未来不会有太多的增长空间，但是如果纯粹从已经跌出来的价值来说，它回到前期高点还是能够获得非常高的收益的。

我个人认为这些行业（教培行业）已经看不到太好的未来了。

资本市场最近出现各种奇怪的现象，央媒一点评，某个行业就会崩。

我们还是要更多地关注光伏、风电、新能源车，以及它的相关配套的产业链，我觉得这个政策的红利没有过去。

时代的天平在向这些产业（芯片、锂电池、光伏建筑一体化）倾斜。

一定要从这些产业政策里面去分析哪些企业能够成为这个产业的龙头，以及在这个产业里面最受益的这些标的，这个才是我们投资人需要更多思考的问题。

当一个投资标的神一样存在的时候，去追高其实是有相应的风险的。

我其实不喜欢“大众情人”，我喜欢寻找一些我们自己能够理解得更深的“独家情人”。

很多人觉得买传统的大蓝筹就叫价值投资，这本身就是一个误区。

我们是把自己定位成一个成长价值投资者，我们的字典里面叫无成长不价值。

我认为这些传统的价值股它最大的价值就是跌出来的价值，因为它从跌出来的低点再回到它原来的天花板，也是有相当不错的收益的。

我觉得我们的价值投资还是应该看到未来核心资产，未来的成长在哪。

壁虎资本从成立第一年开始，定位就是做成长价值，所以价值投资的分化就在于成长考虑的分量在你投资理念中的分量有多重，壁虎资本是把它放在最重要的位置的。

我认为白酒其实可能还会伴随中国的消费者很长一段时间。

白酒成为人类的朋友，这个历史不会因为一篇致癌的文章就给它终结掉。

最近两年的行情，我们对医药行业的看法已经有相当大的调整了。

我们不太愿意投资要参与公立医院集采竞争的标的，我们更愿意找到一些跟集采没有什么关联的，或者说独家垄断，具备长期的专利保护的一些公司。

在短期内我个人觉得医美还是有点上涨过快，透支了未来盈利的表现，所以对这个板块我们会充分关注，但是还没有决定去重仓布局。

如果你非要从三孩政策里面找出一些机会来，就要考虑孕妇需要用什么，婴儿需要用什么，这里面可能会存在一些机会。

我们所谓的不要和趋势对抗，其实并不是一个K线图的趋势或者一个上涨或者下跌的趋势，而是我们在这个时代不要跟时代的趋势对抗。

体育概念毫无疑问是国家的一个长期战略，我觉得最受益的产业有可能是运动服装、运动器械等。

从未来十年甚至更长时间来看，我觉得这可能是中国资本市场非常好的一个买点。

买好公司是一个概念，买到好价格也是一个非常重要的指标。

如果市场过度高估了，毫无疑问我们也会效仿伯克希尔的做法，空出更多的现金来。

壁虎资本一贯以来秉持的风格就是以静制动。

我相信那句古话：酒香不怕巷子深，我们还是愿意守着一坛好酒等待客户闻香而来。

传统的领域我们要关注医药、消费跌出来的价值，新兴的领域，包括碳中和、半导体等，我们要等待它跌出来的价值。

问题1：张总您好，感谢您再一次作为嘉宾为七禾网的投资者朋友做分享，首先恭喜壁虎资本在2021年喜获多个平台颁发的奖项，也请张总为我们回顾一下这两年来壁虎资本的发展情况。

张增继：我个人感觉最近两三年为客户取得了年化较为满意的收益，这个是我们最值得开心的。其实壁虎资本自身的发展也随着客户净值的增长，**管理规模也增长了将近十倍**。

问题2：2021年国内反垄断的展开对互联网大厂造成了非常大的冲击，但前不久段永平表示要加仓腾讯，并且要越跌越买，您怎么看待互联网上市公司在2021年遇到的困境，您对段永平"越跌越买"的观点怎么看？

张增继：坦白讲，这可能有点"事后诸葛亮"，其实**早在两年前我就觉得这些互联网大厂上涨到五六万亿元人民币市值的时候，垄断是不可避免的，会受到国家的监管，甚至是很有力度的阻止**，因为垄断对整个中国的经济、中国的产业创新其实是不利的。

单从某个互联网大厂本身来讲，我觉得如果一个互联网企业游戏收入占比过高，是会存在一定风险的，我个人也非常反对把游戏行业做成收入规模特别庞大的企业，因为游戏无论是对儿童、对成人，它造成的一些伤害其实是显而易见的，所以壁虎资本在两年前就对这一类行业是回避的。我也曾经发表过一些观点，**我们觉得游戏行业在30倍以上市盈率的估值其实是不合理的**，通过欧美资本市场的一些相关标的的表现也可以看出来。

我觉得（段永平）加仓和清仓都不会错，因为加仓是基于它已经跌出价值了，但是如果是从整个行业的发展来看，**我觉得这些垄断的大厂，它的天花板几乎已经看到了，未来不会有太多的增长空间，但是如果纯粹从已经跌出来的价值来说，它回到前期高点还是能够获得非常高的收益的。**

问题3：除了互联网企业，2021年到目前为止最大的雷应该是教培行业，在国家"双减"政策下，K12教育遭受了堪称"毁灭性"的打击，新东方、学而思等上市公司股价不仅仅是腰斩，甚至是膝斩、腿斩了，曾几何时，教培行业还是香饽饽，您对教培行业持什么样的态度，这个行业的未来如何？

张增继：我个人认为这些行业已经看不到太好的未来了。从国家的角度来看，国家不是为了打压一个行业而去做这些动作，而是从中国未来尤其是青年人的未来考虑，打压教培行业是为了让素质教育来替代应试教育。其实我们更多的是从教育本身的意义来定位这个行业的监管政策，而不是为了监管某个行业而去监管某个行业。

我觉得从长期来讲这个行业它受到打压，对中国年轻人的未来其实是更有帮助的，当然未来产业政策的执行力度和未来中国的家长的意识，以及我们学校，包括教育界人士，他们对这个事情的认识是否很透彻，是不是真的能够改变中国教育目前存在的各种弊端，这才是我们更应该重视和思考的。

问题4：我们知道您持有长春高新长达14年，不仅获得了丰厚的收益，也不断地夯实了价值投资的策略基石，但是在最近，央媒对生长激素进行了点名批评，作为生长激素的龙头企业，长春高新似乎面临了新的困境，您还会一如既往地持有吗？

张增继：首先谈谈我对央媒评论生长激素的看法，我觉得评论本身没错，因为一个再好的药，再好的生长素，你也要规范它的使用，但是不能因此来否定一个生物医药，尤其是这个生长激素一度是中国生物医药创新的一个标志，它甚至获得了国家科技进步二等奖，其实这是对生物医药创新的一个肯定，我想这个创新本身不会有错，这其实代表了中国生物医药的未来。但是任何药品它的副作用都是会存在的，所以**我觉得这个文章的初衷是为了规范创新药的使用，为孩子的健康和未来考虑。**

但是资本市场不是这么解读的，**资本市场最近出现各种奇怪的现象，央媒一点评，某个行业就会崩，**包括互联网大厂、教培、生长素等，都会出现这样的情况，这也跟中国的资本市场是散户主导的市场有关系，因为目前为止中国的二级市场散户占比还太重，并且中国的公募、私募等机构的成熟度也跟西方有很大的差距，所以才会导致这样的情况出现。

从长春高新公司本身来讲，我们从个人到公司的基金已经持有了十几年的时间，但其实我也是早就在防范这个单一产品给公司造成的风险，所以我们在恰当的时候已经把仓位降到了几乎对净值没什么影响的地步。我们目前还是看好它的长期发展，但坦白讲我们是做成长价值投资的，**它的最黄金的成长期，我觉得是正在或者已经要过去了，**所以我们虽然看好它，但是现在的仓位配置跟我们三年前、五年前是不可同日而语了。

问题 5：碳中和、碳达峰这两个名词在 2021 年成了 A 股市场的“热词”，也引领了一众概念股出戏，甚至有了“万物皆可碳中和”的说法，您怎么看碳中和这个概念？

张增继：我觉得这个提法有它非常合理的地方，因为未来全球变暖对整个地球的影响是灾难性的，所以未来可能会从化石能源时代进入到新能源时代，那么相关的新能源、新能源车等这些行业的标的，包括一些传统行业，通过产能升级和改造，在碳中和这个时代来临的时候，它进行一些创新和升级也是会带来一定的机会的。

当然显而易见的就是碳中和这个概念，对新兴的新能源和新能源车产业，毫无疑问它的影响是最深远的，所以我觉得我们还是要有区别地对待碳中和的概念。所谓的“万物皆可碳中和”，那是不是指所有的板块都可以碳中和？这个机会好像可以雨露均沾，我觉得这是几乎不可能的，**我们还是要更多地关注光伏、风电、新能源车，以及它的相关配套的产业链。我觉得这个政策的红利没有过去，**但是就像过去我们资本市场表现出来的，任何行业一旦被过度地解读和过早地透支它的未来，那么调整也是显而易见，很快就会发生的。我们不是技术派，也不知道什么时候发生，但是这是必然会发生的一件事情。

问题 6：我们谈谈近期的热门赛道：芯片、锂电池、光伏建筑一体化。这“三剑客”抢占了 A 股的风头，相对于 2020 年的大消费，三剑客在这轮行情的“广度、厚度”上都远胜大消费，您对新兴的这些热门赛道怎么看？

张增继：我觉得之所以它们能够影响更深更广，是因为**时代的天平在向这些产业倾斜，**当这个时代要来临的时候，就像 2000 年的互联网一样，它短期内会受到市场特别的追捧。但是其实医药和消费是任何时代都需要的产业，消费和医药持续的时间会更长。

但是新能源以及新能源车，包括芯片、医美等行业，可能会因为这个时代的消费习惯在变化，尤其是新能源，它因为产业政策的刺激可能短期内会产生这种情况，但是任何行业在激情过后，一定还是会回到理性的增长，所以我觉得虽然现在它的广度和深度，包括它的热情度都比消费和医药更高，但最终任何行业的发展都要回归平静。我们最可比的就是当年的互联网行业，

热情过后一定会回归到企业本身，所以我觉得还是一定要从这些产业政策里面去分析哪些企业能够成为这个产业的龙头，以及在这个产业里面最受益的这些标的，这个才是我们投资人需要更多思考的问题。

问题7：回过头来看，其实在2019年3月七禾网与您的对话中，您就指出“我觉得可以更多地关注5G、半导体、新能源车，包括光伏太阳能、风电等这些新的领域”。当时有做相应的布局吗？目前壁虎资本对这些赛道的参与程度如何？

张增继：我们肯定会有布局，**壁虎资本从成立以来就是一个知行合一的机构，**我们三年前怎么说的我们就怎么做了，我们不但布局了，而且布局的仓位还不轻，所以这个就是我们所做的事情，我们一旦有一项研究成果，就会把它应用到投资中来。

问题8：谈到锂电池，我们不得不讲讲当前的当红炸子鸡“宁德时代”，有人说它以一己之力拉升了创业板，甚至还有了并肩茅指数的“宁组合”，前不久更是有券商给出了宁德时代2060年的经营预期，对这类红极一时的明星股，您怎么看？

张增继：我们采取的策略还是提前发现和布局，我们在新能源车领域是有一定比例配置的，所以我们并没有错过所谓的“宁组合指数”。

但是就像我刚刚说的，**当一个投资标的神一样存在的时候，去追高其实是有相应的风险的，**而且当分析师已经把眼光放到2060年这样一个长远的周期来看待它的估值的时候，这恐怕就超出了我们能够容忍的热度，我觉得任何事情人多的地方要谨慎，我们倒不如在这个赛道上寻找那些相对平静、相对理性、相对还没有被市场过度挖掘的相关投资领域，去进行更多的布局。**我其实不喜欢“大众情人”，我喜欢寻找一些我们自己能够理解得更深的“独家情人”，**当然资本市场现在参与的公募、私募，包括个人投资者非常多，要使它成为个人的“独家情人”，这几乎已经是不可能的事情了。

问题9：您最近在朋友圈“凡尔赛”了一把，道歉称受限于合同没有全仓新能源车，新能源车2021年非常火，但是也有不少声音认为新能源车估值过高，您投资新能源车的逻辑是什么？

张增继：通常一个产业如果是在它的上升期拐点的时候，它开始的估值，你纯粹用市盈率这种指标去看，一定是很高的，就像腾讯、阿里，如果十几年前你去看它的估值，它很可能是几百倍甚至上千倍。但是某一个行业如果它的增长是爆发式的，比如说每年是50%甚至100%的增长，那么它要消化这种估值还是很容易的。

我们在确认一个行业处在拐点上，甚至是爆发式增长起点上的时候，我觉得不能纯粹按照市盈率和市净率这样的估值去衡量，尤其是对这个行业里面绝对有可能跑出来的龙头，比如刚才您提到的所谓“宁组合”，我觉得就可以给更高的估值。但是这个里面其实会产生很大的分化，有的企业可以成为一个非常惊人的榜样，但是也会有一些企业是滥竽充数的，这其实是最考验投资者水平的，我觉得现在这个估值水平对整个行业来讲一定是高了，但是对某些个体来讲它可能是合理的。

问题10：2021年对传统的价值投资者似乎不太友好，我看到有文章称中国平安的“溃败”是中国股市价值投资的消亡，虽然有点危言耸听，但我们不难发现，2021年很多大白马，很多以往优秀的价值投资经典标的表现得都非常拉胯，我们不说消亡，那是否2021年的市场不适合价值投资了？

张增继：很多人觉得买传统的大蓝筹就叫价值投资，这本身就是一个误区。从壁虎资本理解价值投资的概念来讲，**我们是把自己定位成一个成长价值投资者，我们的字典里面叫无成长不价值，**所以像中国平安、某些地产、某些金融，这一类跟地产行业息息相关的行业，它有可能到了一个时代的拐点上。改革开放以来增长最快的行业是什么行业？其实是房地产行业，房地产行业过去经历了二三十年的黄金时代，房地产相关的包括金融、建材、工程机械等行业，它都有过很辉煌的时刻，甚至有一些周期股，包括钢、铜等也有阶段性非常耀眼的表现。

但是如果这个时代已经到了节点上，它从黄金时代向所谓的白银时代，甚至黄铜时代过渡的时候，很有可能行业的天花板就已经看得到了，所以这个时候它的投资者用脚投票是很自然的一件事情，但是也不能就此认为这一类传统的价值股就没有价值了，**我认为这些传统的价值股它最大的价值就是跌出来的价值，因为它从跌出来的低点再回到它原来的天花板，也是有相当不错的收益的。**

当然我更愿意用成长的角度来思考，**我觉得我们的价值投资还是应该看**

到未来核心资产，未来的成长在哪。所以我从来不觉得价值投资一定是买过去的蓝筹，我们要用趋势的眼光去预测未来的核心资产和未来的蓝筹会是哪一些资产，比如说这个碳中和相关赛道。

问题11：您曾经也谈到过价值投资已经在分化了，能不能跟我们聊聊这个话题？

张增继：我关注到相关的同行也有类似的表述，比如睿远的创始人陈光明先生也提到，未来要关注成长的资产。其实**壁虎资本从成立第一年开始，定位就是做成长价值，所以价值投资的分化就在于成长考虑的分量在你投资理念中的分量有多重，壁虎资本是把它放在最重要的位置的。**

问题12：说完平安说茅台，让投资者又爱又恨的茅台从2021年2月最高的2627元，跌到了最近的低点1620元，整整跌了1000元，最近官媒的一篇酒精致癌更是让茅台铁粉但斌直呼酒是人类的朋友，A股的不倒翁白酒到头了？

张增继：我觉得两个观点都没错，几千年来，酒一直是人类的“朋友”，另外，酒的确会提高癌症的发生率，但是酒其实也有对人类有用的方面，比如李白、杜甫等诗人的诗篇中都说到酒是人类的朋友，所以**我认为白酒其实可能还会伴随中国的消费者很长一段时间，**类似于像茅台这样的标的，如果跌下来，我觉得显然是有价值的。因为**白酒成为人类的朋友，这个历史不会因为一篇致癌的文章就给它终结掉，**我们过去也看到很多相关的品种，因为某一个阶段性的利空产生过暴跌的行情，比如三聚氰胺事件，过去的生长激素也不是没有负面新闻，但是仍然没有影响这些相关的标的不断创出新高来。

问题13：喝酒吃药被称为是A股永恒的主题，白酒我们讲过了，药在2021年似乎也不是特别给力，请您谈谈您对医药行业的看法。

张增继：最近两年的行情，我们对医药行业的看法已经有相当大的调整了，因为从中国的财政状况来看，我觉得医药行业，尤其是普药行业，它可能受政策的影响是致命的。因为一个普通的缺乏垄断和创新的药品，它是受整个市场的大幅降价，甚至市场缩水这些影响的，对公司的利润也会有非常大的影响，但我仍然认为这些相关的医药企业虽然可能是优秀的企业，但可能不一定是优秀的股票，一个好的企业其实并不代表是好的股票，这是我对医药行业的看法。

所以未来，我们对医药行业的布局，其实早在两年前就已经做了相当大的调整，医药行业我们只做垄断，只做独家创新的，**我们不太愿意投资要参与公立医院集采竞争的标的，我们更愿意找到一些跟集采没有什么关联的，或者说独家垄断，具备长期的专利保护的一些公司。**

问题 14：2021 年有一段时间，医药行业的一个分支表现非常亮眼——医美，但是这个板块的波动非常大，经常会上演大涨大跌的行情，您如何看待医美板块？

张增继：我觉得医美板块与 2020 年的消费、医药很类似，因为未来尤其是年轻女性的消费习惯，对医美整个赛道是非常有利的，所以我觉得医美里面一些行业龙头，它的上涨是合理的，但是**在短期内我个人觉得医美还是有点上涨过快，透支了未来盈利的表现，所以对这个板块我们会充分关注，但是还没有决定去重仓布局。**

问题 15：教培行业的“崩塌”也被指是向生育让路，2021 年推出的“三孩”政策引起了业内非常多的讨论，您觉得“三孩”政策在 A 股市场的机会与风险有哪些？

张增继：我觉得影响三孩政策的行业太广泛了，不需要过度地去解读这个三孩政策。三孩政策是国家从未来经济增长动力考虑的一个影响深远的政策，其实短期内对很多行业都有益，但是影响都非常小，受影响比较大的可能就是辅助生殖，包括婴儿用品会更直接一点，所以我个人觉得不能过度地去解读这个政策，因为这个政策可能影响未来中国数十年甚至上百年。**如果你非要从三孩政策里面找出一些机会来，就要考虑孕妇需要用什么，婴儿需要用什么，这里面可能会存在一些机会。**

问题 16：您曾经说过，要把六个字做好，价值、耐心、取舍，而最难的是取舍，刚才听您为我们分享了这么多的市场热点，也请您谈谈您对目前市场状况的取舍。

张增继：为什么最难的是取舍，因为市场天天有诱惑，今天这个赛道，过一个礼拜、一个月又有另外一个赛道，所以这些赛道让你目不暇接。但是投资股票其实是投资企业，我们还是要从股票的本质来思考这个问题。每一只个股其实对应的都是一家企业，我们要从中寻找出一些有优秀管理团队，并且未来有较强盈利能力的投资标的，把投资回到企业的本质上才是我们最终的目标。所以我们还是要懂得取舍，要放弃一些短期的机会，去认真地判别未来长期的机会在哪里。

问题17：新的退市政策在2021年正式施行，在新的政策下，不少“劣币”“僵尸股”将退出历史舞台，但同样地，一些限制原因将会导致一些新兴的优质企业无法在A股上市，您怎么看新的退市政策？

张增继：我觉得总体来说对资本市场是个很大的利好，我们综观西方的资本市场，它们的标的更新是非常快的。从长时间看，一定会使中国出现一个良性循环的资本市场，这是从正面来解读。当然一些行业由于一些指标的限制，上不了市，我们的监管政策、上市标准可能未来还是有值得完善的地方，我相信我们的管理层一定有这个智慧，看到这个问题并解决它。总体来说**我们可以乐观地看到未来一个更良性的资本市场的出现。**

问题18：壁虎资本在2021年也乔迁新居，我记得当年壁虎资本的办公室贴着一句话“不要和趋势对抗”，新场地还有吗？在2021年这样特殊的市场环境下，还会始终如一地去贯彻吗？

张增继：对，这句话还挂在我们的会议室，**我们所谓的不要和趋势对抗，其实并不是一个k线图的趋势或者一个上涨或者下跌的趋势，而是我们在这个时代不要跟时代的趋势对抗，**这就能够解释为什么我们的布局总能切合这个时代的最强音，我们行业布局的标的里面总会有跟这个时代同步，甚至超前的布局。

问题19：2021年还有个创纪录的事情，就是创业板在7月29日的收盘点数超越了沪指，您怎么看？沪指老大哥在未来是否会被创业板小弟一直超越？

张增继：我觉得未来可能会更同步，为什么这两年的创业板会涨得更快，这跟上市公司的结构有关系，因为在上证指数里面它更多的是刚刚我们所说的传统的蓝筹，包括金融、地产相关的周期行业，但是我们看到上证综指其实也在做布局上的变革，包括科创板的引入，就上证指数未来的成分指数的设计结构应该会发生一些良性的变化，未来上证综指里面也会出现类似于“宁组合”这样一些标的。

未来创业板和上证综指有可能会逐步趋于同步，现在这两年很显然创业板里面的新兴产业占比更重，所以才会导致出现创业板跑赢上证综指的情况。

问题 20：东京奥运会在 8 月 8 日圆满闭幕了，中国代表团取得了 38 金的好成绩，有媒体称中国已经从体育大国转变成了体育强国，加上前几日国务院发布的重磅文件《全民健身计划（2021—2025 年）》，一条号称总规模达到 5 万亿元的运动赛道闪亮登场，您怎么看体育概念板块？

张增继：体育概念毫无疑问是国家的一个长期战略，我觉得最受益的产业有可能是运动服装、运动器械等。但是体育产业是一个很分散的产业，它的行业集中度是不够的，所以上市公司里面你甚至找不出一个能够让你记得的特别优秀的运动器械的品牌。

但是，像过去几年我们国货兴起的时候，相关的服装品牌已经是做出了一些表率，比如在港股上市的一些运动服装品牌，它们这几年的表现都是非常惊人的，其实已经提前反映了这个预期了，国家政策未来向这个方向倾斜。其实我们中国人重视运动，不是从 2021 年政策出现才开始的，早在几年前就已经发生了，那么对服装品牌来讲，很显然就是我们中国的消费者理念已经发生了翻天覆地的变化，从过去瞧不起国产品牌，到现在主动消费国产品牌，这是一个非常伟大的进步。

问题 21：7 月下旬 A 股的一波大跌让很多投资者猝不及防，但是非常罕见的是，大跌过后，国内 4 大证券报力挺、新华社深夜发文、龙头券商称下半年最好的买点来到……一系列的操作给足了市场信心，您如何看待下半年乃至 2022 年的 A 股市场走势？

张增继：这不是我擅长的，但是我仍然试着去谈一下我的观点，我非常赞同这些核心媒体的一些观点，**从未来十年甚至更长时间来看，我觉得这可能是中国资本市场非常好的一个买点**，当然不是所有的行业都是好的买点。从短期三五年来讲，有的过热的赛道，它未必是一个好的买点，但是我们也看到这半年以来很多传统产业里面很多核心龙头股票，它都出现了非常可观的下跌，其实对于这类产业来讲，我觉得可能机会是跌出来的。资本市场大家一定要更多地去思考，**买好公司是一个概念，买到好价格也是一个非常重要的指标。**

问题22：近日巴菲特旗下的伯克希尔·哈撒韦公司发布了第二季度财报，财报显示，巴菲特公司仍手持9300亿元的现金，而公司持仓的股票投资组合基本没有变化，似乎没有好的投资机会时，持币更好，那么对壁虎资本来说，如果您认为市场没有很好的投资机会，会采用什么样的策略？

张增继：**如果市场过度高估了，毫无疑问我们也会效仿伯克希尔的做法，空出更多的现金来**。过去我们也采用过股指期货对冲的方式来应对我们可能要面对的下跌，但是因为中国资本市场还处在初级阶段，所以使用股指对冲其实有时候是一件很危险的事情，因为股指有时不会按照你预期的方向去走，它有可能会让泡沫放得很大，才有可能出现真正预期的下跌，所以我们觉得在我们真的认为资本市场估值过高的时候，还是控现金会更科学一些。

问题23：2021年的市场有一个特点还是得到业内共识的，就是板块轮动、热点切换非常快，对于专注于价值投资的壁虎资本来说，影响大吗？会有相应的调整吗？

张增继：影响很显然是会有的。我们2021年的收益就跑不过前几年的收益，我们的布局是比较科学的，各个行业都会有相应的布局，那么即便是我们特别看好某一个行业，也不会把所有的资金都放到这个行业中来。我觉得万一判断错了，这对客户的资产会有非常大的影响，所以我们更愿意合理科学地去布局，但这样带来的影响就是2021年因为上涨的板块特别集中，赛道特别集中，从而影响我们整个基金净值的表现，但是**科学布局的好处就是不管哪一个赛道出现机会，我们都不会错过**，有优势也有劣势。

问题24：随着抖音、微博、微信等社交工具的广泛应用，我们发现很多知名的基金经理、投资人活跃在各个社交软件上，输出一些观点，同时获得了大量的粉丝，壁虎资本或者是您是否有考虑入驻这些平台，获取流量树立IP？

张增继：我很欣赏别人这么做，但是我们自己不会这么做。**壁虎资本一贯以来秉持的风格就是以静制动**，不管行业怎么焦急、怎么急躁，或者说一个新生事物如何影响身边的大众，我们还是觉得私募行业它是一个很特别的行业，就我个人感觉无论你是不是网红，最后考验你的，其实更多的是依赖于你的业绩。所以我们从成立以来就认真地从客户的角度考虑，认真地把业绩做好，把客户的风险控制好，我们也不过度过快地去追求规模的增长，我们更愿意把现有的客户的资产管理好，让它稳定地增长。**我相信那句古话：酒香不怕巷子深，我们还是愿意守着一坛好酒等待客户闻香而来。**

问题 25：听说壁虎资本也向基金界奖项的天花板——金牛奖发起了冲击，预祝壁虎成功，同时也请您谈谈您眼中的金牛奖私募应该符合什么样的标准，具备什么样的核心竞争力？

张增继：最重要的是稳定盈利。从收益上要去稳定盈利，而且要合法合规，你的盈利不是通过眼花缭乱地跟合规、跟法律去对抗做出来的业绩，这也是我们非常重视的一个标准。太阳底下没有新鲜的事物，所以所有那些通过运作，通过眼花缭乱的这些动作做出来的业绩可能最终会昙花一现。我们还是坚持去投资企业，去寻找伟大的企业，和伟大的企业共成长，帮客户去守住资产并做资产增值。

问题 26：在对话的最后，我们也不能免俗地请张总给七禾网广大的投资者朋友一点小福利，您觉得下半年的 A 股市场机会在哪里？

张增继：我觉得两大机会，**传统的领域我们要关注医药、消费跌出来的价值，新兴的领域，包括碳中和、半导体等，我们要等待它跌出来的价值，如果说现在还没有上车，我们要等待未来有可能跌出来的价值。**我个人不太赞同在一个过热的赛道去追高、去从众，我觉得一定要逆向思维，其实投资最成功的一个要素就是巴菲特所说的“别人贪婪的时候我恐惧，别人恐惧的时候我贪婪”。所以在恰当的时候你该做出相反的思维，才有可能会取得更大的收益。

亿佳信资产：

连续 20 年盈利，他们靠的是什么

（2021 年 8 月 31 日，刘健伟访谈整理）

李　樾

珠海亿佳信资产管理有限公司执行董事兼总经理，证券金融衍生品市场实战投资经验达 21 年。自 2000 年开始涉及一级、二级市场，2008 年进入金融衍生品市场寻求宏观对冲的配置。投资风格倾向寻找金融市场趋势性投资

机会，投资绩效连续20年保持正收益，在小幅度回撤的基础上，通过金融市场创造持续增长的可观利润。团队凭借良好的实际投资管理能力，在多个全国性的金融衍生品实盘大赛与基金产品邀请赛中获得佳绩；以长期稳定的投资业绩和良好的行业声誉获得多家金融机构自有资金跟投并与行业龙头永安期货达成产品代销合作。

精彩观点

在往后投资过程中进一步严格执行交易中的“战术防守”部分，即产品净值的回撤与风险控制。

亿佳信的投资策略主要是八个字：“战略进攻+战术防守”。

以价值投资为导向，结合严格的资金管理数学模型控制风险，追寻大周期的供求失衡点，获取安全边际内的合理回报。

与机构开展深度合作既可以充分利用他们的研究实力，也可以把亿佳信内部的力量更多地聚焦在交易的最核心部分。

我们建立了一个自上而下、三位一体的投资框架，其中包括了宏观背景、事件驱动和产业供需三大模块。

疫情的驱动已经渐渐脱离市场的焦点，不能成为交易的主线逻辑了。

市场关注的焦点转变为经济的恢复进程和财政货币政策的匹配性。

在板块方面，黑色、有色、化工和股指值得关注。在品种方面，可继续留意铁矿石和玻璃。

严格有效的风险管理体系决定了期货投资的成败。

亿佳信投资团队能保持连续20年的盈利，主要得益于长期的居安思危，如履薄冰。

A股的机会与供给加速并存。

预计部分工业品受国内供给因素所推动的上涨趋势难以持续，未来政策会在有序推进“碳达峰、碳中和”和避免价格快速上涨的负面影响之间寻求一个平衡。

格雷格姆坚持安全边际，巴菲特坚持人弃我取，彼得林奇坚持挖冷门股，伟大的投资人都不是被市场洗脑的从众之辈。

整个私募行业依然拥有大片蓝海。

正所谓“一时盈利者众，长期盈利者寡”，人的大脑会本能看重近期盈利，忘记长期目标，从而低估潜在风险，导致采用了错误的投资方法，承担了过高的风险。

亿佳信的核心竞争力，我认为是在多年实战中摸索出来的交易信仰与管理品格。

关于管理品格，我认为作为管理机构，要把客户利益放在首位。我们的一切工作重点都要放在如何为投资者带来实事求是的投资收益上。

我认为长期的投资绩效，实质上是管理人内在综合品格的外在投射，在资管行业保持良好的内在品格是我们亿佳信发展的根基！

问题1：李总您好，感谢您在百忙之中与七禾网、东航金融进行深入对话。据了解，您并非金融专业出身，20年前为何毅然投身于金融市场？

李樾：我涉足投资行业与家庭文化氛围有很大关系。我的父亲从商，对全球的政治经济发展一向比较关心，并且一直看好中国金融市场的长期发展。他对投资机会具有一定的前瞻性与敏锐的嗅觉，从20世纪90年代开始就关注着资本市场的发展和投资，也很重视对子女商业思维及金融逻辑的培养，经常会和我交流一些企业与行业情况，包括一些投资品格与商业伦理。**父亲在我高中时期就让我参与部分一二级金融市场的投资。**我在这种环境的熏陶下，后来就自然地进入了金融市场投资行业。

问题2：从小的成长氛围对您的投资生涯产生了哪些深刻影响？

李樾：我出生于一个潮汕家庭，潮汐有信，**潮汕人勇敢，重视诚信，家中尊重传统文化，重视子女文化知识学习与商业实践，培养了我对新事物的敏感性，敢于接受挑战，具有团结协作精神，并能在逆境中保持乐观精进！**

问题3：您自2000年开始涉及一级、二级市场，2008年进入期货市场，至今也经历了市场无数的跌宕起伏，有什么令您至今都记忆犹新的投资经历？

李樾：2000年的网络科技股泡沫、2008年的次贷危机、2020年的全球新冠肺炎疫情都让我印象深刻。最近让我记忆比较深刻的应该是2020年年初的行情，我们在2019年年底开始布局铜的多单，当时铜的供需矛盾是比较明显的，进场后不久价格就起来了，获利丰厚，所以我们决定持仓过节。随后疫情在春节期间暴发，节后铜直接开盘跌停，第二天开盘在没封停板前我们马上平仓离场。经过这次的“黑天鹅”事件，我们进行了深刻的总结，并做出了重大调整：把公司的风控部独立出来，在原有的风险控制基础上改进了整个风控体系，量化出在不同产品净值下具体的资金管理细则与持仓合约价值管理。**在往后投资过程中进一步严格执行交易中的“战术防守”部分，即产品净值的回撤与风险控制。**

自从进一步完善风控体系与优化资金管理细则后，亿佳信产品业绩曲线回撤幅度明显降低（见下图）：

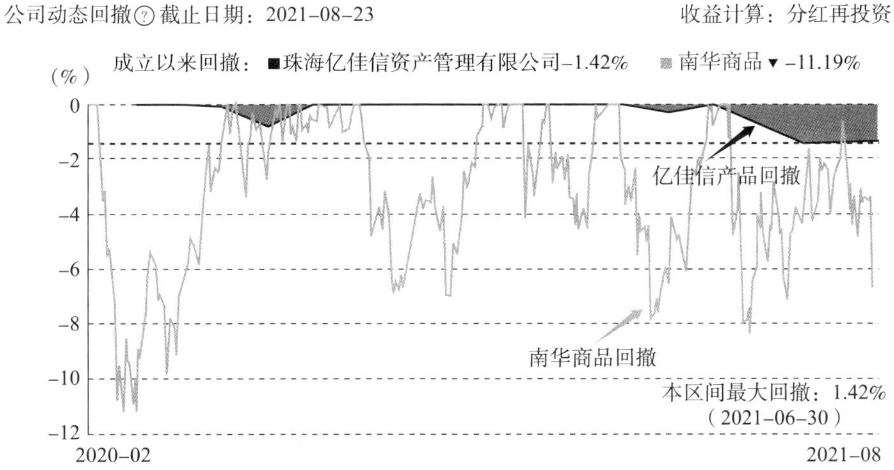

问题4：辗转多年后，您在2017年创办了珠海亿佳信资产管理有限公司，当时为何决定从个人投资者转型私募？在转型过程中您感受到最大的区别是什么？

李樾：亿佳信自2017年成立至今虽然只有五年时间，但是我们团队为这个公司已经准备了超过十年。我们在2008年之前主要以自有资金进行投资，从2008年才开始对外管理。**我们从个人管理走向机构化的证券私募基金公司这十几年，是最为磨炼投资人心智的时光**。对我们团队来说，这些年来，几经风雨，构建了彼此信任的专业管理团队，并日益成熟！随着团队的成熟，我们也希望能以我们的专业能力来服务更多的客户，为大家带来稳健收益；另外，以机构投资者的角色参与到市场之中可以与其他专业机构充分交流，共同成长。在转型的过程中，我觉得**机构化管理要更注重产品的净值回撤与风险控制**。

问题5：亿佳信成立以来，投资绩效连续多年保持正收益，主要是通过期货市场还是证券市场获得的稳定收益？两个市场中资金如何配比？

李樾：我们产品的收益主要是通过期货市场和固收市场获得的。**约80%的资金配比在固收类产品上获取稳定的收益，只有20%的资金用在期货市场上交易**。以2020年为例，我们保守型的策略年化收益约24%，平均的保证金使用率仅为2.4%，其余大部分资金会配置到国债逆回购、货币基金、收益凭证等这种固收类的产品上。

问题6：贵公司在期货市场主要运用的策略是什么？该策略的盈利逻辑是什么？

李樾：总结起来，**亿佳信的投资策略主要是八个字：“战略进攻+战术防守”**，具体来说主要有四点：

（1）坚信供需规律、价值规律对商品价格的作用，重视安全边际下的供需矛盾、市场错误定位与事件驱动的机会发掘。尽可能用供需关系来寻找波动逻辑。

（2）在纷繁复杂的市场信息中找出主脉络，把握局势发展的大方向。以战略进攻结合战术防守的方式顺应市场，把握大趋势。

（3）调动所有掌握的知识点、信息点，互相验证。抓住主要矛盾，预判趋势，运用技术图表及数学模型计算出具有较高盈亏比的点位介入。

（4）主动承担可控风险获取风险利润，主张稳健型复利增长，坚持以时间换空间的方式用经营实业的理念来做投资。

该策略的盈利逻辑是**以价值投资为导向，结合严格的资金管理数学模型控制风险，追寻大周期的供求失衡点，获取安全边际内的合理回报**。在复杂的市场信息中找出主脉络，结合当下市场的主题事件驱动，以战略进攻结合战术防守的方式顺应市场，把握价格变化的趋势性投资机会。

问题7：亿佳信的投资团队会以价值投资为导向，用供需关系来寻找波动逻辑，请问在当前商品期货标的日益增加的情况下，如何及时发现全市场中的品种机会？

李樾：投资是一个长期的事情，需要多方面产业数据的支持。在价格变化过程中产业信息与相关数据会不断变化，因此需要发挥团队的力量来分工监测。目前，亿佳信的研究团队每人专注于1~2个品种，一旦发现数据失衡，及时沟通。同时我们和多家研究机构深度合作，包括券商、期货公司的研究院、产业链中的现货企业、贸易商等，很多投研方面的工作可以与机构的研究团队来互补协同完成。这样效率更高，**与机构开展深度合作既可以充分利用他们的研究实力，也可以把亿佳信内部的力量更多地聚焦在交易的最核心部分。**

问题8：众所周知，市场信息纷繁复杂，在基本面研究中，要如何辨别市场的杂音？

李樾：我们建立了一个自上而下、三位一体的投资框架，其中包括了宏观背景、事件驱动和产业供需三大模块。这三个模块由不同的因子组成。我们团队会持续跟踪这些因子的变化，根据各因子的强弱作出归因分析汇总，根据当时的主线主题抓住当下的主要矛盾，从而筛选出符合我们交易系统的品种和行情。

问题9：近两三年来，商品期货结构性行情不断，亿佳信近两年来持续在市场获得超额收益是把握住了哪些品种行情？举例来说，当时是如何发现这些交易机会的？

李樾：以2020年为例，我们产品的主要收益来自于白银的上涨行情。我们是通过上面所说的交易框架挖掘出这个交易机会的。具体如下：

宏观背景：2020年3月15日，美联储召开FOMC会议，将联邦基金利率目标区间下调1个百分点至0~0.25%，并启动总额达7000亿美元的量化宽松（QE）计划（美联储随后再宣布取消QE限额，按照“实际需要”购买资产，开启无限量QE）。全球货币超常宽松，全球利率大幅下滑，经济恢复后的通胀预期，价格依然在低价区。

事件驱动：在2020年的前五个月（1~5月），秘鲁国内白银产量比2020年同期下降了485公吨，降幅为32%，最终跌到1047公吨。白银生产商泛美白银7月20日宣布，旗下的秘鲁HUARON和MOROCOCHA矿区有工人新冠疫情检测呈现阳性，因此将HUARON和MOROCOCHA矿区调整为“保养维护”状态，暂停相关业务。据悉，2019年，这两座银矿生产了630万盎司白银，占该公司白银产量的25%。

供需情况：①供应端：受疫情影响，全球矿产银同比下滑7%（机构预估）。②需求端：工业需求上半年同比下滑，下半年会逐步恢复，投资需求大幅增长，ISHARES疫情后至今增长5500多吨，总需求下半年大概率继续增长。

归因分析总结：供应收缩，需求增长（供需矛盾凸显）。从全球宏观背景到秘鲁银矿停产事件驱动，结合白银自身供需失衡的逻辑，通过自上而下分析，挖掘大级别的趋势性行情机会。

问题10：目前来看，国内外疫情与全球大放水两大因素还是不断影响着商品市场的走势，就您看来，2021年哪些品种或者板块可能会出现较好的趋势交易机会？为什么？

李樾：2021年以来，随着接种率的上升，疫苗的普及，疫情的权重可能会越来越低。**疫情的驱动已经渐渐脱离市场的焦点，不能成为交易的主线逻辑了。**取而代之的是，自从2月以来，**市场关注的焦点转变为经济的恢复进程和财政货币政策的匹配性。**随着拜登的1.9万亿美元刺激计划落地，商品多空大概率会进入相持阶段。待发展到一定程度，才有可能出现较好的趋势性交易。**在板块方面，黑色、有色、化工和股指值得关注。在品种方面，可继续留意铁矿石和玻璃。**

问题11：除了基本面挖掘市场供需矛盾，亿佳信的投资团队是否也会采用技术分析来选择出入场点位？具体如何选择？

李樾：会的。在符合我们的交易框架之后，我们会根据该品种当前的技术形态，制订出详细的交易计划，其中包括止损点位、加减仓点位、止盈点位等。再由风控部根据事先制定的风控细则给出可开仓的最大手数。交易部再把可开仓的最大手数分别拆成4~8等份，最后按照事先制订的交易计划分笔进场。

问题12：在行情发展过程中，亿佳信的投资团队会如何进行仓位管理？何时会进行加减仓操作？

李樾：我们会**根据风控部事先制定的风控细则来进行仓位的管理。**交易部与风控部要实时监控账户的持仓手数与净值波动情况。当账户的亏损接近这笔交易可冒险资金的80%时，风控部会对交易部发出风险预警，交易部根据实际情况决定是否减仓或平仓。若到达可冒险资金的触发线时，风控部必须平仓，确保账户资金整体上有较高的安全边际。

问题13：俗话说“盈亏同源”，在持续获得稳定收益的背后，您如何看待交易风险？

李樾：当大周期供求失衡以后，价值必然回归。但价值回归的时间与方式具有不确定性。在期货投资的过程中，**严格有效的风险管理体系决定了期货投资的成败。亿佳信投资团队能保持连续20年的盈利，主要得益于长期的居安思危，如履薄冰。我们会把风控放在第一位，特别强调资金管理。**在没有大幅度盈利之前不使用杠杆，把赢冲输缩的理念运用到极致，赢慢冲、输快缩，在用这种非对称性的资金管理与基金运营方式实现较小幅度回撤的情况下，用时间换空间，以长期稳定持续盈利的方式，通过时间复利形成最终的超额回报。

问题14：基于团队对于交易风险的共识，亿佳信建立了怎样一套风控体系？

李樾：我们建立了严格的三级风控体系和事前、事中、事后的风控管理制度：

第一级风控：由交易员运用科学的资金管理模型进行仓位控制。首先用少量资金建仓，产生一定比例盈利后作为安全垫，根据既得盈利比例逐步加仓，若权益回落即刻降低仓位。体现出在保证投资者本金相对安全的基础上赢冲输缩的期货交易资金管理特点。

第二级风控：公司各项投资交易均需经过风险控制部门的严格审核，再交由风控部门负责人做合规审查并记录。确保每笔交易合理合规，账户资金整体上有较高的安全边际。

第三级风控：账户资金按基金业协会要求托管在第三方托管机构。基金产品均设有基金预警线与强制止损线。托管机构对账户进行实时监控，且有权对触发清盘线的基金进行强制清盘，严格保护投资者的利益。

事前风控：主要是对策略组合、交易计划和头寸规模进行提前规划与反复论证，并通过凯利公式和破产公式的测算，运用科学的资金管理模型限制每个品种的最大敞口风险与持仓手数。

事中风控：公司各项投资交易均需经过风险控制部门的严格审核，在交易过程中，交易部与风控部要实时监控账户的持仓手数与净值波动情况，确保每笔交易合理合规，账户资金整体上有较高的安全边际，对有可能发生的风险进行风险预警。

事后风控：在突发情况出现或超出预期风险时，要采取事先制定的风险预案进行控制。

意外状况：如果遇到其他突发情况，风控总监必须召集投资决策委员会召开"风险与持仓不利因素"评估会议进行风险评估，决定减仓或者空仓。

软硬件故障：公司具有两套网络配置，台式机与备用手提电脑，以防网络突然中断或断电情况发生。

问题15：您自2000年就开始接触一级、二级市场，您认为当下的A股市场与从前相比，出现了哪些明显的变化？当下市场最大的特征是什么？

李樾：与从前相比，**A股的机会与供给加速并存。**一方面，股混型公募基金以及私募证券基金规模大增，为市场带来大量增量资金；另一方面，注册制下，IPO明显提速，增加了股票供给，A股呈现出一派"供需两旺"的景象。此外，A股的投资者结构，正在发生"机构化"的变化趋势。**投资者对选择专业机构进行大类资产配置的需求不断增加，资产管理也逐渐成为国民的一种重要的理财方式。**

问题16：您对于2021年的A股市场有怎样的宏观判断？为什么？

李樾：在"经济尚未恢复至常态、通胀风险相对可控"的情况下，总量政策的主要目标仍然会聚焦在稳增长上。预计货币政策下半年将维持松紧适度，宏观流动性回落幅度趋缓，政策利率大概率不会发生变化，继续维持中性的货币政策，对宏观经济的影响预计也偏中性。财政政策的基本取向在年中不会有明显调整，并且财政政策将更注重资金使用的统筹，保民生、保基本，缓解地方政府债务压力，维持对经济的适度支持。

原因包括三个方面：一是全球供需错配的格局将有所改善；二是全球流动性环境将在临近年末时出现边际变化；三是**预计部分工业品受国内供给因素所推动的上涨趋势难以持续，未来政策会在有序推进“碳达峰、碳中和”和避免价格快速上涨的负面影响之间寻求一个平衡**。这种情形下，PPI 向 CPI 的全面传导较难发生，尽管预计 CPI 中枢将会逐季抬升，但相对温和可控。

问题 17：近期“机构抱团”“股灾型牛市”等词频频出现，您如何看待这一现象？

李樾：格雷厄姆坚持安全边际，巴菲特坚持人弃我取，彼得·林奇坚持挖冷门股，伟大的投资人都不是被市场洗脑的从众之辈。

投资者需要保持独立思考，坚持投资的第一性原理：买股票就是买公司。因此，股票市场的波动和偏好并不重要，重要的是赛道、公司、估值、企业家，这才是股市长期制胜的秘诀。

问题 18：在过去的 2020 年中，基金火爆的程度远超往年，越来越多人认识到“专业的事情要交给专业的团队去做”，您如何看待私募行业的前景？

李樾：到 2020 年 12 月为止，中国 GDP 总值接近美国 GDP 总值的 75%，但私募基金行业规模却只有美国的 10%左右。经过多年的发展和完善，美国金融市场已经发展成为比较成熟和发达的资本市场。70 多年以来，美国散户比例从 93%降到 11%，而目前中国散户比例还在八九成以上。**未来专业投资是一个发展的必然趋势，散户投资的成功率会越来越低，专业的事情要交给专业的团队去做，寻找更好的基金管理人为大家理财才是保护资产安全、对抗通胀与实现财富稳步增长的有效途径**。而私募资管行业已经成为大资管时代不可或缺的中坚力量，展望未来，**整个私募行业依然拥有大片蓝海**。随着中国综合国力与经济体量的发展，我国私募资管行业的发展趋势必然值得期待。

问题19：未来专业投资是一个发展的必然趋势，那您认为散户的减少是否会打破我们以往所认知的投资"二八法则"，即多数人亏损、少数人盈利这一规律？

李樾：不会。因为"二八法则"不仅适用于投资，更是普遍的社会现象，80%的社会财富掌握在20%的人手中是常态。**即使是机构投资者，其能力也是良莠不齐的。**优秀的投资机构，其专业化程度将越来越高，体量也会越来越大。而大部分能力较低的投资机构在高标准的资管时代同样也避免不了再次洗牌。

问题20：国内投资市场遍地黄金，基本上能做私募的大多数都有不错的收益获取能力，而为何有的能存活十年以上，有的辉煌两三年就销声匿迹了，您认为这其中最主要的差别在哪里？

李樾：我认为主要的差别在于资金管理与风险控制。在各种因素交织下，二级市场的行情往往瞬息万变、波动无常。**正所谓"一时盈利者众，长期盈利者寡"，人的大脑会本能看重近期盈利，忘记长期目标，从而低估潜在风险，导致采用了错误的投资方法，承担了过高的风险。**

问题21：我们看到亿佳信近几年也是硕果累累，拿到了业内多个奖项，在公募、私募竞争日益激烈的当下，贵公司的核心竞争力是什么？

李樾：核心竞争力是一家公司的立足之本。说起**亿佳信的核心竞争力，我认为是在多年实战中摸索出来的交易信仰与管理品格。**大周期的市场运行具有规律性和客观性，不需要有过多的猜测和主观判断，我们要根据大周期的宏观逻辑关系，用最朴素的战略投资思维来判断市场方向，通过合理的配置和主题驱动，结合资金管理战术防守手段，把握一些大的战略投资机会。只要坚守自己的交易体系，**总会有一些行情符合自己的投资逻辑，自然而然就能通过捕捉到行情让业绩屡创新高。**在这种交易信仰的基础上，亿佳信逐步形成了自己的投资逻辑与投资格局观，**更关注资产规模的长期成长性，不在乎眼前一城一池之短期得失。另外，关于管理品格，我认为作为管理机构，要把客户利益放在首位。我们的一切工作重点都要放在如何为投资者带来实事求是的投资收益上。**

问题22：有基金经理曾说过，最好的商业模式是建立在对投资人需求的充分理解的基础上的。对此，您认为应该如何把能力圈和客户期望值结合在一起？

李樾：作为专业机构有必要与客户进行深度沟通，引导客户以更专业的眼光来认知风险与收益之间的关系，令客户可以从更客观与科学的角度来理解有效投资的核心。

问题23：专注CTA策略的机构往往容易遇到资金瓶颈，亿佳信多方位的策略能容纳的资金规模有多大？未来在规模上有怎样的拓展计划？

李樾：我们的持仓周期是以中长期为主，配合低仓位和分步建仓的策略，经过我们的测算，应该能容纳50亿以内的管理规模。而且我们的产品已经开通了外盘交易的权限，有需要时可以进一步扩大管理容量。目前我们已经获得了多家机构的代销与跟投，希望未来能在更多的平台展示亿佳信的投资能力。**未来我们的拓展重点还是放在与机构的合作上，包括证券公司、期货公司、FOF机构与信托基金等。**

问题24：作为亿佳信的掌舵人，您希望打造的是怎样一家私募公司？在市场中树立怎样的品牌？

李樾：**我希望把亿佳信打造为一个有品格、有良知、有公信力的专业性资产管理平台。**

我认为长期的投资绩效，实质上是管理人内在综合品格的外在投射，在资管行业保持良好的内在品格是我们亿佳信发展的根基！

亿佳信寄语：

我们在过去十几年的投资管理运作期内，资金曲线发生过几个月甚至半年以上横盘波动：往往是大背景主线逻辑不清晰，商品整体处于持续宽幅震荡，能力圈品种无趋势行情或难以把握价格波动，但只要本金风险控制到位、回撤率低，耐心等待符合自己理念、逻辑、模式的交易机会，参与主线逻辑清晰的趋势行情，相信资金曲线自然上升只是时间问题。

投资是一场心智进阶的漫长之旅，我们无法完全准确预测市场的涨跌起落。在长期投资过程中，必经风雨，这是最为磨炼投资人心智的时光。但“只要不犯大错，平庸和精彩交替的结果就是惊人的复合收益率！”

——沃伦·巴菲特

泽鸣资产：

赚取自己认知的钱，做相对可以预期的行情

（2021 年 9 月 1 日，翁建平访谈整理）

赵泽东

毕业于英国伯明翰大学，硕士学位。

2014 年 7 月创办泽鸣资产，以主观交易为主，性格沉稳，遇事冷静，不急躁，爱好德州扑克和旅游，对宏观经济和技术面判断均有比较深刻的理解和判断，纪律性相当强，2001 年开始交易股票和外汇，2006 年开始进入期货市场，技术分析为主，基本面分析为辅，只赚取自己认知的钱，做相对可以预期出现的行情，获得多个私募大赛荣誉。

精彩观点

我觉得期货交易比较适合我，主要是交易时间相对短一点，而且做多做空都可以，日内止损比较方便。

股票是因为熊市做股票容易亏损，而牛市的时候时间比较短，受政策面影响较大，另外就是股市里上市公司的雷比较多，不容易把控。

我觉得做金融或交易可以是一辈子的事情，而且这个不需要花很多时间来处理复杂的人际关系。

只赚取自己认知的钱，做相对可以预期出现的行情。

量化交易是可以做大规模，但有时候掉头不太容易或灵敏，一旦止损，回撤也比较大。

主观交易是我比较喜欢的，我喜欢做波段和趋势，交易入场可以择时，出场比较灵活，止损到关键点位我会毫不犹豫地离场，符合我的个性。

哪个赚钱概率更大需要看不同的时间段，要是一波行情发动了，那做买方收益可能会大一些，震荡行情时候可能卖方收益稳定点。期权买方的风险主要是价值归零风险、高溢价风险、流动性风险、行权交割风险，卖方的风险在于保证金风险、巨额亏损风险、流动性风险、行权交割风险。

我觉得可以适当地参与（末日轮期权），期权买方：控制好仓位，投入的资金不能太多，尤其是最后一天，一旦方向错误，可能在一天内就会亏完所有权利金；勿开仓深度虚值合约，时间价值衰减非常快，归零风险大。期权卖方：控制好仓位，留足保证金，及时止损。当上证50指数的波动方向和预期的方向相反时，并且趋势有持续的迹象，要及时止损，避免巨大损失。

止损是制度规定的，止盈是主要由技术面和当时的基本面来决定。

单品种的保证金一般不超过总资金的5%，整体仓位通常在净值1附近的时候不超过三成，在趋势比较明朗的情况下回调少量加仓，在行情爆发拉升的时候会减仓。

遇到过最大的困难可能就是连续不断地止损，看着本金的减少而一点办法都没有，此时我的信心极度受挫，之后我就停止交易，休息了一段时间后才走出困境。

下半年，对于股票我不建议入场，原因很多也很复杂，主要是疫情引起的投资减少、消费信心不足（出口也很难持续拉动）和国际形势的巨大变化。对于期货，由于碳中和推进可能暂停，可能对黑色影响比较大，部分品种可以看空对待。

对于普通人，我建议个人不要轻易去做交易，第一，不专业；第二，浪费时间，不如做自己熟悉的领域，若要投资，可以找一些靠谱的私募产品去认购，让专业的人去打理。对于有一定的知识储备和闲钱的人要成为职业投资者，建议不要去赌行情，做任何一单交易设好止损，赚取自己认知的钱，做相对可以预期的行情。

问题1：赵总您好，感谢您在百忙之中与东航金融、七禾网进行深入对话。据了解，您一直在金融行业工作，这是跟您所读的专业有关还是您喜欢这个行业？您选择金融行业的原因是什么？

赵泽东：一直从事金融行业主要是因为我从大学期间就开始炒股，2001年上半年开始进入股市，当时开始买入刚上市不久的广州药业（现在改名白云山），但之后这个股票一直从15元多跌到最低4元左右，让我损失比较大，之后就对金融行业产生了研究兴趣，所以在2004年去英国学习的时候就选择了与金融相关的专业。

问题2：您从2001年开始交易股票和外汇，2006年开始进入期货市场，请简单谈谈您的交易经历。

赵泽东：2001年开始涉入股票交易，当时是止损出局，2005年出国学习了一些金融知识后做外汇，这一段时间有赚有亏，赚的时候一个月翻近20倍，亏的时候一周把利润全部亏完，当时做外汇波动比较大，之后2006年开始转入做期货，期货品种交易时间段没有外汇交易的时间段长，总体波动会小很多，没有外汇受消息面刺激后的波动大。

问题3：您是从什么时候开始实现盈利的？期间有没有大亏的经历？

赵泽东：我记忆当中大概**从2012年开始实现盈利**，亏损的经历很多，比如在一次周一早上开会的时间，我在白糖这一单上亏损了一年的工作收入，这次对我影响比较大。

问题4：多年的交易经历，您觉得股票、外汇、期货，哪个更适合自己？为什么？

赵泽东：我觉得期货交易比较适合我，主要是交易时间相对短一点，而且做多做空都可以，日内止损比较方便，但自从有夜盘后也延长了交易时间，**股票是因为熊市做股票容易亏损，而牛市的时候时间比较短，受政策面影响较大，另外就是股市里上市公司的雷比较多，不容易把控。**

问题5：从个人交易者到自己创办私募公司，您是出于哪方面的考虑？

赵泽东：创办私募公司是完全出于我的兴趣爱好，随着阅历和知识面等提升，**我觉得做金融或交易可以是一辈子的事情，而且这个不需要花很多时间来处理复杂的人际关系。**

问题6：目前泽鸣资产管理规模有多大？您怎么看待管理规模？

赵泽东：目前的**规模不到1亿元**，因为我没有很多人脉关系和背景，之前在规模方面没有特别大的追求，但随着公司人员的扩大，之后我会尽量把规模做大。

问题7：正确的投资理念是投资成功的关键，请问泽鸣资产的投资理念是什么？

赵泽东：**只赚取自己认知的钱，做相对可以预期出现的行情。**

问题8：现在越来越多的私募公司都采用量化交易的方法，而泽鸣资产还是采用主观交易，请问为什么？您觉得主观交易有哪些优势？

赵泽东：**量化交易是可以做大规模，但有时候掉头不太容易或灵敏，一旦止损，回撤也比较大**，我不排斥量化交易，因为目前公司也有量化交易的策略。**主观交易是我比较喜欢的，我喜欢做波段和趋势，交易入场可以择时，出场比较灵活，止损到关键点位我会毫不犹豫地离场，符合我的个性。**

问题9：上半年大宗商品价格大涨，贵公司整体业绩情况如何？主要参与了哪些品种？

赵泽东：上半年的商品大涨主要在过完年以及“五一”之后的两轮拉升，这两次的拉升对我们整体业绩提升了不少，主要参与了黑色系。

问题10：贵公司擅长期货交易和期权交易，相对于股票交易，期货交易和期权交易各有哪些特点？

赵泽东：期货交易多空都可以做，止损迅速，因为有杠杆，做好了收益也会相对可观，期权交易我做的比较少，对我来说主要是支付一点权利金来博取收益，因为损失有限，**公司做期权主要是ETF期权，做时间价值和波动率。**

问题11：有句话“买方收益无限，风险有限；卖方收益有限，风险无限”。那是不是做期权买方赚钱的概率更大？期权买方的风险和卖方的风险有哪些区别？

赵泽东：通常来说是这样的，但**哪个赚钱概率更大需要看不同的时间段，要是一波行情发动了，那做买方收益可能会大一些，震荡行情时候可能卖方收益稳定点。期权买方的风险主要是价值归零风险、高溢价风险、流动性风险、行权交割风险，卖方的风险在于保证金风险、巨额亏损风险、流动性风**

险、行权交割风险。

问题12：对于“末日轮”行情，您怎么看？值得参与吗？

赵泽东：所谓末日轮行情，其实就是到期日行情，50ETF期权合约到期行权日为到期月份的第四个星期三（遇法定节假日等情况顺延），时间可以理解为合约到期日前10天之后的时间行情都可以统称末日期权，也被称为“末日轮”。**我觉得可以适当地参与，期权买方：控制好仓位，投入的资金不能太多，尤其是最后一天，一旦方向错误，可能在一天内就会亏完所有权利金；勿开仓深度虚值合约，时间价值衰减非常快，归零风险大。期权卖方：控制好仓位，留足保证金，及时止损。当上证50指数的波动方向和预期的方向相反时，并且趋势有持续的迹象，要及时止损，避免巨大损失。**

问题13：从贵公司公开展示的账户可以发现，账户的回撤控制得很好，这方面的经验能否给投资者分享一下？

赵泽东：这个主要是过往发生过较大回撤后的一些总结，所以现在**一旦要达到规定回撤条件，不管行情未来如何走，都要果断离场观望，等行情明朗点再次进场，只赚取自己认知的钱，做相对可以预期出现的行情。**

问题14：另外，怎样在控制好回撤的同时提高账户的收益率？

赵泽东：这个其实挺难做的，控制好回撤的时候再次进场，关键点位的把握和运气比较重要，也就是说要提升成功概率。

问题15：懂得止损和止盈是每个投资者在交易中都必须面对的问题，贵公司在什么情况下才会止损止盈？

赵泽东：**止损是制度规定的，止盈是主要由技术面和当时的基本面来决定。**

问题16：单品种仓位和整个账户的仓位，您会如何设置？在什么情况下，您会考虑加减仓？

赵泽东：**单品种的保证金一般不超过总资金的5%，整体仓位通常在净值1附近的时候不超过三成，在趋势比较明朗的情况下回调少量加仓，在行情爆发拉升的时候会减仓。**

问题17：经常听到很多交易员会说顺势而为，但具体怎么顺势，您如何理解?

赵泽东:顺势而为我个人主要看日线、周线、月线以及均线、技术指标在当前的位置情况，以及持仓量、交易量等来综合判断，若有能力还可以参考一下当前的基本面来判断。

问题18:在您的投资生涯中，遇到的最大困难是什么，依靠什么走出了困境?

赵泽东:遇到过最大的困难可能就是连续不断地止损，看着本金的减少而一点办法都没有，此时我的信心极度受挫，之后我就停止交易，休息了一段时间后才走出困境。

问题19:对于下半年的投资行情，您怎么看?又会如何布局?(股票、期货、期权)

赵泽东:下半年，对于股票我不建议入场，原因很多也很复杂，主要是疫情引起的投资减少、消费信心不足（出口也很难持续拉动）和国际形势的巨大变化。对于期货，由于碳中和推进可能暂停，可能对黑色影响比较大，部分品种可以看空对待，对于期权我个人没有太多的建议。

问题20:从事这个行业这么多年，您有哪些感悟可以分享?

赵泽东:简单说两句，对于普通人，我建议个人不要轻易去做交易，第一，不专业；第二，浪费时间，不如做自己熟悉的领域，若要投资，可以找一些靠谱的私募产品去认购，让专业的人去打理。对于有一定的知识储备和闲钱的人要成为职业投资者，建议不要去赌行情，做任何一单交易设好止损，赚取自己认知的钱，做相对可以预期的行情。

问题21:目前，各种各样的期货实盘大赛很多，贵公司为什么选择参加"蓝海密剑"大赛?以后还会继续参加吗?

赵泽东:"蓝海密剑"在行业内市场上影响力比较大，所以参加，还会继续参加。

易持资产：

迭代的能力让我们一直保持盈利

（2021 年 9 月 9 日，唐正璐访谈整理）

谢海权

毕业于厦门大学经济学院金融系，2005 年开始做股票，2009 年开始做期货，现任青岛易持资产管理有限公司总经理。

曾获：

交易大师比赛驱逐舰量化组第 9 名；

第十二届“蓝海密剑”中国对冲基金公开赛晋衔奖，“少将”军衔。

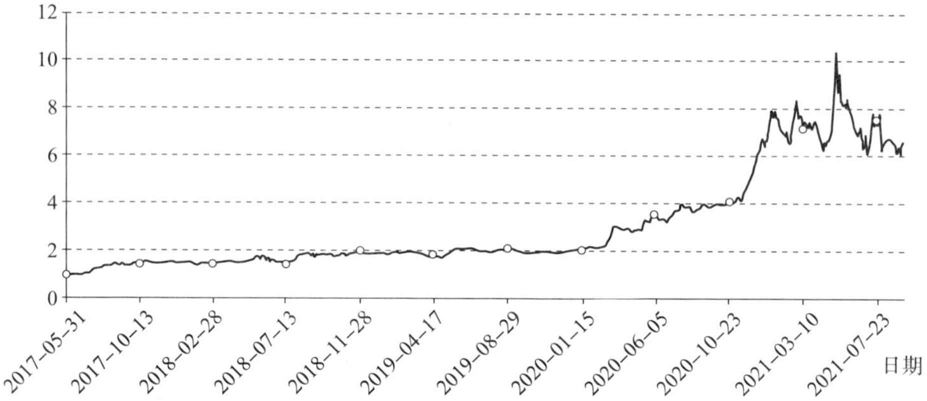

天厦量化一号的累计净值

精彩观点

我觉得这两年最大的变化是市场的资金多了，资金逐步在改变市场的生态，在资金对市场的反身性影响下，市场和资金在寻找新的平衡点。

前期我们通过把过往经验量化，逐步抓住了程序化盈利的脉络。之后让我们一直保持盈利的原因我觉得是迭代的能力，正因我们有对市场变化的敏锐嗅觉、有对于量化交易的深入理解，让我们一直保持着迭代和成长的步伐。

程序化同质化严重，其实是因为资金的增多，市场在新资金带来的生态下重塑，这个时候不同的机构、个人都在迭代变化，会逐步找到新的平衡点，优胜劣汰。

脱颖而出的策略应该是有生命力的策略，至于什么是生命力，我认为是基金经理对策略深入理解，能够及时迭代扩展。

回撤是程序化都要面对的问题，最重要的是看是否创历史最大回撤。因为历史最大回撤一般代表了市场生态的变化，这个时候要特别谨慎和认真地去研究调节，去思考市场生态变化的情况，去思考应对的方式。

行情结构和投资者结构的变化是一直存在又一直重复的，2008 年、2009 年带来了大批的产业投资者，2014 年、2015 年带来了大批的股指投资者，2019 年、2020 年带来了大批的私募基金管理人，每一次新的生态加入都会对行情走势带来变化，然后又会出现一段混沌期，接着又达到新的平衡。

问题 1：谢海权先生您好，感谢您在百忙之中与七禾网、东航金融进行深入对话，距离上一次对话已过去两年多时间，在这两年中，您对市场和交易又有哪些新的认识和看法？贵公司又有了哪些进步和发展？

谢海权：时间很快，两年时间 CTA 策略从一个不为众人所熟知的策略到当下被投资者所接受，**我觉得这两年最大的变化是市场的资金多了，资金逐步在改变市场的生态，在资金对市场的反身性影响下，市场和资金在寻找新的平衡点。**

我们团队这两年有了明显的进步，首先我们扩充了人员，增加了软硬件配置，增加了 IT、策略研究，团队的战斗力大幅提升，同时经过了两年的历练，我们对于市场的理解更加深入，对于大资金的承载力明显提升了。

问题 2：据了解，自 2014 年以来，易持资产一直保持每年盈利的状态。在您看来，贵公司能够一直在市场上占据“一席之地”，并且每年稳定盈利的主要原因是什么？

谢海权：能够在市场上一直存活下去的机构或投资者，都是在战战兢兢地前行。

前期我们通过把过往经验量化，逐步抓住了程序化盈利的脉络。之后让我们一直保持盈利的原因我觉得是迭代的能力，正因我们有对市场变化的敏锐嗅觉、有对于量化交易的深入理解，让我们一直保持着迭代和成长的步伐。

问题 3：保持每年盈利，风险控制也十分重要。在风险控制上，易持资产是如何做的？比如在事前风控、事中风控和事后风控上会采取什么样的应对措施？

谢海权：事前在策略配置上我们就提前做好风控配置，把相关度包括策略之间和品种之间的都考虑进去提前做好规划；在事中风控方面，我们在盘中通过系统监控策略持仓与整体策略表现；接着我们有自研的归因体系，通过这个体系做事后风控。

问题 4： 在此前的采访中，您提到了 3 套趋势策略，这两年贵公司的整个系统和策略是否有进行调整？增加了哪些策略？这些策略如何来配合使用？

谢海权： 我们不断在进行策略的升级和迭代，仍然延续多品种、多周期、多策略的思路。2020 年，基本策略表现都不错，同时我们在 2020 年下半年增加了波段策略的权重，因为 2020 年下半年市场波动明显加快且幅度加大。到了 2021 年这个特质就更明显了，我们这段时间也在思考更多样的策略配置思路，从而对策略权重进行动态调节。

问题 5： 易持资产主要做中长线的程序化交易，自 2020 年以来，期货市场行情波动巨大，贵公司的长线策略表现如何？

谢海权： 2020 年期货市场的波动明显加大了，我们在 2020 年也取得了不错的收益，但是 2020 年的收益具有偶然性，我觉得没有特别的代表意义。对于我们的考验更多的是在之后的日子里，我们还是希望能做到以年度为单位的盈利。

问题 6： 面对剧烈波动的市场行情，易持资产是否已开发短线策略进行组合？

谢海权： 对于短线策略的开发我们一直没有放弃，但我们自身是从中长线出身的，一直是中长线的方法论，在短线上没有优势。我们也在不断向业内短线不错的投顾学习沟通，以一种空杯的心态去钻研短线，同时我们也专门配置了这块的研究人员和研究力量。

问题 7： 2021 年是国内商品期货市场的大年，部分品种纷纷冲上历史新高，这也让不少量化机构开始关注基本面的信息。在这样的大行情之年，易持资产会着重关注一些基本面消息吗？

谢海权： 在基本面方面，我们公司主要由配置基本面的基金经理着手研究，2021 年负责基本面的基金经理也让我们整体绩效有了很大的提升。

问题 8： 由于大宗商品价格的过快上涨，管理层出台了不少“保供稳价”政策。目前这些政策也取得了一定的成效，例如铁矿石价格出现了较大幅度的调整。在这样的情况下，易持资产将如何应对政策所带来的影响？

谢海权：政策带来的影响还是很明显的，对于我们来说主要是降低政策影响较大的品种的权重。

问题9：资料显示，易持资产主要配置证券和期货两大投资市场，目前两者的资金配比情况如何？

谢海权：我们在两个投资市场都配置了，不过当前在证券投资市场的配置不大，大致比率为我们管理规模的10%左右。

问题10：贵公司在期市上采取的是全品种交易策略，而股票市场交易标的众多，因此全品种交易在股市上是行不通的。那么，贵公司在股市上如何选择交易标的？

谢海权：我们配置的股票基金经理，专注于消费、医药、高端制造等领域。

问题11：如今越来越多的期权品种上市，给市场提供了更丰富的投资标的和策略方法。易持资产在期权上有无布局？未来有无计划在此发力？

谢海权：我觉得期权是很好的方向，我们在期权上谈不上布局，只是有一些研究，主要资源还是倾向CTA，因为CTA是我们的主要方向，这个方向需要我们付出很多的精力与时间去挖掘和迭代。

问题12：易持资产精于程序化策略的运用，就易持资产来说，一个策略从开发到实盘，需要符合哪些条件、经历哪些步骤和过程？

谢海权：首先是交易理念的提取，过去我们都来自经验和总结，现在我们是经验加研报的模式，交易理念认同后我们会进行代码化，测试模拟，进行风险评估和业绩归因，之后我们会进行小实盘测试交易，对比回测和模拟数据，持续地跟踪改进。

问题13：随着程序化交易在国内盛行，导致了程序化策略同质化严重的问题，您怎么看待这样的现象？同是趋势交易，您认为怎样的策略能够在众多策略中脱颖而出？

谢海权：程序化同质化严重，其实是因为资金的增多，市场在新资金带来的生态下重塑，这个时候不同的机构、个人都在迭代变化，会逐步找到新的平衡点，优胜劣汰。

其实对于怎样的趋势策略能够脱颖而出，我是没有话语权的，如果我确定了直接朝那个方向迭代就好了，只是主观觉得后续要**脱颖而出的策略应该是有生命力的策略，至于什么是生命力，我认为是基金经理对策略深入理解，能够及时迭代扩展。**

问题14：此前您提到，程序化交易最大的困难来自两方面，一个是回撤的煎熬，一个是政策的风险，针对这两大难题，您现在有更好的解决办法吗？

谢海权：回撤是程序化都要面对的问题，这个时候都是煎熬的，**最重要的是看是否创历史最大回撤。因为历史最大回撤一般代表了市场生态的变化，这个时候要特别谨慎和认真地去研究调节，去思考市场生态变化的情况，去思考应对的方式。**政策是交易一直面临的问题，我觉得对于这类品种要适当地降低权重。

问题15：您于2012年转做程序化交易，在这9年时间中，从程序化交易的角度来看，您认为国内期货市场的行情走势特点、投资者结构等方面主要发生了哪些变化？您如何看待程序化交易的前景？

谢海权：我觉得行情结构和投资者结构的变化是一直存在又一直重复的，2008年、2009年带来了大批的产业投资者，2014年、2015年带来了大批的股指投资者，2019年、2020年带来了大批的私募基金管理人，每一次新的生态加入都会对行情走势带来变化，然后又会出现一段混沌期，接着又达到新的平衡。所以我们看到了这段程序化的不应期，但是这个问题恰恰是市场的周期演变和混沌，这个时候考验的是程序化管理人迭代升级的能力，作为一个有着很长历史的交易策略，逻辑不会轻易地失效，我相信它的未来一定是光明的，当然这里面需要不断地总结、梳理、提升。

问题16：近两年，随着百亿私募的增多，投资者在选投基金产品时，会将更多的目光聚集到头部私募上，尽管一些小型私募有着较好的业绩，但仍然难以获得投资者的青睐，您怎么看待这种现象？

谢海权：大私募也是从小私募一路走过来的，我觉得业绩的积累、经验的积淀都是过程，坚持自己，坚持业绩导向稳步前行就好了。

问题 17：在私募强者恒强的效应下，您觉得中小型私募的生存空间在哪里，如何实现突围？

谢海权：这个问题国家其实告诉我们了，“专精特新”——“专业化、精细化、特色化、新颖化”方向很清晰。

问题 18：目前，国内期货市场机构化进程的速度远远超过股市，您认为出现这种现象的原因是什么？随着机构化时代的到来，机构与机构之间的竞争已经到了白热化，就您看来，私募机构如何做才能在竞争中立于不败之地？

谢海权：期货程序化发展快是因为入门比股票程序化简易，在数据量、数据处理上都不是一个量级的。私募机构要在白热化中立于不败之地，这个更多是头部私募的思考，我们考虑的是如何“专精特新”突围。努力在私募运营和发展中做到以正治国、以奇用兵。

问题 19：对于私募机构来说，打造一支优秀团队，离不开人才的培养，易持资产在吸引人才和培养人才上是如何做的？目前贵公司现有团队的情况怎样？

谢海权：我们最初的人才结构来自过去十年券商工作的经历和交易的积累，这保证了我们团队的稳定和协同能力，互相信任、不断进取。但是公司的发展离不开人才，我们也一直在思考如何吸引人才和培养人才。

问题 20：您希望将来在投资者心中，易持资产能呈现怎样的一个形象？未来易持资产将如何发展？

谢海权：我们希望易持资产给大家的感觉是一个专业、靠谱的投资机构，我们每一个人不断研发精进提升自己的专业，用每一个人的专业塑造更加靠谱的公司形象。对于未来的发展，我们通过 18 个月、36 个月的规划，结合行情的变化逐步调整前行，不断向头部私募学习进化。

问题21：在第十二届“蓝海密剑”中国对冲基金公开赛中，您荣获了晋衔奖，“少将”军衔，对于这样的成绩您是否满意？您觉得“蓝海密剑”相较于其他赛事有什么特别之处吗？

谢海权：2020年的行情给了我机会获得了晋衔奖，未来还是要不断前进。“蓝海密剑”的特别之处在于它的积累和专注，这边积累了很多期货的高手，在这个平台可以看到期货市场的很多缩影。

融昊投资：

以产业研究为基础，以寻找产业矛盾为核心

（2021年10月12日，张鹏访谈整理）

上海融昊投资管理有限公司

2008年9月，上海融昊投资管理有限公司成立。2015年，公司获得私募管理人资格。经过多年积累，融昊投资已拥有一支既经市场考验，又富有活力的投研团队。

“扎根行业、细化研究、明确逻辑、绝对收益”是融昊投资的核心理念。融昊投资本着“做严谨资管产品、做特色资管产品、做市场所需资管产品”的理念，旗下基金多年以来业绩优良，深受投资者好评。

精彩观点

从炒单到以基本面研究为基础的交易策略，跨度是很大的，所以我们也经过了多年的转型与磨合，这个中间没有什么技巧，就是咬着牙坚持。

在坚持的过程当中，我们逐渐形成了以产业研究为基础、以寻找产业矛盾为核心、符合产业逻辑的交易策略的核心投资理念。

我们细化了产业矛盾，把矛盾分为三类：供需矛盾、供应链矛盾、时间矛盾。针对供需矛盾，做单边趋势策略；针对供应链矛盾，做跨品种对冲策

略；针对时间矛盾，做跨月套利策略。

我们形成的以资管为纲、以产业研究为基础、以寻找产业矛盾为核心，及多产业、多策略覆盖为策略体现的投资理念与策略模式。

2017年到现在，单就CTA策略的发展来讲，最火的是量化，这条赛道的竞争已经异常白热化了，而关注产业研究的企业相对还是少，同时做多个产业板块研究的就更少了，我们认为这个发展方向竞争力会强一些。

我们对产业的调研几乎每月都会进行，而且我们不会跟着考察团做走马观花的调研，我们的调研会很有针对性，比如2021年第二季度黑色产品暴涨，那个时候我们就会经常去看社会库存，去统计很多项目的真实需求。

我们的一切研究，不是从产业经营出发，而是从期货市场的策略出发，这就保证了我们投研的资管属性，以及研究和策略的结合。

一种投资方式是否能够长期生存，在于这种投资逻辑是否会长期成立。

我们要做的并不是消除风险，消除了风险自然也没有了收益来源，我们要做的是有选择性地承担风险。

虽然我们做主观交易，但我们会保障资金管理和风险控制做到全量化执行。

我们认为生猪养殖行业按照过去20年的周期规律，现在距离行业利润重新大幅好转还需要经历一段漫长的“寒冬期”。

价值蓝筹依然处于消化估值的下跌通道中，而估值过高的成长股则随时面临调整的风险，由此我们判断，2021年第三、第四季度可能会有一次系统性风险的集中释放。等市场企稳之后，市场的主线大概率依然会聚焦在公司的质地和业绩的成长性方面，我们看好A股市场2022年第一季度的行情。

市场发展太快、变化太快是我们做交易的人面对的最大挑战，我们必须不断地交流学习，对市场进行思考，根据市场的发展和变化不断调整我们的策略，以适应新的市场环境。一旦懈怠，思维可能就会落后，进而被行业淘汰。

作为一个交易员，当你平掉自己这辈子做的最后一张单子之前，不要去总结自己赚了多少钱。

一个好的交易员不会有那么多不切实际的幻想，幻想财务自由什么的，而是善于思考，能够有目的性地行动，不断地了解这个市场，锻炼自己的逻辑能力。做的事情会很务实，目的性会很强。

交易是一件百花齐放、百家争鸣的事情，没有固定的方法，适合你的方法就是好的。所以，听从或采纳别人的建议，这是没有错的，但是要花更多的时间去思考这些建议对你而言是否真的有用。

问题1：夏总您好，感谢您在百忙之中与东航金融、七禾网进行深入对话。融昊投资自2008年成立以来，已有10多年的投资历程，请问融昊投资的投资理念以及主要策略是什么？

融昊投资：正如您所说，融昊投资已经有10多年的投资历程，可能在这个行业，也属于时间比较长的公司了。但是融昊投资的发展并非一帆风顺，融昊投资的投资理念和主要策略的形成，是随着市场的发展而发展的。

融昊投资最开始成立的时候，国内还没有私募的概念，那个时候我们做的是手工炒单业务，且一开始具备一定的优势。到了2012年，炒单业务虽然还在赚钱，但优势开始变小，于是我们开始谋求转型。那个时候我们和永安期货、新湖期货合作是比较多的，正好它们也都有了研究院开始研究产业，我们也就随之尝试做产业研究。

要知道，**从炒单到以基本面研究为基础的交易策略，跨度是很大的，所以我们也经过了多年的转型与磨合，这个中间没有什么技巧，就是咬着牙坚持**。动力就在于我们坚信期货最终是服务于产业的，随着实体产业的深度参与，后期产业逻辑一定是市场的主流逻辑。

在坚持的过程当中，我们逐渐形成了以产业研究为基础、以寻找产业矛盾为核心、符合产业逻辑的交易策略的核心投资理念。

投资理念确立之后，我们也碰到了很多新问题，比如，如果我们只做一个产业，那么相对单一，收益会有，但是净值曲线波动是非常大的。同时，我们是投资公司，以期货交易为主，虽然研究产业但不涉及现货业务，且我们是以资金管理为核心，而非现货贸易为核心。怎么去解决曲线的稳定问题呢？我们想过只做套利，但是又会有收益的牺牲。矛盾总归会有。

随着后期的深度思考和磨合，我们在投资理念上又加了一条，我们要以资金管理为纲。

围绕这个核心，我们升级了我们的策略。**首先，从原来只研究黑色产业扩展到布局黑色产业、农产品和股指三个板块**，因为从资产管理的角度看，黑色产业代表的工业品周期、农产品周期和股指代表的宏观周期相关性相对较小，就实现了风险和收益的分散。其次，**我们细化了产业矛盾，把矛盾分为三类：供需矛盾、供应链矛盾、时间矛盾。针对供需矛盾，做单边趋势策略；针对供应链矛盾，做跨品种对冲策略；针对时间矛盾，做跨月套利策略。**这样就形成了多板块、多策略类型的综合策略。最后，引入科学的资金管理和风险控制理念，对资金做分配，对风险做控制，形成了我们当前的主要策略。

所以**我们形成的以资管为纲、以产业研究为基础、以寻找产业矛盾为核心，及多产业、多策略覆盖为策略体现的投资理念与策略模式**，是随着我们对市场不断的理解自然发展而来的。

问题2：从融昊投资的发展历史了解到，融昊投资剥离了股票T0团队，解散了量化团队，目前主攻的是产业研究，请问融昊投资为什么会选择偏重于产业研究，又有怎样的产业投研体系？整个投研体系有什么特点？

融昊投资：我们剥离T0团队的大背景是因为这块业务其实不太适合引入当时我们运作的资金管理，而解散量化团队是因为我们当时做的量化策略和市场主流量化策略同质化很严重。

2020年我们还在做纯自营，但是已经在思考对外募资的问题了。一方面，我们认为同质化如此严重的策略对外没有什么竞争力；另一方面，无论从收益还是风控的角度讲，我们的产业策略表现会更有优势。所以，我们选择了集中精力做好产业研究。

这样的选择一方面是因为产业研究做的时间久了，有较多的积累，有了积累就会形成一定的优势；另一方面我们从和兄弟公司以及行业的交流来看，特别是在2016年以后，实体企业参与期货套保呈加速发展的趋势，这种趋势会让产业逻辑在商品市场得到越来越多的体现。另外，**2017年到现在，单就CTA策略的发展来讲，最火的是量化，这条赛道的竞争已经异常白热化了，而关注产业研究的企业相对还是少，同时做多个产业板块研究的就更少了，我们认为这个发展方向竞争力会强一些。**

至于我们的投研体系，我们首先强调要通过三种研究模式建立投研优势：

第一，我们会做频繁的调研。我们对产业的调研几乎每月都会进行，而且我们不会跟着考察团做走马观花的调研，我们的调研会很有针对性，比如2021年第二季度黑色产品暴涨，那个时候我们就会经常去看社会库存，去统计很

多项目的真实需求。频繁的调研，是我们对产业即时深度理解的根本保障。

第二，我们并不排斥有限的实体参与。比如我们大概 2019 年的时候，在武汉就进行过一段时间的钢材配送业务，就是从贸易商手里拿货，我们做物流，把货拖到工地，这个业务看着很低端而且不赚钱，但是通过这样的业务，我们一方面能熟悉社会库存的概念，与贸易商建立良好的关系，熟悉运输流程和成本；另一方面对终端的需求方也会很熟悉，有助于我们深入了解产业。2020 年我们还和正邦科技谈了生猪代养业务，围绕这个业务我们做了十多次调研，虽然后面因为行业周期下行我们搁置了这个项目，但后期仍然会考虑参与。对实体的实际关注，让我们对产业的理解十分深刻。

第三，我们会构建自己的情报网络。这一点我们是从浑水做空瑞幸咖啡受到的启发，当时我们也在调研过程中碰到了一些问题，比如有些企业会出于自己的目的，不把真实情况告诉你。所以我们当时就找了一些企业的贸易员做兼职，一方面他们是最前线的，获取的数据真实且迅速；另一方面他们获取的这些数据也不是涉密的，只是能让我们早知道。我们通过这样的构建，去有针对性地了解代表地区代表品种的库销存情况，从而辅助我们对行业的了解。

这三个投研优势的建立，结合我们购买的数据、咨询等服务，形成了我们对市场信息和数据的搜集。我们的投研人员会根据这些数据制作各类统计表格，以及核心的供需平衡表。通过数据和信息处理，我们寻找产业中的供需矛盾、产业链上下游的矛盾，以及时间上的（季节性）矛盾，最终形成我们的策略。这些策略会在我们的投决会上充分讨论，并纳入资金管理和风险控制方案形成可执行的策略。通过以上步骤，最终形成投研一体的研究框架。

问题 3：*目前公司形成了以股指、农产品、黑色金属为主的投研板块，请问贵公司在这三个板块上的策略优势是什么？公司还在筹建化工及有色板块，这两个板块打算如何布局？*

融昊投资：考虑到我们虽然通过多种手段和机制，加深我们对产业的理解，但是要论深度，一定比不过实体。所以我们的定位是：我们会相较于大多数资金管理机构更了解产业，同时和实体产业方保持良好的关系，虚心学习。同时，在资金管理方面，我们会体现出较产业方面更多的专业性。我们相当于就这两端做结合、做平衡，体现出产业和资金管理结合的综合优势。

资金管理方面的体现：一方面，我们实现多产业并行、分解产业矛盾形成不同策略的思路，实现多板块多策略的投资模式，实现风险的分散化，同时丰富产品的盈利点；另一方面，我们严格量化资金管理方案和风控方案，使得资金管理的属性在产业策略上得到增强。这样就实现了策略的平稳，事实上，很多刚开始不了解我们的机构光看净值曲线，都会以为我们是做量化的，不相信我们是做主观 CTA 的，甚至不相信我们是做产业策略的。但这样的表现，其实是资管属性在产品中的体现。

产业方面的体现：一方面，我们在尽可能加深我们对产业的理解，这种理解不是当前运行产业状况方面的，而是产业人的思考逻辑层面的；另一方面，**我们的一切研究，不是从产业经营出发，而是从期货市场的策略出发，这就保证了我们投研的资管属性，以及研究和策略的结合。**

所以，我认为我们的策略优势在于这两方面的良好结合。

我们在化工和有色板块布局，其实也是从一个大的层面在考虑：有色是兼顾工业品周期和宏观周期的品种，加入有色板块，有助于我们将曲线做得更加平滑，这是有色的属性决定的。而化工目前产业链结构相对健全，活跃品种较多，在整体模式成熟的情况下，化工板块的加入有助于我们对工业品的整体研究，同时扩充总体策略的资金容量。这是我们站在策略架构层面的一个考虑。同时，什么时间节点做这个扩充，会和公司的发展息息相关。

问题 4：随着产业资金的充分参与，大宗商品期货的定价遵循产业逻辑的规律也日趋明显。请问如何通过产业逻辑去助力期货交易及期货类基金产品？

融昊投资：我们认为，**一种投资方式是否能够长期生存，在于这种投资逻辑是否会长期成立。**这也是我们选择产业逻辑去做策略的原因。且我们的策略，会更加注重"周期性"，我们认为无论市场发生什么变化，经济周期客观存在，产业周期客观存在，那么利用这些周期性产生盈利的逻辑就客观存在。

至于如何助力期货交易，我认为我们首先看"期货"这个词。很多人做交易，可能更关注于"期"这个字，而不太注重"货"这个字。而事实上，只要是"货"，就有产业的参与，有产业的参与，就会有产业自身的运行逻辑。因为这些产业是真正参与实体经营的，是经营，就会有规律、有方案，进而就会产生产业的运作规律，再进一步就会深度影响"货"的价格。这是

“货”的属性。

所以，我们认为，通过产业逻辑去助力期货交易，我们不仅要了解“货”是什么，有什么属性，更要知道“货”在各个产业如何运作，归根结底，是要对产业逻辑有了解，通俗一些，就是我们常说的：产业里面的人怎么看。这很重要，因为他们会进行真实的交割，真实的交割出于生产经营目的有套期保值的方案。所以，了解产业逻辑，是助力交易的一个根源和基础。

但是如果单纯看基金产品，这是一个资金管理问题。产品的管理，其实是一个底层逻辑和资金管理结合的问题，做量化，量化是底层逻辑，产业也可以成为底层逻辑。所以，核心还是对产业逻辑的理解。

问题5：你们是如何理解期货交易的风险，在投资过程中，又是如何衡量与规避的？

融昊投资：只要资金在波动，我们就暴露在风险之中。我们做期货交易，即便我们有产业逻辑支撑，但是本质我们还是利用逻辑在做投机，既然是投机，就要承受这个市场里面的风险，所以本质是承担风险，并获取与所承担风险相匹配的收益。所以**我们要做的并不是消除风险，消除了风险自然也没有了收益来源，我们要做的是有选择性地承担风险**。

如果站在风险的角度来讲，我们的投资逻辑，体现了我们对风险的选择性；我们的资金管理，体现了我们对资金波动的控制倾向；我们的风控措施，体现了我们对不愿承受的风险的阻断。所以在投资风险中，我们不规避风险，而是科学地理解并承担风险。

至于风险的衡量，通常，资金的波动是衡量风险的标准手段，我们也会用这种衡量手段和策略进行结合。做到策略与风控不起冲突，且风控措施能够正确反映我们对风险的理解以及产品的风险偏好。我们衡量风险的目的不是规避风险，而是在策略逻辑下，合理地、适度地，且有选择性地承担风险。

问题6：良好的风控是确保金融机构稳健发展的关键，请问融昊投资具体是如何控制投资风险的？又是如何做好资金管理的？

融昊投资：我们做资金管理和风险控制体现在两个方面：一方面，风控和资管的理念，会从产品的设计开始一直贯穿产品的始终；另一方面，我们公司从职能设置上，会完全做好隔离，以规避风险事件的发生。

比如我们公司从设计产品之初，就会要求基金经理提供具体的资金管理方案，同时风控总监会根据我们公司各项风控管理规定制订风险控制方案。只有资金管理方案和风险控制方案能够无缝对接，这个产品才有成立的可能。在制订好了资金管理方案和风险控制方案之后，我们会制定出来完全可量化的风险控制细则。

比如我们目前“稳健二号”这个产品，就会从四个维度来规定资金管理方案。第一个维度是总体仓位控制。我们会规定这个**产品的总仓位不允许超过50%**，这是根据要素表测算出来的最大持仓仓位。第二个维度是板块维度。我们会规定**每一个板块的持仓，最高不得超过总持仓控制限制的50%**，那么一个板块即便很有行情，板块整体的持仓也不会超过25%，至少保证了多板块特征不会被打破的同时，也兼顾了当前比较好的板块。第三个维度是策略类型维度。我们会规定，**单边头寸不允许超过总头寸上限的1/3，跨品种对冲头寸不得超过总头寸上限的1/2**。结合第二个维度同时使用，就有了第四个维度，单板块单品种的限制。这个维度，其实是将板块和策略两个维度相结合，能够保障策略足够地分散化。资金管理的方案设计出来之后，自然就会有对应的每个维度的风控方案出来，事实上，也就完成了对风控的细分。

我们的这些方案做出来之后，会将这些量化出来的规则直接输入资管软件，通过资管软件自动地做仓位控制的执行和风控执行。比如超仓了，会把超出的仓位自动屏蔽掉，碰到不允许交易的品种，会自动屏蔽交易指令。风控端如果触发风控规则，则会自动平仓。

所以**虽然我们做主观交易，但我们会保障资金管理和风险控制做到全量化执行**。

同时，为了防止管理风险和权限的问题造成不必要的风险，我们公司设置了策略权限、执行权限、风控权限隔离的机制。投研团队和基金经理负责策略的提出和制作，最终以交易指令和交易计划的形式体现；账户的操作和指令的执行权限完全由交易部完成，且交易部只负责策略的执行；风控权限在风控部，主要负责监督资金管理规则和风控规则是否由系统自动执行，以及审核策略的风控条件。三者互不干涉、完全独立。这样就从管理上隔离了风险。

问题7：你们认为，主观CTA策略，相对于量化CTA策略，有什么优势、劣势吗？

融昊投资：其实对于这个问题，我是有很深的感触的。大家可能都知道，**对于很多机构而言，量化 CTA 策略在 2021 年 5 月之后，可能是一个噩梦。**就我了解到的信息，身边有不少做量化 CTA 的朋友甚至是创了策略回测以来的历史最大回撤。不由得让很多人对量化 CTA 策略提出了质疑。即便如此，量化 CTA 和主观 CTA 在底层逻辑上仍然是各有千秋的。

我认为，量化研究对于“规律”的发掘，还是占有优势的。我对有件事情是感到很震撼的：我硕士是在香港学的统计学，当时学习成绩还不错，后面虽然我没有进量化对冲基金，但是我有几个同学在里面工作，那个时候我们进行交流，他们刚开始有很多不清楚的问题会问我，但半年之后，我已经不知道他们在聊什么了。他们会看很多前沿的数学甚至物理学的论文，然后应用到自己的算法里面，去对规律进行挖掘。这种研究模式是绝大多数做主观 CTA 策略的人没有办法解决的。这是大概 10 多年前的事情。随着这些年的发展，我相信这个优势会更加明显。量化的另一个优势在于，界定明确，那么执行就会明确，所以在执行的准确性上，量化是有优势的。

而主观 CTA 在对于策略的理解深度上，往往会更深，这样，能够在策略的选择上面做更多的应对。做量化有的时候讲究一个策略的迭代，而迭代之后，新的策略是否能够一定有用，不好说，因为最终决定策略上不上的，还是人，如果对策略的逻辑了解不够深入，可能对于一个策略是否要下或者要上，也会出问题。因为就我多年的交易经验来看，要同时深入地掌握多种策略逻辑，是一个很难的事情。而这一块，主观就会相对有优势。比如我们做产业策略，很少会碰到迭代的问题，大多碰到的是积累的问题。我们研究一个产业的时间越长，我们对一个产业的理解就会越深，积累的经验和资源就会越丰富。而产业逻辑只要有效，这种积累就会有意义。那么面对行情的改变，我们就只需要通过一些改变来应对行情。例如在量化策略回撤比较大的 5—7 月，我们发现市场出现了波动迅速、来回很快的特征，那么我们找到底层的逻辑原因之后，做出的决定就是降低仓位，同时扩大策略的容忍度来应对这样的行情。但是作为量化而言，因为前面策略的开发包含不了这种行情，可能就出现了两边打脸的情况。

同时，我认为量化和主观本身就是可以结合的。其实我们在整体策略框架体系里面，有两个地方是用到了量化分析手段的。

一方面，对我们长期跟踪的套利对冲，包括跨品种和跨月的策略，对于这样的模型，我们会加入数据分析和一些基本面因子。我们要做的是看这些套利对冲在什么时候、什么方向安全边际是较高的，以及风险收益比是合适的。但是我们不把这块做绝对的定量，只是定性，然后对我们的研究做一个参考。

另一方面，我们会将资金管理指标和风控指标进行多个维度的量化，然后通过软件自动地执行这些指标，辅助我们对头寸进行管理、对风险进行控制。

这两个方面的介入，其实就是看中了量化在数量化分析深度上的优势，以及准确执行上的优势。所以，我们也考虑对量化和主观进行了有机结合，让这两块的优势都得以发挥。

问题8：融昊投资2020年跨月套利或跨品种套利对收益的贡献有25%左右，请问你们是如何抓取套利机会的？

融昊投资：一方面，我们会对产业按照矛盾对逻辑进行细分，产业链上下游的矛盾对应跨品种套利策略，供需平衡表的逐月推演对应跨月套利策略。这样明确的矛盾划分，就促使我们对各类套利策略做专门的、针对性的研究。

另一方面，我们会用量化的手段，将各类套利对冲结合基本面因子做长期的跟踪，对于各类策略的安全边际，以及风险收益比做及时的测算与跟踪。然后将结果和我们的产业研究结合起来，进行有机补充。

然后，我们会综合这些信息，做成我们的套利策略，整体下来效果还不错。

问题9：业内常听说“策略漂移”，指的是交易团队对策略的“忠诚度”，你们如何评价策略漂移这件事？

融昊投资：策略漂移其实是一个比较特殊的概念，之所以说相对特殊，是因为如果我们用自己的资产来做交易，那么可以选择收益的最大化，从而相对灵活，只要是能够获取收益的策略，相对来讲我们都可以去做，毕竟我们是奔着收益去的。

但是放在资产管理，或者从我们管理产品的角度，我们所考虑的问题则不完全是收益问题，而是一个产品的运作问题。如果投资者相对是不专业的，那么他看重的可能只是收益率是否能够接受，同时，这个产品的波动是不是也能够接受。但是对于一些专业投资者，则还会考虑你会用什么样的逻辑去获得这些收益。这些投资者愿意投资你的产品，一定是他认可你获取收益的逻辑。

所以，面对专业的投资者，保证策略不漂移，我认为是一个基本道德。因为随着投资机构的专业化，他们投出去的资金是讲究配置的，比如期货方面，他们会拿一部分资金配置量化 CTA，同时会配置主观 CTA。从其他的角度，他可能用一部分资金配置趋势类策略，也可能配置对冲类策略。面对这样的资金，保证对策略的忠诚度就很重要了，因为你如果改变策略，对于你自身而言，可能没有什么，但是是有可能影响一个机构的整体策略布局的。这对于机构来讲，是牵一发而动全身的事情。

说得更具体一点，比如一家机构有一块资金，就是想投资 CTA 策略，然后他选了量化逻辑投资一部分，基本面策略投资一部分，宏观配置策略投资一部分，当然，对于这些策略还可能往下细分。他可能抱有一种投资逻辑：期货市场是零和游戏，只要在每类策略里面找到风险承受能力下能够长期盈利的机构即可。这家机构一旦投了你，而你的策略一旦发生漂移，那么就可能造成这个机构整体策略布局的缺失，同时某一类策略配置过重。这种情况下，就会有影响了，甚至若碰到比较针对性的行情，影响还会不小。

所以**我们对于“策略漂移”的态度是，尽量不漂移，包括在风控和资金管理措施上，定好的就尽量不变**。当然，我们也要兼顾营利性，如果一段时间不盈利，或者我们认为不适合，那么我们考虑的问题就是如果我们有应对措施，那么这个应对措施应当和投资人事先沟通。

且这个时候，不要担心沟通之后投资人会赎回基金，说到底，私募基金是满足特定客户理财需求的，我们有义务协助客户判断自己的理财需求是否被满足。我们是在做服务，那么就必须为服务对象考虑。我们认为这才是一家机构能够在行业里面立足的根本。

问题 10：生猪期货在 2021 年 1 月 8 日上市，公司有没有进行对于生猪期货的研究与投资呢？如果有的话，可以详细分享一下吗？

融昊投资：农产品，特别是大豆产业链一直是我们公司的一个重点研究领域，而饲料再往下走就是生猪，所以我们对生猪的研究是相对重视的。2019 年以来，我们公司开始有了一些深入实体、参与实体的想法，2020 年下半年开始我们和正邦科技有过很深入的接触，当时是想看有没有参与其生猪代养业务的可行性，我们也围绕这个项目的可行性做了很多调研。包括生猪期货上市之后，我们还专门组织和参与了至少5次生猪养殖相关的调研。最终我们没有参与这个项目，因为我们认为当时不是一个建猪场的好时机。

在过去的一段时间，我们对能繁母猪和生猪存栏的恢复一直很有信心，相应对猪价的下跌也是会有一定预期。**我们认为生猪养殖行业按照过去20年的周期规律，现在距离行业利润重新大幅好转还需要经历一段漫长的“寒冬期”**。

未来行业上行的路径可能是：现有生猪宰后均重下降至正常年份水平，再有散养户去化持续几个月时间，能繁母猪存栏去化持续几个月时间，届时再根据那个时候的调研情况综合考量。以上是偏长期按照年度预估的想法。**短周期的话，每年春节前猪价都有季节性上涨的规律，所以春节前猪价仍有可能出现比较明显的反弹**。

问题11：*进入9月以后，您认为农产品里，哪些品种可能出现较大的供需矛盾，大家可以重点关注呢？*

融昊投资：本年度9—12月，预计两个品种的供需矛盾比较突出：

一个是豆粕，由于过去连续至少4个月中国油厂盘面压榨利润严重亏损，亏损幅度历史年度最大，亏损时间历史年度最长，所以导致中国第四季度大豆进口供应量应该是偏低的，中国本土的供求关系偏紧张，导致的结果是国内的豆粕基差应该高于往年历史同期，跨月价差也会是强价差表现，会主要在第四季度体现。

另一个是玉米，由于中国玉米价格高企持续的时间长，甚至在全球所有饲料谷物商品中价格最高，导致替代谷物和进口谷物大量进入饲料，中国的本季玉米产量预计也会同比大幅增长，具体增量目前难以估计，但预计国内玉米价格可能存在下行风险。

问题12：*请问您如何评价股指在2021年目前为止的走势呢？关于股指未来的走势，您觉得影响判断未来走势的逻辑是什么？*

融昊投资：2021年以来，股市行情分化严重，依然是结构性行情，只是从价值蓝筹换成了高成长唱主角。这种变化也使得股指的运行逻辑发生了一些改变。

从指数上来看以大盘蓝筹为主的上证50指数，下跌了12.6%，主要是因为消费和医药前期业绩预期高，同时赛道过于拥挤，以致出现了一定的估值泡沫。而2021年以来，相关龙头个股的业绩增速持续低于市场预期，股价出现了杀估值的局面。2021年5月以来，在信贷需求转弱、房地产信贷集中度政策及融资平台资金明显收紧的情况下，金融地产股则开启了下跌通道。

而中证500指数和创业板指则分别上涨了15.3%和13.2%。其中，受益于上游大宗涨价，化工、有色、钢铁和煤炭等股价迭创新高。在碳中和的大背景下，相关行业空间大、增速高，且持续时间足够长，动力电池和光伏产业链个股出现了业绩和估值双升的戴维斯双击行情。

但与此同时，我们也看到了风险正在集聚。例如，比亚迪中报业绩同比下滑29%；动力电池龙头宁德时代在高位的巨额再融资，产能扩张极具野心，可能需要未来数年来消化；而整个光伏产业链的火爆行情，带来了数倍于海外相关标的的PE估值；等等。

价值蓝筹依然处于消化估值的下跌通道中，而估值过高的成长股则随时面临调整的风险，由此我们判断，2021年第三、第四季度可能会有一次系统性风险的集中释放。等市场企稳之后，市场的主线大概率依然会聚焦在公司的质地和业绩的成长性方面，我们看好A股市场2022年第一季度的行情。

问题13：国家政策或产业政策，或是一些突发事件对黑色品种的影响十分大，往往带来大的行情变化。可否分享一下关于融昊投资碰到此类事件的一些应对？

融昊投资：其实我们在做交易的时候，常会碰到一些不确定的因素，2021年最典型的就是国际品种上面因疫情缓和带来的需求预期。这类“不可确定”带来的认知分歧，往往会使得大宗商品的波动变得快而且剧烈。这是在疫情的恢复当中一直都存在的问题。黑色产品2021年也出现了这样的行情特征，只是因素不一样，正如您所问的那样，是因为政策因素。

这类变化，其实是行情波动特征的变化，可能不改变大的运行方向，但是会让行情变得更加波折，波动特征和以往不一样了。那么基于这个判断，就策略影响来讲，对量化策略的影响应该是最大的，因为量化策略往往在应对新的行情波动特征的时候会体现出不适应性。对于主观CTA的影响，倒是可以通过减少仓位、扩大策略容忍度解决。

通常我们应对这类行情，会通过以下的步骤：

首先，我们会建立一个基金观察池，这里面会选取一些很典型的其他公司的私募基金产品做观察。因为只要这些产品的策略不发生漂移，我们就能够通过它们的表现，从侧面了解到哪一类策略目前可能是不适用的，哪一类策略的表现会相对较好。因为每一类策略，都会有相应的特征，那么我们就可以反推当前的行情发生了什么变化。实践下来，我们感觉通过这个方法对市场进行监控是行之有效的。

当然，这不是我们监控市场的唯一手段，但却是一种比较有效的手段。我们会通过预判，在资金管理和风险控制的平衡上，调整我们的策略。比如从2021年5月开始，做趋势跟随的量化类策略开始突然回撤，引起了我们的警觉，综合我们对政策的解读，我们认为当时会出现一种波动很快、振幅很大的震荡行情。这样的行情特征，对于趋势跟随策略的表现就可以解释了，因为会来回开仓，迅速止损。我们据此采取的措施就是：降低单边头寸的仓位，扩大策略的容忍度，同时把更多的关注点放到了对冲策略上。事后来看，这样的处理是成功的，对有代表性基金的观察帮助我们对行情进行了预警。

应对行情的变化，只要不伤及策略逻辑，我们通常是在资金管理和风控方案上进行调节，以调节策略的容忍度。但是伤及策略逻辑的，我们会主动进入修复模式，依靠带有量化研究的、安全边际比较高的对冲逻辑，去应对行情对逻辑的冲击。

问题14：现在期权品种上市很快，给市场提供了更丰富的投资标的和策略方法。请问融昊投资会添加相关期权品种的策略吗？

融昊投资：针对我们以矛盾为核心的研究所涉及的策略，目前没有特别需要通过加入期权才能够解决的策略。但是我们也一直在关注期权市场的发展。我们认为这个市场，目前还有更加成熟的空间，这样就能够提供除了实体之外，比如资管，更多的策略空间。

对于期权的应用，我们是有经验的，当年还在香港的时候，事实上我们会在不少情况下都用到期权工具进行策略布置。但目前一方面，我们运作的主要策略没有体现出运用期权的必要性；另一方面，现有的环境除了一些量化策略，单纯从期权的角度考虑策略，没有特别好用的成熟模式，所以我们选择继续关注。

但我们认为期权市场在后期将会是一个成熟的、必不可少的市场，我们已经做好了将期权策略纳入产品的准备。

问题 15： 夏总有国际对冲基金的工作经验，融昊投资也以成熟国际对冲基金的执行标准来要求自己，在您看来，国内的金融市场与国际相比，有哪些不同？国际对冲基金有哪些值得我们国内私募基金公司学习与借鉴的地方？在国内做交易，您觉得有哪些机会和挑战？

融昊投资： 其实这不是国内的金融市场和国际对比的问题。市场方面的差别，在于可投资标的范围的不同，以及不同投资标的的规则、属性和制度的不同。最终这些因素，决定了机构可以对投资特性进行选择。目前来看，国际上一些更加成熟的市场，能够体现出来的优势是对价格反应的效率化。但是这种效率，带来的可能是标的价格的剧烈波动，对于资产管理来讲，可能会有更高的要求，当然，这是一个仁者见仁、智者见智的问题。

私募基金的分类，其实也不好用国内和国际来分，在哪里都有好的公司，也都有差的公司。我的工作经验对现有公司的影响，并不是来自那是一家国际对冲基金，而是在于那个公司本身的文化是制度分明、严格管理的。是这样的一种企业文化对我这么多年的工作产生了比较深远的影响，也养成了我细心谨慎的职业性格特征。我看到了这样做的好处，能够使公司走得更稳，能够更好地防范各方面的风险。这其实是一种居安思危的思维。即便我们当前规模不大，但是我们必须以能够管理大规模资金的要求来设计和管理团队，未雨绸缪，否则在之后的管理规模扩张中，就容易出现很多难以解决的问题。

目前国内的交易市场，其实内心来讲，我感觉压力很大，因为发展太快了，我们在不断地解读市场做出策略的同时，还必须坚持不断地学习充电，保证自己的思维不落后。

其实就国内金融市场和国际金融市场来讲，特征是一样的，但凡出现一个风口，就会有大量的人涌入，出现一个抢机会—饱和—回归理性的过程。就拿期货交易市场来说，在 2016 年之前，可能做量化的机构还不是非常多，那个时候有一批在国外工作的优秀量化交易者进入市场，引发了热潮，后期随着资本的跟进，将量化推升到了炙手可热的高度。这其实也就不到五年的时间，量化策略在整个交易中的占比就大幅提升。比如现在一家机构想要配置自己的策略，可能会发现量化策略的配置并不是非常难找投顾，选择空间还很大。而**对于量化交易而言，这条赛道也迅速拥挤，一方面头部机构迅速形成，一方面竞争白热化。**

所以**市场发展太快、变化太快是我们做交易的人面对的最大挑战，我们**

必须不断地交流学习，对市场进行思考，根据市场的发展和变化不断调整我们的策略，以适应新的市场环境。一旦懈怠，思维可能就会落后，进而被行业淘汰。在这样的一种状态下，是存在很大挑战的，当然，这种状态也促进我们不断地发现市场的新机会。

问题16：据统计，上半年发布套期保值公告的A股上市公司数量达556家，已超过2020年全年水平。2021年上半年，全国期货市场法人日均成交占比近40%。随着机构和产业客户越来越多参与到期货市场，利用期货市场管理风险，您认为期货工具是如何为产业客户稳健经营保驾护航的呢？

融昊投资：对于这一点还是很感慨的。我刚开始做交易的时候，大概2008年，去参加期货公司办的活动，那个时候品种也不是很多，也有一些产业里面的人来讲东西，告诉你产销库存什么的，但是那个时候数据是不全的。讲完之后，活动才正式进入高潮，打开交易软件，画图画线，一通分析，气氛瞬间就起来了。那个时候市场还很荒蛮，大家做交易也不是非常看重基本面，投机气氛很重。其实那个时候但凡懂一些期货和现货的结合，机会还是蛮多的。

经过了这么多年各方的共同努力，我们高兴地看到越来越多的企业开始慢慢参与这个市场，其实回过头来看，这个过程并不短，是一个大宗商品越来越深刻地运作产业逻辑的过程，是一个期货市场对价格反应越来越有效率的过程。在这个发展过程当中，产业逻辑在大宗商品上面越来越深入，时至今日，就出现了您提问中的这些数据，期货市场真正能够越来越有效率地帮助机构和产业管理市场风险和经营风险了。

这里面一个核心的逻辑在于：**产业逻辑在大宗商品市场越来越深入。同时，各类资金在市场中扮演的角色也越来越清晰。**

我们现在去参加会议，情况和十年之前也大不相同，大家真正地在通过各类数据、信息、产业发展现状分析大宗商品运行的逻辑，且这些逻辑能真正地指导大家在产业上、企业中根据自己的情况运作自己的策略。

所以，现在并不是一个还需要告诉大家，期货工具是如何为产业客户稳健经营保驾护航的问题，而是这种思路已经深入到产业当中，大家每天都在频繁地交流、研究，且熟练地掌握了利用期货工具为经营避险的业务模式。

这也是我们如此坚定地以产业逻辑为发展策略的原因，这是当前的大环境决定的。

问题17：据行业统计，2021年7月，我国公募基金、企业年金、保险资金在股指期货市场的持仓规模相较2020年初分别增加了1倍、1.5倍和2.6倍；截至2021年5月，我国私募资管领域投向商品及金融衍生品的产品数量达959只，规模942亿元，较上年同期翻了一倍。在大资管时代背景下，您如何理解期货市场的发展，以及我们所面临的机遇？

融昊投资：我认为2020年是国内期货市场标志性的一年，因为在这一年，CTA策略作为大类资产配置策略中的一个品类的思想正式被市场广泛接受。我认为，这是在产业资本越来越接受以金融衍生品为工具实现企业的套期保值以及参与现货管理的驱使下我国期货市场的一个必然发展方向。

产业资本和投资机构的参与能够迅速扩大我国期货市场规模，同时带来投资者的专业化，投资者的专业化带来了市场的效率化。一个有效率的市场，就比较容易吸引更多的投资者，最终产生科学的市场定价。这是非常让人振奋的事情。

我仍然记得10年前，那个时候没有夜盘，我们做国内的贵金属期货交易，基本就是开盘操作五分钟，然后就没有事情做了。因为贵金属是外国市场定价，晚上波动完，白天我们这边跟着跳空一下，然后就没有什么波动了。我也记得10年前，我们参与交易所对于夜盘意见征询的时候，大家的观点是非常一致的，都非常渴望有夜盘，因为只有白盘不好操作，我们没有定价权。那个时候，我们谈到很多商品的定价权，会觉得是天方夜谭。但是现在，如果我们再去聊我国对大宗商品的定价权，至少我们觉得这不是遥不可及的了。期货夜盘交易开展至今，也快10年了，我们开始听到很多缩减夜盘时间的声音，因为有些品种白天定价完，夜盘的交易会增加投机从而影响定价。随着这样的品种和声音越来越多，是不是说明我们具备定价权的商品越来越多呢？这是我国大宗商品这些年来的发展带来的最根本的变化，是非常让人振奋的变化。

面对如此之快且有效率的市场发展，我们面对的不只是机遇，还有挑战。或者说，机遇和挑战是同源的，那就是，这个市场必将越来越专业化。举个例子，我们公司2008年成立的时候，有很多手工高频的炒单业务。这个业务现在可能还有人做，但是人工的确越来越少，都是机器了，在成交上的算法研究、对硬件的要求也越来越高。这和10年前相比，真的是天壤之别。

一个越来越专业化的市场，带给我们的机遇与挑战就是要求我们越来越专业化。专业化的道路不是一蹴而就的，需要我们有大量的积累。这也是为什么哪怕我们目前公司管理规模还非常小，我们却愿意不遗余力地去做产业投研。**我们不仅维持高强度的调研，还要努力参与到实业中去。很多人可能会想，你最终不就是在期货市场做交易吗？有必要吗？我们觉得非常必要，因为我们所做的事情，是在不断地积累。**不断地积累对行业的了解，不断地积累行业的人脉资源，不断地积累专业的技术、先进的管理理念、科学的投研方法、深度的行业思考、优秀的人才。如果这个我们走到前面了，我相信在一个专业的市场里面，我们就会有机遇。如果我们没有走在前面，那么我们也必须为之做出努力，因为大家都在变得越来越专业化，我们也要保证我们不被这样一个市场所淘汰。所以，这既是机遇也是挑战。

问题18：随着我国经济的发展和金融体系的完善，私募基金行业进入高速发展时期，新备案基金数量、规模均出现大幅增长。您认为在这股洪流中，公司的优势是什么？未来有怎样的发展方向？如何把握时代赋予的机会？

融昊投资：我认为在这股行业发展的洪流中，我们不太敢谈什么优势，比我们优秀的管理人太多了。只能说这些年来，我们的目标是明确的，那就是自2013年以来，我们一直坚定不移地在产业方面做积累，试图让我们更加深入地了解产业逻辑，试图让我们在产业的各个方面有所积累的总体发展方向一直是没有改变的。同时，自2017年以来，我们对资金管理、风险控制这些资管问题的探索是没有停止的。这两条路最后做一个汇总，能够使我们把产业研究、资产配置、资金分配、风险控制有机结合起来，在市场上形成有特色的产品。

我们公司未来的发展方向，仍然是沿着原先的大方向：在产业、行业端有所积累，并且将这些积累转化到我们所管理的产品中。在未来几年，我们准备在三个方面做出努力：

首先，我们会巩固我们在黑色产业、农产品、股指三个方面的投研基础，加深我们的投研深度，巩固我们当前的优势策略。

其次，我们将复制我们认为当前已经成熟的投研框架，放入更多的行业和商品中。比如在期货方面，我们准备在化工、有色板块有所投入，扩大我们的板块覆盖面，扩充产品策略；另外，我们积极投入证券市场的研究，积极铺设对热门行业的覆盖。

最后，产品方面，我们在健全我们的产品线。一方面加大力量发展证券的产品线，比如 2022 年，我们的股票多头+择时的产品会逐步面向市场。同时，指数增强策略以及科技等行业板块的策略也会逐步产品化。另一方面，期货策略，我们会细化产品类型，增强产品的定制化能力，比如会根据不同投资人的要求，定制单一板块或单一类型策略的产品。同时，在当前稳健线的基础上，推出奋进线产品以及纯对冲类的产品。

问题 19：与 2020 年的百花齐放相比，2021 年上半年 CTA 产品业绩分化非常明显，你们在上半年取得了超越市场平均收益之上的较好业绩，请问有什么可以与我们投资人分享的？

融昊投资：可以跟投资人分享的是：作为一家投资机构，我们能够做到的就是坚持我们的投资特色，并且将我们的投资特色做成严谨的产品，用科学的方法对产品进行管理。而投资人对产品投资的选择，也是基于产品的运作逻辑和产品管理。我们的产品特色和投资人的需求相吻合，这就是合作的基础。

所以，投资人是否充分了解自身产品的投资特色，是很重要的。但是因为信息的不对称，投资人能够了解的东西也很有限。我们虽然 2021 年才开始慢慢对外募资，但是我们发现了这个问题，所以我们也在思考从 9 月开始做投资月报，逐步给投资人解释我们的产品构成，并且每个月以线上会议的形式发布我们的月报，并设置答疑时间，让投资人能够更加深入地了解我们的产品运作情况。

我们所希望的是，投资人不仅仅是在我们业绩还可以的时候保持关注或者觉得盈利的原因不重要，我们也会有表现不好的时候，这很正常。所以我们想的是：主动提供和建立与投资人深度交流的桥梁，这样能够帮助投资人更加理性地判断对产品的决策。当然，我们也希望投资人能够更加理性地思考管理人的业绩，不要光看着好的时候，而是能够深入了解、理性判断。

问题 20：融昊投资在投资过程中有什么印象深刻的可以分享的经验或是教训吗？

融昊投资：作为私募基金管理人，我相信各家的产品都有各家的特色，各家也都有这样那样的经验教训。我们能够分享的就是坚持做好自己的产品特色，做好自己在市场上的定位。

这句话乍一听很空，但其实做到这一点是很不容易的。比如我们在2020年砍掉量化策略的时候，当时的压力挺大的，那时候正值疫情，市场波动大，量化策略跑得都还不错。但是的确考虑到我们主动管理有这么多年的积累，优势更明显，而量化我们只能做出来和市场上差不多，或者略好一点的策略。如果你问任何一家机构，可能都会觉得你在那个时间节点仅仅因为策略的同质化就放弃量化是不可思议的，但是我们知道这个选择是正确的，能够让我们更加专注，且保持自己的市场特色。然而因此做出选择真的很难，承受的压力也会很大。很多时候坚持是一件很难的事情，有的时候我们会碰到业绩不好的时候，管理的基金可能半年、一年甚至超过一年都没有产生收益，这个时候要不要去做改变，然后告诉你所有的投资人你的策略漂移了呢？这都是非常艰难的抉择。

这也是我们这么多年都去做自营，将我们认为最适合投资人的策略推向市场的原因。但即便如此，在有些月份，或者连续几个月产品表现不好的时候，投资人还是会选择赎回。这个时候，对人的考验真的很大，你不做改变，策略投资人不喜欢；你做改变，你会失去自己的优势。这个问题很难平衡，但是后来我们思考如果我们没有自己的优势，那么我们在市场上存在的意义是什么？资金管理行业听起来很高大上，但是说到底，我们也是服务行业，我们之所以有业务，是因为我们推出的产品能够满足投资人的需求，这是需要给投资人的理由，即我们的优势是什么？然后以此为基准，去设计、发散我们的产品，丰富我们的产品线，然后满足各类投资人的需求。

所以我认为，我们要做的就是想尽一切办法确立我们的优势和特色，把产品逻辑做得严谨，各个环节做到位，这才对得起投资人，去满足特定投资人的需求。

事实上事后看来，我们的选择无法用对错形容，如果看2020年市场表现，有人会觉得我们是错的，但看了2021年，可能会说我们是对的，因为很多量化策略2021年5月之后回撤都很严重。事后评价是没用的，我们当初做这个决定的时候，并不能预知这个结果。

像这样的抉择，融昊投资从2008年到现在做过不少，但是总体有一个原则，就是要坚持做出我们的特色，且适应市场发生的变化。这对于我们投资机构来讲是核心竞争力的体现。

问题 21：纵观目前的投资生涯，您觉得做过最成功的决定是什么？

融昊投资：我认为没有什么决定可以绝对定义为成功的，或者说最成功的，如果放在整个行业里面横向对比，我认为我到目前并算不得优秀。但即便如此，回想我从 2008 年开始做交易，那个时候还很流行 QQ 群，我记得通过这个方式认识了大概 150 个和我年龄相仿的交易者，虽然后面陆陆续续还认识了很多人，但是最初认识的那 150 个人里面，大概只有我和另外一个人还在做交易。我的手机通讯录里面每年都会有很多同行再也联系不上，你也会不断认识新的人，但是你会发现，认识很多年还能说上话，或者没有转行的交易者其实并不多，甚至可以说是寥寥无几。

所以，我个人是抱着很谨慎的态度看待自己的投资生涯的。甚至做着做着，在某种程度上，或者说和以前对比，都觉得有风险厌恶倾向了。

这些年来越来越深刻地理解了当初师父说的那句话：**"作为一个交易员，当你平掉自己这辈子做的最后一张单子之前，不要去总结自己赚了多少钱。"**无论怎样至少现在来看，我还会在这个行业做下去，所以现在聊成功的决定似乎还太早了一些。

问题 22：能否结合自身做交易员的经历，谈谈您认为对于一个新入行的交易员，应该首先清楚和解决哪些问题？一个好的交易员应该具备哪些特质？

融昊投资：比如我们去逛一些交易论坛，我们会发现里面很多人做交易都是为了实现财务自由，年轻嘛，都有一颗向往自由的心。而且这颗向往财务自由的心更倾向于找到"一把钥匙"，然后"一招鲜吃遍天"。

但是随着在这个行业待的时间越来越长，你会发现很多不自由的东西，比如你自己要去遵守很多规矩、规则，你会感觉到束缚，你的生活会变得规律，且人也会变得自律，你可能会发现最终你积累财富了，但是你并没有当时想的那样自由。

同时你会发现，你只是选择了一个行业，一个可能类似于创业的行业而已。而最终你不得不去对行业、对你做的交易做很多的思考，去梳理逻辑，去不断地思考策略、不断地了解市场。这反而是一个很累的活儿。

但是作为一个新人，很难一开始就顺风顺水，你可能几年下来大起大落，毫无建树，于是好多人最终离开了这个行业，因为找不到幸福感，找不到坚持的理由。

所以，我认为一个好的交易员应该具备以下特质：

首先，一个好的交易员不会有那么多不切实际的幻想，幻想财务自由什么的，而是善于思考，能够有目的性地行动，不断地了解这个市场，锻炼自己的逻辑能力。做的事情会很务实，目的性会很强。

其次，是善于坚持。很多人会把一些交易者的成功归结于心态好，但其实每个人都是正常人，你睡不着觉的时候，别人也不见得睡得着。交易注定会很磨人，所以能不能坚持下来，人够不够坚韧，是很重要的。

总结下来，就是能够有目的性地坚持。其他的特质，因人而异，但是我认为这些是必不可少的。

问题 23：对于广大的个人投资者，您有什么建议吗？

融昊投资：市场上研究交易的人不少，其实网上、现实生活中每天在讨论怎么做交易的大有人在，所以大家能够接触到的建议必然不会少，观点之多甚至对交易者而言有眼花缭乱的感觉。很多人在构建自己交易方法的时候，都想把一些看似很好的东西糅合进去。对此，我提三点建议：

第一，养成系统性思维，我们做交易，一个策略，从进场到出场是一个整体，我们的投资从一个阶段的开始到一个阶段的结束也是一个整体，所以，尽量不要割裂地去看开仓、止盈、止损这些概念，而应站在一个整体的角度思考这个问题。

第二，我们的交易会有很多动作，产生这些动作，会经过我们很多的研判、决策，有时候我们会感觉状态很好，有时候我们会觉得状态很差。很多人将此归结为状态，对此我的建议是，在我们将之归结为状态之前，要让自己的每一个研判、每一个动作有很明确的目的，做到这一点，对于交易而言很重要。

第三，交易是一件百花齐放、百家争鸣的事情，没有固定的方法，适合你的方法就是好的。所以，听从或采纳别人的建议，这是没有错的，但是要花更多的时间去思考这些建议对你而言是否真的有用。

问题 24：参加“蓝海密剑”比赛之后，您觉得有哪些收获呢？您对大赛有怎样的意见或建议吗？

融昊投资：2021 年我们也参加了“蓝海密剑”比赛，成绩相对还比较满意。“蓝海密剑”我很早就开始关注了，最开始是关注个人投资者，也通过“蓝海密剑”结识了不少的朋友，这也是我收获最大的地方。大家形成了一个交流圈，可以对市场动态、行业发展有很多的交流和讨论，同时，“蓝海密剑”也给了很多机构和个人投资者展现自己的一个机会。“蓝海密剑”无论对我个人还是公司的发展都是非常有帮助的，非常感谢“蓝海密剑”！

我们认为“蓝海密剑”目前赛制完善、结构严谨，在比赛上面没有太多意见和建议了。我们认为“蓝海密剑”后期可以更多借助新的宣传渠道，深入打造交流平台，更多地组织参赛者和对交易感兴趣的投资者进行充分的交流，这是我们非常期待的。

深圳惠选基金：

趋势交易必须考虑盈亏比才下单

（2021 年 10 月 29 日，翁建平访谈整理）

戴忠义

深圳惠选私募证券投资基金有限公司总经理兼投资总监，具有 20 年股票投资经验和 14 年期货投资经验。

获第十二届“蓝海密剑”中国对冲基金公开赛晋衔奖，“上校”军衔；

大盘手网，“盘王”称号；

私募排排网 1 亿~5 亿广深地区 2021 年 4 月亚军，5 月冠军。

精彩观点

股票是看政策和资金，如果政策和资金不配合就需要学会等待。

我发工资买了一台电脑，就想用这台电脑赚钱，那个时候淘宝才起步，我就选择做股票和淘宝，后来放弃淘宝专做股票。

第一次破产是无知，很多技术和选股能力都没有。

第二次亏钱破产有两个原因：第一，学了点三脚猫的功夫觉得自己很厉害，交易市场最怕不完善的交易系统；第二，心态也不好，急于翻身，控制不住自己的欲望，后来重蹈覆辙再次破产。

我这个人性格有点拽，坚持了不会轻易改变。

有时候自己的优点在期货交易上是缺点，有些生活中的缺点可能是期货交易中的优点，所以交易前分析自我很重要。

市场交易的是人性，看上去是数字的变化，其实是 N 个人交易情绪的变化，所有 K 线反映的就是价格，一切体现在 K 线上。

适合自己的、能稳定持续赚钱的就是你的道和术。

对交易系统的信任最好的方法就是让你赚钱。

顺势而为，我的理解就是当趋势来临的时候唯一的办法就是跟随趋势，我们散户不能创造趋势，那唯一的方法就是跟随趋势。

农产品更具有季节性，农产品的种植和管理以及收成时间基本是确定的，天气、产量等因素与产品的走势有很大的相关性。

基本面找产品，进场和出场用技术面，只有基本面发生供需变化大了，才会出现大行情，那用技术面来进场和出场赚钱的概率就大了。

我们的仓位基本上是多品种持有 5~10 个，每一个仓位控制在 5%~8%，基本面符合的仓位适当加到 10%，还有当赚一倍保证金的时候会减仓一半。

我们是下单后就做好止损设置，就像上车后就要系好安全带一样，有盈利的时候我们会采取止损位跟随上移，一直到止盈为止。

我看重的是盈亏比，因为趋势交易必须考虑盈亏比才下单，在盈亏比大于 1∶3 时我们考虑下单，再想办法提高胜率，胜率大于 40%，盈亏比 1∶3 以上时我们就可以下单，持续就可以赚钱了，趋势交易追求的是盈亏比，要学会等待，最好的盈亏比出现就会进场。

一直看好新能源，人类需要好的环境，必须要找好的能源及对人类环境污染最小的行业，在这个行业里面找最优秀的企业来操作。

其实离开交易屏幕来指导团队进行交易更清晰、更安全，行情是市场给的，不是我们创造的，所以当行情来了就根据趋势交易策略来交易就好，其他时间可以出去走走、玩玩。

问题1：戴总您好，感谢您在百忙之中与东航金融、七禾网进行深入对话。首先恭喜贵公司在本届“蓝海密剑”大赛中获奖，您也参加过很多大赛，请问您怎样看待“蓝海密剑”大赛？在大赛中有何收获？

戴忠义：你好，首先感谢“蓝海密剑”比赛平台，这个平台让我成长很大，这个比赛的持续时间长，对操盘手的考核和选拔有很好的信服力，我也在这个平台认识了好多优秀的交易员，他们的操作风格以及资金管理对我的产品也有很大的帮助，我自己管理的账户也时刻对照回撤以及盈利后的处理，这种方式很有意义。

问题2：您具有20年的股票投资经验和14年的期货投资经验，您觉得哪个市场更适合您？股票投资经验是否适用于期货投资？

戴忠义：说不出哪个更适合我，期货是连续性好一点，适合长期投资交易，但容量有限，**股票是看政策和资金，如果政策和资金不配合就需要学会等待**，那样就不能做股票，只能做期货，股票技术和期货是相通的，但完全照搬来做期货是不可以的，期货对品种的选择要求很高。

问题3：贵公司的管理资金主要在期货上还是股票上，目前管理规模有多大？

戴忠义：我们**现在管理发行的基金80%在期货上，目前规模很小，不到2亿元**。

问题4：您也是从一个散户转变到私募基金经理的，两个角色的转变难不难？

戴忠义：很难，原来是自己一个人做交易，慢慢地完善一个团队交易，这个时间磨合很久，和私募基金经理比较，资金属性不一样，操作的模式特别是资金管理完全不一样，还有团队人员的位置作用变化很大，但只有正规化了，做私募才会走得远、走得久。

问题5：据了解，您没进入金融市场之前是一名公务员，您为何辞去“铁饭碗”进入一个陌生的金融市场？

戴忠义：我是一个自由主义者，在体制内有很多的约束，所以喜欢找一个自己喜欢又可以赚钱的行业，所以就进入了期货行业。

问题6：您当时有做过准备工作吗？

戴忠义：我进入金融行业真的没有做过准备，也是很偶然的机会就进来了，那个时候个人电脑才流行起来，**我发工资买了一台电脑，就想用这台电脑赚钱，那个时候淘宝才起步，我就选择做股票和淘宝，后来放弃淘宝专做股票。**

问题7：进入期货市场后，您经历过两次破产，2008年第一次爆仓，接着2009年破产，当时是什么样的状况？

戴忠义：破产亏钱真的好难受，**第一次破产是无知，很多技术和选股能力都没有。**觉得自己前几年很好赚钱，以为自己可以战胜市场了。**第二次亏钱破产有两个原因：第一，学了点三脚猫的功夫觉得自己很厉害，交易市场最怕不完善的交易系统；第二，心态也不好，急于翻身，控制不住自己的欲望，后来重蹈覆辙再次破产。**

问题8：经历两次破产，您为什么没有选择放弃？有没有考虑过，万一再次爆仓呢？

戴忠义：考虑过，但无路可退，因为没有其他方法东山再起了，只能在股票期货道路上继续前进，当时也没有考虑再次破产会咋样，只知道去如何完善自己的交易系统和团队建设，坚信这条路会通的。

问题9：家里人还支持您继续走下去吗？

戴忠义：不支持，因为公务员是个“铁饭碗”，不愿意我放弃，很多亲戚朋友来劝我放弃交易好好工作，但**我这个人性格有点拽，坚持了不会轻易改变。**

问题10：之后，您花了3年时间拜师学习交易，您是怎么找到这些老师的？收获大吗？

戴忠义：准确地说还不止3年，那3年就是全心全意在找老师拜访学习，其实一直到现在还在找老师学习，学无止境，市场在变化，我们的交易策略也需要完善，那几年是通过网络和期货圈内一些高手推荐给我们，学习对我们收获很大，**拜师学艺让我少走很多弯路**，很多老师将多年总结的亏损和盈利的模式直接告诉我，让我们学以致用，对于我们打磨和完善自己的交易系统帮助很大。

问题 11：您说要对自己有认识，同时要对市场有认识，您对自己的认识和市场的认识是什么？

戴忠义：是的，交易首先要对自己有认识，自己适不适合交易？自己在交易这条路上可以做什么角色？**有时候自己的优点在期货交易上是缺点，有些生活中的缺点可能是期货交易中的优点，所以交易前分析自我很重要。**其次需要对市场有认识，**市场交易的是人性，看上去是数字的变化，其实是 N 个人交易情绪的变化，所有 K 线反映的就是价格，一切体现在 K 线上。**那如何来对应价格很重要，还有市场永远是金融再分配市场，少数人来赚多数人的钱，那就想办法让自己在少数人这边，市场不创造钱，只有钱的流通，那就需要对市场有认知。

问题 12：您悟出交易的术及道，能够分享一下吗？

戴忠义：交易的术和道其实没有准确的，**适合自己的、能稳定持续赚钱的就是你的道和术**，交易和做生意一样需要进入门道，门就是给你赚钱的方向和方法，期货交易上就是赚钱的技术，那交易的道和术说白了就是期货市场赚钱的技术和方法，那各路门派多有自己的门道，只要是适合自己稳定持续赚钱的门道就是你交易的道和术。

问题 13：您是什么时候确立以趋势交易为主要方法的？为什么选择这种交易方法？

戴忠义：**我的操作技术以趋势交易为主**，确立固化趋势交易是因为 2013 年那一波白糖用趋势交易让我赚了大钱。其实**对交易系统的信任最好的方法就是让你赚钱**，用过其他方法最后没有让我稳定持续赚钱，只有趋势交易让我赚过而且可以持续赚钱，我就信任和选择这种交易模式了。

问题 14：市场上听到最多的一句话就是顺势而为，您是如何理解的？

戴忠义：**顺势而为，我的理解就是当趋势来临的时候唯一的办法就是跟**

随趋势，我们散户不能创造趋势，那唯一的方法就是跟随趋势，做一个趋势交易跟随者，跟随大势的交易员，只有大势对了才让你赚钱。

问题 15：您是怎么找一个趋势行情的入场点和出场点的？是不是要结合季节性分析？

戴忠义：我的趋势行情交易入场点是**等趋势完成后出现第二个高低点进行确认进场和出场**，品种的选择有季节性的变化，如某个月这个品种上涨概率大于 80%以上，那出现进场点我的仓位会加大，如果不一致，可以放弃交易或者小仓位做趋势交易策略。

问题 16：市场上品种这么多，各个品种都有哪些季节性？

戴忠义：都有，特别是**农产品更具有季节性，农产品的种植和管理以及收成时间基本是确定的，天气、产量等因素与产品的走势有很大的相关性。**

问题 17：快到年末了，哪些品种会有季节性行情？

戴忠义：年关 12 月了，白糖和橡胶等季节性特别明显，白糖与过年消费是旺季有很大关系，橡胶与东南亚的天气停止收割也有很大的关系。

问题 18：基本面和技术面，您是如何结合的？

戴忠义：这两个我是多参考的，**基本面找产品，进场和出场用技术面，只有基本面发生供需变化大了，才会出现大行情，那用技术面来进场和出场赚钱的概率就大了。**

问题 19：一般账户的仓位和品种的仓位会怎么设置？在什么时候才会加减仓？

戴忠义：我们的仓位基本上是多品种持有 5~10 个，每一个仓位控制在 5%~8%，基本面符合的仓位适当加到 10%，还有当赚一倍保证金的时候会减仓一半。

问题 20：该如何做好止损和止盈？

戴忠义：这个**我们是下单后就做好止损设置，就像上车后就要系好安全带一样，有盈利的时候我们会采取止损位跟随上移，一直到止盈为止。**

问题 21：您还强调资金管理的重要性，请问您是怎么管理资金的？

戴忠义：是的，期货交易资金管理太重要了，永远和朋友以及其他交易员说第一就是活着，那就要考虑下单的时候回撤多少，让你的资金还有机会操作，我们是当利润回撤的时候，仓位跟着下来，确保机会操作。

问题22：盈亏比和胜率决定了交易的成败，您更看重哪个？为什么？

戴忠义：期货交易赚钱，无非就是一个盈亏比、一个胜率，**我看重的是盈亏比，因为趋势交易必须考虑盈亏比才下单，在盈亏比大于1∶3时我们考虑下单，再想办法提高胜率，胜率大于40%，盈亏比1∶3以上时我们就可以下单，持续就可以赚钱了，趋势交易追求的是盈亏比，要学会等待，最好的盈亏比出现就会进场。**

问题23：您对目前的股市行情怎么看？有没有看好的板块？

戴忠义：我对现在的股市是保持乐观的态度，一直看好，近期好的企业也越来越多了，好的板块**一直看好新能源，人类需要好的环境，必须要找好的能源及对人类环境污染最小的行业，在这个行业里面找最优秀的企业来操作。**

问题24：您喜欢旅游，怎么规划交易和生活？

戴忠义：交易是生活中的一部分，想开了就来给自己规划交易和生活，我每年会选择性地来计划那些行情的应对策略，做好交易策略来交给团队，让团队下单和控制风险，我可以监督他们的执行情况，**其实离开交易屏幕来指导团队进行交易更清晰、更安全，行情是市场给的，不是我们创造的，所以当行情来了就根据趋势交易策略来交易就好，其他时间可以出去走走、玩玩。**希望大家也把交易当作生活的一部分，不能当作全部。

德莱斯勒团队：

市场只有钱能亏完是确定的

（2021年10月29日，傅旭鹏访谈整理）

德莱斯勒团队

2012年开始参与期货市场，主要投资方向为商品期货。从最初纯技术派手动交易，接着构建自己的程序化交易平台、量化分析平台，发展到目前交易中加入基本面因素等，不断地提高对市场的认知，完善分析工具和交易理念，追寻市场最新的发展趋势。

第十二届“蓝海密剑”中国对冲基金公开赛晋衔奖，获得“少将”军衔；第八届“天纵期才”期货大赛基金组“优胜奖”。

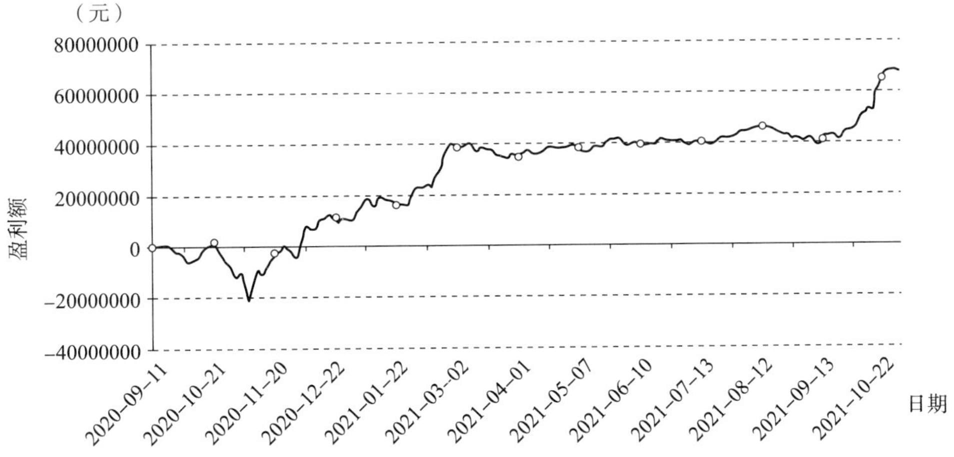

精彩观点

总结来说，做这么久了，市场给的教训重于经验，理念重于技术，简单重于复杂，开发程序或者交易过程中，策略的缺点少重于优点多，心态上面，耐心重于胆气。

有了自己的交易系统以后，它并不是一个永动机，并不意味着自己的系统就一定正确。策略的胜率保持不变本身是个伪命题，这个市场除了钱能亏完是确定的，好像没有其他确定的事情。

我的策略更倾向于配合，我把它分为三种，其实也是比较普通的，就是抓趋势、波段、短线，三者有个共同的特点，就是在配合盈利，长线类似股票的价值投资，中短线并不是因为去做单而做单，它是积累利润、降低持仓成本。

我的总仓位里面，长线会占60%，中短线占40%，可能也会根据行情调整。

对于基本面，我的看法是，它是一只无形的手，它给不了你入场点，它更多会给你一个价格走动的大方向，以及成本的考量。

与其去控制滑点，不如去做跟滑点无关紧要的行情，比如急涨急跌这种大行情。因为我们在海边，有点像出海捕鱼，一次出海如果能捕大量鱼，你还会在乎起网时掉的小鱼、小虾吗？

如果没有超出我们可承受的风险范围，回调并不是一件坏事，而是一件好事，你可以有机会建更多合适价位的仓。

变成单品种、单策略，然后多品种再去对应更多的策略，通过这种策略来提高稳定性。

我们策略其实一直都有在调整，比如一些因子改变，或者参数微调等，去提高盈利能力。

一根火柴能够引发一场森林大火，并不取决于火柴，而是取决于当时森林的状况。

问题1："德莱斯勒"您好，感谢您和东航金融、七禾网进行深入对话。据我们了解，您从2012年开始期货交易，至今已有9年的时间。您大学专业主攻金融，大学期间开始交易，请问当时是怎样的机缘巧合，让您进入期货市场的？

德莱斯勒：我记得当时是大二、大三的时候，当时正在修《衍生性金融产品》这门课，也是因为这门课程和期货结下了不解之缘。后来去了台湾当交换生，在学校里参加校园组织的金融比赛。当时台湾期权期货市场非常成熟，做过几次交易后，就深深地被这些金融工具所吸引，后面就不断地研究学习，随后就倾向于接触我们大陆这边的市场。当时因为没有手机开户，就让家里开了一个期货户给我试着操作，就这样开始了国内期货的交易，一直到现在。

问题2：做了9年的期货交易，您最大的感受是什么？

德莱斯勒：我觉得更多的是包容和取舍。**总结来说，做这么久了，市场给的教训重于经验，理念重于技术，简单重于复杂，开发程序或者交易过程中，策略的缺点少重于优点多，心态上面，耐心重于胆气。**

问题3：在这期货交易的9年时间中，您的交易理念、交易方法有过哪些变化？

德莱斯勒：总结起来有三个阶段：

第一阶段，拿来主义。最开始接触交易，无非就是学习书上的一些经典的技术指标，刚开始学的时候，就是生搬硬套到市场去交易，结果肯定也是可想而知的。

第二阶段，是一个选择的阶段，这个时候有了一定的了解，就有个取舍，也相当于书上说的，左侧交易还是右侧交易？我更多的是认为，应该是叫作相信自己的交易系统，还是相信预测？当然我们最终选择前者，相信交易系统。系统才是交易的全部，预测没有意义。从最开始用技术分析，或者一些跛脚的基本面三脚猫功夫去研究判断行情，到后面慢慢学会构建自己的交易系统，资金管理方法、交易的方法渐渐稳定下来。

第三阶段，更多的应该是一种心态，就是刚才提到的，包容和无为。**有了自己的交易系统以后，它并不是一个永动机，并不意味着自己的系统就一定正确。策略的胜率保持不变本身是个伪命题，这个市场除了钱能亏完是确定的，好像没有其他确定的事情。**所以交易时间长了，更多的是批判自己，包容更多方法，我觉得方法诞生于市场，也消灭于市场，所以“无为”更多的是不要有太多自己的想法，市场是什么样就是什么样，哪些方法适合市场，那么它们就是合适的方法。

问题4：请问您目前实盘一共有几套交易策略，每一套策略的主要特点分别是什么？

德莱斯勒：我的策略更倾向于配合，我把它分为三种，其实也是比较普通的，就是抓趋势、波段、短线，三者有个共同的特点，就是在配合盈利，长线类似股票的价值投资，中短线并不是因为去做单而做单，它是积累利润、降低持仓成本。

问题5：在这些不同类型的策略中，您的资金是如何分配的？

德莱斯勒：我的总仓位里面，长线会占60%，中短线占40%，可能也会根据行情调整，行情激烈或者清淡肯定不一样的，会适当地增减。

问题6：据您介绍，您目前的实盘交易中，也会结合基本面因素，请问这样的交易方式具体是如何操作的？

德莱斯勒：对于基本面，我的看法是，它是一只无形的手，它给不了你入场点，它更多会给你一个价格走动的大方向，以及成本的考量。比如说铁矿石，2021年经历了暴涨和暴跌，市场上有人说是澳大利亚的因素也好，说供求关系也好，都有道理，但这里的关键点是，你要去收集信息，总结判断还会不会再涨，是否超出了基建和企业可以接受的成本？超出了就会往反方向运动，然后再用策略介入去建仓、调整等。

问题7：如果技术面和基本面方向相反、相违背的时候，您会如何交易？两者方向相同、相配合的时候，您又会如何交易？

德莱斯勒：我觉得这个问题其实还是和上一个问题一样，我们之所以会去交易，就是因为基本面策略和技术面策略都认同，二者相同，皆大欢喜，如果二者暂时背离，这个时候就要看，是否符合我们的资金管理策略了。

问题8：您的交易中会结合基本面，请问您的基本面信息来源于哪里？如何确保信息的真实性、及时性？

德莱斯勒：对于基本面，我觉得大家不要误会成那种很精准的内幕消息，我们只是大概地了解其中的成本和行业的一个情况，这些并不是秘密，它是公开的，在一些行业网站以及一些现货厂商都是有公布的，行情无论怎么样都会反映到价格上，不可能说价格拼命地上涨，我们拼命地看空，至少基本面看空也需要价格有实质上的趋同。

问题9：2021年5—8月，以及最近一两周，大部分程序化交易者都出现了比较大的回撤，而您的账户依然非常稳健，并在近期仍然不断创出新高，除了加入了基本面因子外，是否您的量化交易策略和逻辑与其他大部分人相比有所不同？

德莱斯勒：我觉得我们没什么奇特的，只能说这段时间我们选的策略比较适合近期的行情。我们也不会去调整，无为地做策略，无为地做单。

问题10：据您介绍，您的操作周期为3个月内波段以及日内波段。小周期策略交易中滑点是非常重要的一环，请问您的日内交易策略实盘时，滑点是如何控制的？

德莱斯勒：滑点控制是真的难，我也花了很多工夫在这上面。对我来讲，我觉得这是个死胡同，如果钻进去，可能我们就不是做交易的了，而变成做软件或者做通道的了，我的想法是，**与其去控制滑点，不如去做跟滑点无关紧要的行情，比如急涨急跌这种大行情。因为我们在海边，有点像出海捕鱼，一次出海如果能捕大量鱼，你还会在乎起网时掉的小鱼、小虾吗？**

问题11：您表示：轻仓参与市场，认准方向逐步增仓。请问您加仓的标准和规则是怎样的？

德莱斯勒：这也是一个策略上面的问题，之所以我们会轻仓，一定是认为这个行情还是有虚位的，建仓前不管行情怎么样，总仓位和总资金我们都已经是确定的，确定好一切都变得简单，你不要再为行情烦恼。

建仓的规则无非两种，一种是盈利增仓，也称追单，这种基本盈利30%以上我们才会去追，因为有了安全垫；另一种是行情反方向，也是计划内的策略自行去找点位买，这时候更多的是基于仓位资金管理。**如果没有超出我们可承受的风险范围，回调并不是一件坏事，而是一件好事，你可以有机会建更多合适价位的仓。**

问题12：2020年以来期货行情波动巨大，2021年以来市场仍然保持着高波动率，请问您是否会考虑增加短线策略的配置比重？

德莱斯勒：我们也是在不断开发新策略，近期也是有同样的感受，前面我们提到，关于短线策略，我们是配合中长线策略来用，后面可能会选1~2个比较活跃的品种，专门去做短线。

问题13：据我们分析，您交易的品种比较少，您的展示账户“德莱斯勒”只做了8个品种。而通常来说，程序化交易者更偏向于多品种组合交易。请问您交易标的较少的主要原因是什么？您选品种的标准是什么？

德莱斯勒：我们策略的基础更多考量的是盈利能力，不是适应能力，可能相对于其他流派，他们觉得适应全品种最好。我们认为，能在合适的品种、合适的周期盈利才是好策略、好品种。所以选择策略、品种和周期还是同步的，跟人一样，它们有自己的脾气和轨迹。

问题14：对于不同的品种，账户的资金您又是如何分配的？

德莱斯勒：主要还是看行情激烈程度，行情激烈的多分配，比较慢的少分配，一般快慢比基本都是在6∶4到8∶2这样。

问题15：我们分析发现，您的展示账户中，PTA占了一半以上的盈利，请问您的交易策略是否在PTA上表现和适应性最好？

德莱斯勒：这个也和上面讲的一样，这个市场没有确定的事，也是正好遇到了合适的行情，然后这个策略刚好适合。因为我们当时也没有预测PTA会有这么大的一波行情，刚好行情配合。也要说到研究策略这件事情，去深究所谓的适应过去的一段行情的策略，我觉得也是钻进死胡同了，还是无为地多寻找方法。

问题16：近两个月，焦煤、焦炭、动力煤等黑色系品种，以及PTA以外的其他化工品，行情走势非常流畅，波动也非常大，而您的展示账户中却没有交易这些品种，请问其中的主要原因是什么？

德莱斯勒：这三个煤炭品种这几年发生行情的时候，基本是赌单边，上车容易下车难，政策因素以及交易所各类措施让我们无所适从，这个是天选之子能干好的事，我觉得超出我能做到的范围。

问题17：请问您是否会考虑适当调整策略，以提高普适性，增加交易品种，从而分散一定的风险？

德莱斯勒：普适性不是我的研究范围，可能我会更多地寻找适合相应品种的方法和策略来提高稳定性，还是以能盈利为核心。

变成单品种、单策略，然后多品种再去对应更多的策略，通过这种策略来提高稳定性。其实有可能是到最后，我们策略也都能适应很多品种，但是我觉得那是我的结果，不是我的目标，还是以盈利为核心。**我们策略其实一直都有在调整，比如一些因子改变，或者参数微调等，去提高盈利能力。**新品种的话还是会做的，只要开发能够适应和盈利的，测试能过的，我们就会去做。

问题 18：2020 年 10 月到 11 月期间，PTA 的行情走势也是比较流畅的，但是您的展示账户却出现了一定的亏损。请问其中的主要原因是什么？是否和当时的策略中结合了看多的基本面因子有关？

德莱斯勒：所以说市场一切都没有确定的，有时候价格虚位会大得超过你的想象，那段时间因为我们基本面策略计算认为会有一波上涨行情，对于大行情我们通常的做法是选择比较“钝”的策略方式，因此在这个虚位下，我们就有比较多的回撤。

也是因为有这样的回撤，才有机会给我们去建这么多仓，结果也比较好，所以是一件庆幸的事情，也验证自己的方法是正确的。

问题 19：2020 年 10 月到 11 月期间，您的展示账户净值最低曾达到 0.45，请问您在这个过程中心理上是否出现过一些变化？是否有过改变交易策略的想法？

德莱斯勒：说实话，回撤有点超出想象，但还是在计划内，没有超出策略和当时刚开始准备的风险度，那段时间有点像疫情初期的行情，我们也有心理准备，它不能说按照正常的市场行情去做，所以这个时候，因为我们前面有准备，所以还是有自信的，还是坚信能够走出来，所以后面回报也是没让我失望。

问题 20：我们分析发现，您的展示账户胜率在 75%以上，请问您能做到高胜率的主要原因是什么？是否和结合了基本面因子有关？

德莱斯勒：有一定关系，我们主要做一些大行情，但是也不绝对，更多的我觉得还是不断地学习市场，让策略去更贴近各品种的走势，最重要的就是做计划内的交易，超出计划外的，我是不会做的。然后更大的原因，就是市场比较配合我们的策略。

问题21：您表示：交易是无为的，我们所做的一定是顺应市场的方向。请问其中的“无为”应该如何理解？

德莱斯勒：我很喜欢一句话，**一根火柴能够引发一场森林大火，并不取决于火柴，而是取决于当时森林的状况**。森林的状况并不是我们能决定的，取决于我们有没有火柴，准备好火柴，顺势点燃就好了。我们团队取名“德莱斯勒”，也是谐音“得来是乐”，得来很快乐。

问题22：在第十二届“蓝海密剑”中国对冲基金公开赛中，您荣获了晋衔奖，“少将”军衔，对于这样的成绩您是否满意？

德莱斯勒：我也是第一年参加这个比赛，我觉得成绩其实都还好，也没有把名次看得那么重，比赛中还有很多人盈利丰厚，我觉得这个市场是很难的，这么难的市场，如果每年能够有稳定的盈利，我觉得是一件很欣慰的事，所以看得也比较淡，没有因为比赛过多地去改变心态。

问题23：请您谈谈您未来的投资规划，以及团队的发展愿景和规划。

德莱斯勒：大方向不变，我们目前还是在积累期，毕竟还年轻，还是以国内商品期货为主，目前也在考虑期权和股票的加入，还有就是考虑基金产品发行，当然我们希望这一切能够平稳过渡，也希望你们能够多介绍业内好资源、好人才互相交流，这样我们团队才能做大做强。

鸣石投资：

打造“五环十核”投研模式 做中国量化投资权威

（2021 年 10 月 13 日，顾小艺访谈整理）

上海鸣石投资管理有限公司

鸣石投资成立于 2010 年，其汇聚了金融学、数学、物理学、计算机、人工智能等各个领域的专业化人才，致力于成为中国金融理论研究的引领者，成为中国量化投资的权威。

公司自成立以来，持续对标全球一线量化投资机构，不断创新完善公司治理结构，打造了因子、人工智能、优化、风控、交易等五个核心投研团队，建立了“五环十核”投研模式，为客户创造持续稳健的投资回报。

鸣石投资资产管理规模超百亿，稳居国内量化投资行业前列。

精彩观点

如果说投资理念的初心，我觉得我们是比较单纯的，我们的投资理念就是做能力边界以内的事情。我们认为我们能做到的我们就认真地做，我们做不到的就不要去参与，赚认知范围内的钱才最长久。

我们是根据客户不同的收益、风险特征，来用同一套核心策略做出不同的产品类型。

一般来讲，技术面因子跟市场的价量关系捆绑得更紧密，兼顾的是交易逻辑，而基本面因子往往长期更为稳定一些，兼顾的是投资逻辑。梳理我们的策略线，在频率高一点的策略当中，技术面会多一些；在频率低一点的策略中，基本面会多一点，多频糅合是非常必要的。

多策略的发展核心就在于具备很高的研发效率，能够支持多策略的迭代。

如果市场变化得比较快，过去的东西对未来的预测率会下降，就需要不断提取新的数据、不断总结新的规律，以此来更有效地预测市场。

机器学习的上限特别高。人类的智商提升总体上是个稳态，但是AI的提升、科技的提升却是跳跃性的，所以理论上来讲机器学习的上限非常高，未来发展空间非常大。但是在应用本身也会控制它的权重。

容量这个事儿，不是判断出来的，而是做出来的。

对中国市场，我们觉得就是一定要加强本土化的研究，一定要抱着敬畏的心态来看待本土化的市场。

最值得分享的经验就是不要以传统企业的心态来看待投资公司，不要去考虑可能会亏损多少，投资的性价比及安全性，而要始终把投研放在绝对的核心，要倾尽所有精力去做投研。

量化投资机构应该树立品牌，这些品牌是可被认知的、是言行一致的，是长期醉心于投研、更专注于投研的，能够让大家充分地理解到，私营的投资机构也能够为大家提供长期、有效、稳定、可靠的服务。

投资是长跑，不是百米赛跑，我们要追求的是跨越，不是一次比赛的前三名，而是纵横“蓝海密剑”的十次比赛，鸣石始终稳定地处于中上游。

问题1：房总您好，感谢你们百忙之中与东航金融、七禾网进行深入对话。鸣石投资以“百亿量化私募”著称，请问你们是怎样的一支团队呢？

房明：现在中国的百亿量化团队已经挺多了，这个百亿当中也分大小，我们鸣石还是一个发展中的团队，现在的规模其实只是百亿的体量，所以我们绝对不敢骄傲。

我们自我定位是一个特别专注于投研的团队，始终把投研作为我们的发展核心，所以我们并不会说因为我们是发展中的团队，是一个不算特别大的量化团队，就对团队的发展、对策略的发展、对自己做限制。我们现在是按照头部的标准在发展自己的策略。虽然我们规模只有100多亿元，但我们整个团队的人员达到了140多名，其中核心策略的人员已经达到了80多名。如果说鸣石有什么特点，那就是我们专注于投研，对于投研特别重视。

问题2：鸣石投资专注于“量化投资”，请问你们的“初心”，也就是团队的初衷是什么呢？还有你们的投资理念是怎样的？

房明：我们的目标是做国际化、标准化的量化团队，这跟传统的基金行业还是有点区别的。

在海外，对冲基金公司、量化公司往往人员规模都比较大，一个几百人为主体的量化团队在海外是司空见惯的。最庞大的量化对冲基金在海外甚至达到了2000人，所以我们认为这才是我们长期追寻的目标，我们希望达到国际标准，成为按照国际标准建设的一流量化团队。**如果说投资理念的初心，我觉得我们是比较单纯的，我们的投资理念就是做能力边界以内的事情。我们认为我们能做到的我们就认真地做，我们做不到的就不要去参与，赚认知范围内的钱才最长久。**

问题3：可以谈谈你们的投研模式吗？

房明：目前我们采用的投研模式叫“五环十核”。“五环”指的是投研环节中的因子、AI、优化、风控、交易五个环节，我们的投研模式类似于工厂的上下游，一环扣着一环，从因子的研发到机器学习的配合、到策略的组合、到交易算法的执行、再到风控的实施，就像一台机器的上下游制作过程，一步一步安排出来，这样的工作模式就有利于提高整体研发的效能，每一个员工只需做他专属的、最擅长的工作，完全不用去考虑其他环节的事情，自然而然效率就更为高效了。

所谓的“十核”，是指我们生产线的每一个环节都有类似车间这样的设置。每一个车间里都有靠谱的、成熟的车间主任，或者说策略带头人，那整个工厂流水线的效能、最终的产出就会明显提升。

我们通过多年的努力，慢慢地构建了整个流水线以及我们的核心人员。这个工作不是说设定个目标就一定能做到，而是说设定了长期的、理想的状况，不断地去提升自己，不断地往那个方向去努力。目前我们认为现阶段的成果就是达到了“五环十核”，也许将来是“六环二十核”，都有可能。

总体上来讲，我们希望这条流水线无论是上、下游的环节，还是每个环节的核心兵力的部署，都达到理想的状况，这就是我们的投研模式。

问题4：可以简单介绍一下你们的投资策略吗？

房明：鸣石投资的投资策略主要方向是指数增强和量化对冲两大类。

指数增强策略对标的是宽基指数，我们希望通过超额收益来弥补指数本身的波动性问题，同时提升长期收益。另外一种是量化对冲，因为指数增强无论如何在短期的波动还是比较大的，有些机构对风险更为厌恶，所以需要通过对冲的方式去除市场对产品本身波动造成的扰动，这样会偏向于类固收。

但随着市场发展，也有一些新的诉求传递给我们整个量化市场，我们现在又有一些介于中间地带的产品。2021年有两个新生的产品需求，一个叫择时对冲，相比纯对冲的产品，它有一定额外的风险暴露，这个风险暴露在策略特别好的时候，就增厚了收益；当策略表现不好的时候，也会加大回撤。总体上来讲，相比量化对冲，它的风险大一点、收益预期也高一点。还有一个是量化多头，相比指数增强，它的市场风险要低一级，但是它的收益，从长期来讲也可能会低一级。

所以可以认为，**我们是根据客户不同的收益、风险特征，来用同一套核心策略做出不同的产品类型。**

问题5：关于技术面因子与基本面因子，你们是如何看待这两类因子并有效整合的呢？

房明：一般来讲，技术面因子跟市场的价量关系捆绑得更紧密，兼顾的是交易逻辑，而基本面因子往往长期更为稳定一些，兼顾的是投资逻辑。梳理我们的策略线，在频率高一点的策略当中，技术面会多一些；在频率低一点的策略中，基本面会多一点，多频糅合是非常必要的。

多频糅合会加大策略的平滑性，如果单纯是基本面或是技术面策略，稳定性都会不足。比如从2021年来讲，四月份之前偏中频的基本面策略会更好一些，而五月份之后频率略高一些的价量型策略表现会更好一点。所以这两者组合在一起，总体上来讲会优化产品的波动。我们现在的组合是三分之二偏中高频、三分之一偏中低频，因为长期来看中高频的收益更高，所以我们认为中高频的比例略高一点才是更好。

除了这个平滑波动的问题，如果从宏观上来讲，也涉及一个企业的长期发展。大家都知道过去几年中高频的量化在国内的应用是非常广泛的，有些机构的频率更高，甚至达到年化两百倍。我们现在的中高频并没有那么高，从长期来看，频率越高的策略越是没有容量的。为了成为国际化的量化公司，我们未来的目标管理规模其实还是相对会大一些。如果往那个目标去努力，只有中高频，但仅依赖中高频，最终管理规模是上不去的。

所以公司要长期发展，要在国际上有竞争力，有发展潜力，必须是多频段的组合，多频段同时发展才能到达那个境界。作为一家有雄心、有想法的公司，我们在策略方向上的研发还是有丰富储备的。

问题 6： 请问你们是如何利用短期价差因子的？

房明： 短期价差因子就是捕捉日内级别的波动，我们和传统大家理解的手工交易员利用短期价差做日内交易的不一样，我们日内级别的交易，叫作横截面的日内交易。

什么叫横截面的日内交易呢？它是更短周期的阿尔法交易。可以认为阿尔法是一个打分机制，其实就是选取谁更强、谁更弱的问题。比如，我们的中低频策略会在两到三周当中寻找谁是更强的股票；中高频的策略往往在一周多的时间内寻找谁是最强的股票，或者说在判断未来 20 个交易小时当中，谁的表现会更好一点。而所谓的日内级别的横截面交易，就是在判断未来 4 个小时之内谁表现得更好，它是横向比较的，跟传统手工的 T0 还是有区别的，它是一个更高频度的阿尔法交易。

但这样的交易现在来看，容量还是受限的，未来这并不是我们一个主要的策略研发方向，因为越高频率的策略越难做大，对我们来说，它只是我们掌握的一个策略、方向，并不是我们大范围推广的方向。

问题 7： 你们也很看重舆情因子吗？

房明： 舆情是一个更大范畴的价量因子，舆情本身影响人的交易，也是研究交易行为的一个好的方向、方式和方法，研究舆情一般有两种方法，一种是自己去采集数据、样本，去清洗，然后再对清洗完的数据进行整理和总结；另外一种就是跟很多技术型公司、服务商进行合作，使用一些成熟的、加工好的另类数据。

现在另类数据的运用和未来的深度采集，都是大型量化公司的一个非常重要的方向。我们在这一块还是会花费比较大的精力，现在做量化策略，要做出低相关或者做出一些与众不同的东西，除了策略人员本身的方法论及能力比较强之外，还有很重要的一点就是采集的数据样本要跟其他机构不太一样，这些都是我们比较重视的。

问题8：鸣石投资多策略配置，是如何布局的呢？

房明：我们多策略的配置核心就是具备多策略研发的能力。多策略不断地迭代其实还是挺难的。因为投研团队必须在每个方向上都倾注精力、倾注足够多的人力付出。那么在这点上其实有依赖于一个类似于流水线的、工厂化的研发设置。

当流水线形成之后，每一个环节的研发效能、速度都会变高，比如我们今天有一个新的想法，我要证明它是不是有效，如果没有其他同事的支持，要靠自己的小团队去验证它，也许需要一个月，也许需要两三周，但如果身处流水线的一环，这一环的事情做好，在一两天之内，其他的同事、其他的部门就能快速响应，研发速度自然就变快了。所以**多策略的发展核心就在于具备很高的研发效率，能够支持多策略的迭代。**

问题9：你们对于策略的更新是如何看待的？请结合近期的市场表现谈谈。

房明：策略的更新越来越重要。量化的核心是什么？是通过过去规律的总结去预测未来。如果过去的东西跟未来的东西它们相关性很强，或者说市场处在变化比较慢的节奏当中，那么策略迭代压力会很小，因为它始终是有效的。**如果市场变化得比较快，过去的东西对未来的预测率会下降，就需要不断提取新的数据、不断总结新的规律，以此来更有效地预测市场。**

中国的权益市场在过去几年当中，无论是投资者结构、交易方式还是市场机制，都在不断加速地发生变化。现在量化策略的迭代以及更新要变得更为有效、更为迅速。还是回到刚才那句话，我们如果不把底层的“五环十核”建设好，所谓的适应市场及自我迭代，就是一句空话。

问题10：鸣石投资对于机器学习是如何进行布局的呢？未来有何打算？

房明：**机器学习的上限特别高。人类的智商提升总体上是个稳态，但是AI的提升、科技的提升却是跳跃性的，所以理论上来讲机器学习的上限非常高，未来发展空间非常大。**

但是在发展过程当中，机器学习也有一些不稳定的现象，就是如果过度依赖它，你会发觉：第一，要去纠错、去发现问题、去主动地干预AI，比传统的量化要难一些，因为这是把交易权利、把思考权利交出去了，传统量化可以认为是把交易权利交出去了，但思考的权利并没有交出去，所以充分运用AI就相当于把大脑分出去一部分，那纠正它自然就变得更困难，因为它已不仅是一种交易的手段了。

第二，机器学习本质上来自于公开的算法和模型，而公开的算法和模型你能用，别人也能用，就像安卓系统，可以把它改造成适用于小米，也可以改造成适用于华为，但它始终是安卓，因此它们的相关性就比较高。对机器学习的运用，我们一方面得承认它是一个大方向，得不断地加强其建设，包括超算基地的建设，包括不断地招纳优秀的人才。**但是应用本身也会控制它的权重**。如果过高地采用它、过度地依赖它，那么也就意味着一旦它出现了一些问题，自我纠偏的能力也会下降。我们充分地去拥抱机器学习，但我们不能单独地依靠机器学习。

问题11：你们是如何理解收益与风险控制的呢？

房明：收益和风险是捆绑的。理论上来讲，风险控制不仅决定了你的回撤空间，也决定了你的收益空间，无风险的收益很少，基本上不会存在于这个市场当中，所有的收益都是用承担风险换来的。要做的事情是什么呢？是两件事，第一件事是希望承担的风险能换来足够多的收益，或尽可能用一份风险换来几份收益，这是我们要做的。换句话来讲就是策略的有效性，我们要坚持的是让策略的有效性更高，即所谓的研发工作，核心就在这里。

风控的核心是什么呢？希望用风险换来多份收益。我们可以用一份风险换三份收益，也可以用十份换三十份，用三十份换九十份，甚至用一百份换三百份。这其实不仅是我们面对的问题，也是客户对风险的认知和接受度的问题。

第二件事是我们的产品设计标准的波动，这个波动取决于客户的风险忍耐程度，决定了回撤的空间和收益的上限。我们要保持这个波动，承担的风险不能过大，承担的风险大了回撤也大；承担的风险也不能过小，小了收益也少。我们风控部门是长期对波动性进行监测的，每天收盘和开盘之前都会做工作，对波动性进行监测和调整，如果发生了问题就会马上通知交易组进行处理。这是一个非常重要的环节。

问题12：可以介绍一下鸣石投资在策略容量方面的考虑吗？

房明：首先，我们不算是一个频率特别高的机构，所谓的高频其实也就是一年大概八十倍这个水平，不算特别高频。我们不是容量特别小的机构，或者说这和我们的投资理念有关系，和企业的发展有关系。

我们希望做一家大容量的、能够长期发展的、能够在国际上有竞争力的公司。那么创立这家公司的时候，就不会去开发那些挣快钱的、容量特别小的策略，我们一贯以来就不会在这样的一个方向上投入过大。本质上来讲，我们容量还比较大，现在的策略容纳500亿左右的资金，是没有问题的，甚至乐观一点的话，800亿的资金其实也是可以的。

回过头看，**容量这个事儿，不是判断出来的，而是做出来的。**你觉得你的容量是500亿，是不是一定能在500亿这个水准上保持好的业绩呢？不一定，有可能你的策略被别人复制了，跟别人撞车了。甚至原来容量是500亿，做着做着业绩就下滑到了300亿、400亿。所以真正地处理好容量和策略之间的关系，还是在于如何掌控它。比如在发行产品的时候，要保持一定节奏，不要太快也不要太慢，这样对企业的生命线、对策略的不断完善及稳定性，都会有很大的帮助。

问题13：鸣石投资有深厚的国外量化背景，请问你们如何看待目前的中国市场以及与自己的优势背景相结合的呢？

房明：我觉得从两个方向来看，首先中国的量化私募相比海外的量化私募，处于更年轻的状态。海外的量化私募，无论是人力规模、管理规模，还是策略研发周期，这个时间跨度都要比我们深厚许多。我们还处在追赶和学习的过程中。如果说鸣石海外背景能发挥什么作用的话，就是让我们更加坚定了向世界的头部机构在管理上、在技术上长期学习的方向。我们认为如果连学习别人都没有做到的话，就不要轻易创新，要把那套成熟的东西熟练掌握，就要先有一个做学生的心态。

其次，对中国市场要有一个敬畏的心态，我国的交易制度、量化土壤的生态系统还是有其特殊之处的。中国是全世界第二大金融体，但是国内量化市场还不是很成熟，如果对这个市场不足够敬畏的话，很容易出现“翻车”、不稳定及对投资不利的问题。包括政策面，国内也是对量化这样的新生事物不断地进行思考、不断地进行总结，因此在这方面变化也很多。所以**对中国市场，我们觉得就是一定要加强本土化的研究，一定要抱着敬畏的心态来看待本土化的市场。**

问题 14：公司经过十多年的心路历程，一步步走到今天，最值得分享的经验是什么？

房明：最值得分享的经验就是不要以传统企业的心态来看待投资公司，不要去考虑可能会亏损多少，投资的性价比及安全性，而要始终把投研放在绝对的核心位置，要倾尽所有精力去做投研。一定程度上来讲，要承担投研失败造成的任何经济损失，这样才能在我们市场当中真正地茁壮成长起来。

在我印象当中，鸣石投资有 20 亿管理规模的时候，我们的投研人员有 30 人，当我们达到 100 亿规模的时候，我们的投研人员有 70 人，我们始终把投研放在企业发展最前列，或者说不断增加投研投入。只有超过这个体量应该做的事情，才能在未来的发展中杀出一条血路。

如果为了保住本金的安全，或者保住我现有的投资成果，我仅使几分力来发展，就很有可能会错过投研的发展期，在长期竞争中就掉队。当然全力以赴地投研、全力以赴地付出也有可能失败，乃至血本无归，但是如果要在我们目前这样一个高度内卷的量化行业当中茁壮成长，最终达到我们所谓的企业目标，这些付出是值得的。

问题 15：公司未来发展有什么样的愿景或目标吗？

房明：从管理体制上来讲，是向西方的、成熟的量化公司、对冲基金学习；从品牌建设来讲，是向国内的头部量化公司学习；从未来的人才引进思路及公司的投研发展来讲，是向中国市场本身的特征去寻求答案。换句话说，是学习海外先进的策略、学习同行企业建设及品牌建设方面的知识，同时也向本土化的特征去探索鸣石的道路。我觉得总体是往这三个方向努力，最终的愿景还是力求做中国最好的量化公司。

问题 16：请问你们是如何看待中国量化市场发展和竞争格局的？

房明：中国量化市场其实现在已经处在高速发展的新阶段了。

2015 年之前算是一个低频时代，2016 年之后慢慢进入了高频的进程。到了 2020 年之后，行业格局开始变得多元化，单一的策略已经满足不了市场，而且规模在不断地变大。在新的环境下，要求就变为是不是能建设一家企业级的投资团队，如果仅仅靠有限的几个人在做，那基本上做不大，也没有办法塑造真正的量化品牌及真正的能够成长起来的量化公司。我们认为可以称得上企业级的公司，往往有庞大的、多元的策略线。现在的量化市场竞争主要分为两块，其一，小一点的量化公司，或者说在发展中的量化公司能不能晋升为企业级；其二，企业级的量化公司能不能在现有水平上显出自己新的生命力和动力，而不是靠吃前几年业绩好的老本儿。

我觉得这是一种新型的内卷形态，大家在一条全新的道路上开展了新的进程。我们国家未来的量化行业相比过往没有那么好做了，但是相比成熟市场，还是有很大的发展空间。我觉得可能至多五家到十家，能够做到有品牌的、企业级的量化公司。

问题 17：对于 2021 年下半年及 2022 年的中国股市，鸣石投资有什么样的看法？

房明：如果是从短期涨跌的角度来讲，没有看法，这个不能准确预判。正如我前面所言，不做能力范围以外的事情，做在自己能力边界之内的事。从中国股市本身的发展形态上来讲，相比我们多年以来经历过的周期，我觉得这一轮周期有机会走出 A 股新的道路，就是我们所谓的 A 股的美股化。

不是说只有白马涨，A 股的美股化就是我们 A 股慢慢进入了稳态发展的周期。无论是投资者结构变化、市场机制，还是大国自信，都在往这个方向发展。包括对于量化政策的宽容，或者说对量化政策的理解相比过往都要深很多。所以权益市场短期的波动没人能猜，但是中长期的走势我觉得还是比较乐观。

问题 18：请问鸣石投资，如何才能为客户创造持续盈利的业绩？

房明：第一，按照客户的要求做事。首先在推介产品给客户的时候，要关注的不是哪个更挣钱，而是关注哪个更符合客户的需求，按照客户的要求、风险承担能力等要素去提供对应产品，这本身就是服务客户的最直接、也最重要的一个准则。

第二，也是我们不断强调的，始终把投研放在极其重要的位置。同时，这也是客户最喜欢的。在投研上，越是内卷，客户就越是信服。一定程度上来讲，我们被迫要这样做，我们也必须要这样做。

问题 19：作为一家私募机构，您认为应该为社会创造怎样的“价值”以及如何才能持续创造这样的价值？

房明：市场对于姓“私”的投资机构向来带有一些偏见，确实，姓

“私”的投资机构在过往表现也差劲了一些，鱼龙混杂，少数机构为盈利利用经济发展的周期和阶段性红利坑害了不少普通投资人。

然而量化机构是一个数学形态的投资，是个标准化的投资，它不能说谎，它忠实于公式、数字、数理化本身。如果量化私募能够为我们国家的私募市场提供什么价值的话，或者说我希望，**量化投资机构应该树立品牌，这些品牌是可被认知的、是言行一致的，是长期醉心于投研、更专注于投研的，能够让大家充分地理解到，私营的投资机构也能够为大家提供长期、有效、稳定、可靠的服务**。在目前投资市场当中，量化私募扮演这个角色是比较合理的、合适的。

问题 20：请问鸣石投资参加“蓝海密剑”大赛，是怎样的初心以及有什么期望吗？

房明：从期望和初心来讲，我们不追求奖项。比赛永远奖励前三名，但投资这件事，是不是在前三名，或者说在某一阶段在不在前三名并不重要。**投资是长跑，不是百米赛跑，我们追求的是跨越，不是一次比赛的前三名，在纵横“蓝海密剑”的十次比赛中，鸣石始终稳定地处于中上游**，我们就非常满意了。对于参加比赛我们会抱有平常心，不仅重在参与，而且保持正常的水准，让大家放心，让大家看到我们稳健的表现就可以了。是否要冲在最前面其实并不重要。

闲逸：

交易已成为我精神层面的快乐之源

（2021 年 11 月 3 日，唐正璐访谈整理）

邓衔林简介

昵称闲逸，广东省韶关人，2000 年开始做股票，2010 年接触期货，现专职交易。主观手工交易者，主做波段交易，擅长技术面分析，同时参考部分基本面信息。在第十二届“蓝海密剑”中国对冲基金公开赛上，荣获集团军组第三名。

精彩观点

曲线长期走势总体是震荡向上的就是好的曲线，所以不必过于追求完美的走势图。

想要做好波段获取较大收益，认清中长线趋势非常重要，在顺应大趋势的基础上去把握波段的趋势和一些反弹的机会。

动力煤是本轮上涨最凶猛品种之一，对于上涨超过五浪的强势上涨品种，轻易别去摸头，在疯狂上涨的五浪完成后一旦出现下跌，也千万别参与反弹，因为震荡幅度太大难以把握。只有远离才能避免被来回“打脸”。

作为投资者应该紧跟国家政策，以大局为重。

不管是投资股票还是期货，都应该量力而为，普通人在不了解和认识不深的时候尽量不参与，就算参与也应该是用闲钱或者小资金参与，正常工作和生活才是人生的根本，其他选择应该在维持正常生活的基础上进行。

（对于生猪期货）基本面的改变和作用力需要时间，长期的颓势不可能靠短暂的作用力去改变，时间才是治愈一切问题的良药，所以现在只是技术性反弹的“短暂春天”，反弹之后会反复震荡筑底或者继续寻找底部。

由于没什么钱买股票，又想多赚点钱改善生活，于是就上网查资料开户，正式进入了期货市场。一句话总结，就是贫穷逼迫改行的。

我由初入市场半年爆仓，到做模拟和几千元小资金实盘参与，随后慢慢进入稳定盈利阶段，2013 年以后进入资金高速成长阶段，最近两年进入稳定操控千万资金阶段。

市场行情的变化由投资者情绪所决定，是不固定的，程序化只能把握某一品种某一阶段的行情，我个人认为程序化交易始终达不到高盈利结果。

交易已经成为我精神层面的一个快乐之源，就跟我踢足球一样，是一个兴趣爱好。

期货市场确实是人性的博弈，跟自己的博弈，人最大的劣根性是贪婪与恐惧、固执和自以为是、死不悔改、吃不得亏，这些劣根性会传导到交易习惯中。

一个人只有不断修炼自己，多点爱心和换位思维，把生活中的劣根性去除，才能在期货市场中有更大作为，也才能让自己活得更洒脱。

不建议年轻人以交易为生，只有当一个人在工作中为社会做出一定贡献，积累一定的财富和社会阅历以后，才可能真正在期货市场中有所作为。

对于投资方向一般是走一步看一步，暂时认为以补涨品种逢低做多为主，逢高做空黑色和金属化工。

问题 1：邓衔林先生您好，感谢您在百忙之中与七禾网、东航金融进行深入对话。首先恭喜您获得了第十二届“蓝海密剑”中国对冲基金公开赛集团军组第三名，请问您参与大赛的初衷是什么？除了成绩，您觉得自己还收获了什么？

邓衔林：我的参赛初衷主要是为了检验一下自己的操盘水平大概处于什么级别。

通过参与大赛，能让自己更用心交易，也能看到更多操盘高手的表现。

问题 2：从您的参赛账户【闲逸】来看，盈利能力非常强，不到两年时间累计盈利超 5000 万元，这个成绩是否达到您的目标？或是超乎您的预期？您觉得自己能取得这一成绩的核心原因是什么？

邓衔林：这个成绩已经达到目标，也可能超出预期，因为我没设定真正的目标。

个人觉得取得比较好成绩的核心是心理素质强，善于认错改错。在亏损回调阶段能慢慢调整策略稳住资金，在大机会到来之时能把握住机会大赚一把。

问题 3：近期，【闲逸】的资金曲线又创下新高，主要是抓住了哪些交易机会？

邓衔林：主要抓住了黑色系一波大幅下跌的机会。

问题 4：从图中可以看出，【闲逸】的净值曲线波动幅度非常大，起伏非常明显。请问造成净值曲线大幅度起落的原因是什么？您可容忍的回撤幅度是多少？

邓衔林：大幅度起落的原因是在某一波行情结束时操作思维未能及时做出调整，还是保持原有单边思维。

我一般能容忍50%左右的回撤幅度。

问题5：面对这样的曲线，您的心态会不会有影响？后面会对自己交易方法进行调整和优化吗？

邓衔林：会有短暂的心理影响，然后及时调整心态，清理仓位，进行反省，重新调整好心态后开新的仓单。未来交易方法不会改变，及时认错的执行要加强。

问题6：也请您谈谈，在这些大赚大亏的经历中，哪几笔交易让您印象最为深刻？

邓衔林：2020年3月30日的螺纹空单，方向做反，止损不及时和不坚决，亏损扩大造成资金回撤很大，之后才下决心清仓，再一次领悟到出现大亏及时止损的重要性。

问题7：期市上不少投资者都在追求平稳上升的资金曲线，甚至有些人表示资金曲线代表着投资者的成熟度。当然也有投资者称，做交易的目标是赚取收益，不用太在乎资金曲线的波动。您如何看待这两种观点？

邓衔林：风险与收益很多时候是成正比的，追求平稳上升的曲线，首先要回避一定风险，自然也可能放弃了一些机会。如果你的心理能承受也准备承受一些大风险的时候，可能也就多了些能赚大钱的机会。按照你所能控制和承受的资金波动去计划操作，超出预期后能及时改正，这才是重点。**曲线长期走势总体是震荡向上的就是好的曲线，所以不必过于追求完美的走势图。**

问题8：在期货交易上，您以波段交易为主，那么您一般抓取多长时间、多大幅度的波段？一笔单子进场后，持仓时间的长短主要依据哪些方面来判断？平均来看，一笔单子持仓多长时间？

邓衔林：我是波段交易思维结合短线操作，持仓时间不固定，一般十个交易日左右，盈利幅度不固定，赚多少是多少，一般会分析行情可能短期方向要结束了就先出来。持仓主要依据是单边方向这波行情力度减小有结束迹象就离场。

问题9：有投资者表示，波段交易像是中庸之道，既不依赖于很少出现的中长线趋势行情，也不依赖于必须要有很高的胜率，所以它的适应性较强，交易机会较多。您认同这样的观点吗？就您来看，想要做好波段交易，想要在一个波段中获得更多的收益，要点在哪里？

邓衔林：既认可，也不完全认同。**想要做好波段获取较大收益，认清中长线趋势非常重要，在顺应大趋势的基础上去把握波段的趋势和一些反弹的机会。**

问题10：在交易上，您以技术面分析为主，基本面做参考。请问您主要用哪些技术分析方法、看哪些指标或者形态、关注多大的K线周期？基本面主要参考哪些信息？

邓衔林：主要根据波浪理论去把握机会，我一般做突破形态的行情，以看日线图和分时图为主。其实我觉得我的技术比较粗糙，在把握大方向的基础上凭感觉下单，经常会割肉止损。

基本面主要看一些财经新闻，了解国家最近出了什么大的政策，例如加息之类或者行业调控之类的政策。

问题11：在标的的选择上，您主要做比较活跃且持仓量比较大的品种，那您一般同时做多少个品种？每个品种的仓位和整体的账户仓位是如何控制的？

邓衔林：一般会做五六个品种，每个品种资金15%左右，有的重点品种20%多。一般账户资金使用会达到90%以上，当某一品种出现大亏后会及时割肉减仓来保证有资金闲余。

问题12：近段时间，煤化工等期货品种的波动非常大，行情走势也非常流畅。这些品种的交易机会您是否有捕捉到？对于煤化工期货后期的行情走势，您如何判断？

邓衔林：煤化工上涨初期我没怎么认真关注，涨上来以后我对于它们持续上涨的信心不足，所以没有参与。煤化工后面出现倒V形走势证明了其上涨泡沫成分大，已经形成了阶段性头部。

问题13：动力煤期货的倒V形走势，让前期不少投资者因为过早判断高点做空被血洗，又让后期不少投资者因为追高被突如其来的反转血洗。您怎么看待这样的情况？面对这样的行情时，以您的经验来看应该怎么操作才能避免被行情来回"打脸"？在交易中您又是如何设置入场点和出场点的？

邓衔林：动力煤是本轮上涨最凶猛品种之一，对于上涨超过五浪的强势上涨品种，轻易别去摸头，在疯狂上涨的五浪完成后一旦出现下跌，也千万别参与反弹，因为震荡幅度太大难以把握。只有远离才能避免被来回"打脸"。

问题14：近期国家针对动力煤出台了一系列措施，包括交易所也提高了动力煤期货的交易保证金和交易手续费，这对投资者来说交易成本非常大，不少投资者对动力煤这个品种都有了些悲观的看法，甚至有投资者提议让动力煤期货退市。对此，您如何看？

邓衔林：既然国家出手调控，说明动力煤近期走势影响到了国家的用煤安全，那么我们**作为投资者应该紧跟国家政策，以大局为重**，短期不参与交易，等国际环境稳定了交易所自然会逐步放开恢复到正常交易状态。**动力煤期货的存在肯定有其积极的作用，市场会做出决定，有那么多可交易的品种，我们不用纠结于某一品种，积极参与到适合交易的品种中，等动力煤恢复正常了，有盈利机会了，我们再考虑是否参与其中。**

问题15：短短十几个交易日，动力煤期货就从1980点跌到900点，很多老期货都说这在自己的交易历史上是从未有过的。由于波动过大，市场也开始出现一些不理性的声音，甚至有些人借此将期货"妖魔化"。您作为期货市场11年的老兵，通过期货也赚了不少财富，那么您眼中的期货是什么？是否建议普通人接触期货？或者将期货作为自己的投资配置？

邓衔林：期货对于社会主义市场经济来说有其特殊的功能和作用，对于

投资者来说只是多了一种投资选择，最终是否参与由个人思想观念所决定。我个人认为不管是投资股票还是期货，都应该量力而为，普通人在不了解和认识不深的时候尽量不参与，就算参与也应该是用闲钱或者小资金参与，正常工作和生活才是人生的根本，其他选择应该在维持正常生活的基础上进行。

问题16：这两天“囤物资”话题引爆关注，全国部分城市出现盲目抢购囤货潮，就您看来，这对一些农产品期货来说会不会有机会？

邓衔林：也许会出现短暂的日内投机机会，但长期需求趋势并没有改变，因为人的长期需求基本没变化多少。

问题17：再聊聊生猪期货，按照四年的猪周期来说现在还没到，但是不管从国家政策层面还是从市场上的一些信号来看，猪肉已经探底回升了，这是否意味着这一轮猪周期已经结束，进入了上涨周期？还是说只迎来了“短暂春天”？

邓衔林：基本面的改变和作用力需要时间，长期的颓势不可能靠短暂的作用力去改变，时间才是治愈一切问题的良药，所以现在只是技术性反弹的“短暂春天”，反弹之后会反复震荡筑底或者继续寻找底部。

问题18：据了解，您曾是一名工业自动化系统运维工程师，2000年开始做股票，2010年开始做期货。请问是怎样的机缘巧合使您进入股票市场？为何做了10年股票后转而做期货？

邓衔林：我以前工作单位属于国企，由于公司股票发行上市配售了职工股，因此进入了股票市场。

在股票市场亏亏赚赚没赚到什么钱，后面看到新闻报道武汉一女期货投资者投资5万元做豆油期货，资金做到1000多万元后又回到5万元的故事，于是对期货有了初步印象。后面由于没什么钱买股票，又想多赚点钱改善生活，于是就上网查资料开户，正式进入了期货市场。一句话总结，就是贫穷逼迫改行的。

问题19：有投资者认为，对于新手来说，期货比股票风险大；而对老手来说，股票比期货风险大。您怎么看待这样的观点？您觉得两者之间谁更难盈利？

邓衔林：期货具有比较大的杠杆作用，作为一个懂得控制风险的老手来说，期货市场有更多的交易机会，把握好了就具备更多的赚钱机会。而中国股票市场过去是牛短熊长，所以对于大部分想快点赚钱的投资者来说能赚钱的交易机会比较少，熊市时间长参与进去就容易亏损，所以感觉上可能风险更大。对于新手来说交易机会多，但对应的亏损机会也多，新手做期货相对于做股票的危险性更大些。**认知提高了，操盘能力提高了，两个市场都能赚钱，没有能力，哪个市场都难赚钱。正应了一句哲语：一个人所能掌控的财富与能力是相匹配的，否则靠运气得来的财富很快会因实力亏掉。**

问题20：您也做了近11年的期货，就您看来这11年间期货市场的行情走势特点、投资者结构等方面主要发生了哪些变化？您自己又经历了哪些阶段？

邓衔林：商品这十年左右经历了由空转多，熊市到牛市的变化。可交易的品种和持仓量都翻倍增加，能容纳更多大资金的参与。**我由初入市场半年爆仓，到做模拟和几千元小资金实盘参与，随后慢慢进入稳定盈利阶段，2013年以后进入资金高速成长阶段，最近两年进入稳定操控千万资金阶段。**

问题21：如今市场上越来越多投资者转为程序化交易。您之前是工业自动化系统运维工程师，一般来说在程序化的运用上可能比其他投资者更有优势一些，但您目前仍是手工交易。请问您坚持采用手工交易的原因是什么？后续会转为程序化交易吗？

邓衔林：市场行情的变化由投资者情绪所决定，是不固定的，程序化只能把握某一品种某一阶段的行情，我个人认为程序化交易始终达不到高盈利结果。最主要是**交易已经成为我精神层面的一个快乐之源，就跟我踢足球一样，是一个兴趣爱好，所以暂时没有程序化交易的想法。**

问题22：七禾网采访过不少投资者，不少人认为做好交易的最大困难就是人性。您也认为期货市场是人性的博弈，只有不断修炼心性开拓格局，才能走得更远更高。那么，您会如何克服交易中的人性弱点？如何修炼自己的心性？

邓衔林：期货市场确实是人性的博弈，跟自己的博弈，人最大的劣根性是贪婪与恐惧、固执和自以为是、死不悔改、贪小便宜、吃不得亏，这些劣根性会传导到交易习惯中。例如持仓短期盈利非常大甚至会翻倍，如果心里还想着继续翻倍，就属于贪婪的体现。又如我们多头持仓，但行情已经到了慢慢震荡筑底阶段，就差最后加速一跌。本来知道是最后一跌，但由于内心恐惧于是割肉了，这就是恐惧的体现。

贪小便宜的体现就是你看好一个突破行情，由于价格打少了没成交，不愿意再加多点钱成交，最终错失了一波看好的行情。吃不得亏体现在你的单子进去后方向错误，认识到错了但是由于有小亏损而不愿意割肉，最终被套牢。

固执和自以为是，死不悔改的体现是看好某一品种要从 5000 元涨到 10000 元，但这个品种涨到 8000 元就头部形成转势了，此时若不去认真分析实际走势做出新的决断就成为死多头或者死空头。

一个人只有不断修炼自己，多点爱心和换位思维，把生活中的劣根性去除，才能在期货市场中有更大作为，也才能让自己活得更洒脱。

问题 23：不少刚做交易的人，都有一个梦想，以交易为生，实现财富自由。作为达成这一成就的投资者，您有什么建议分享给这些期市新手？就您看来，期货投资者要以交易为生，需要做好哪些准备？

邓衔林：不建议年轻人以交易为生，只有当一个人在工作中为社会做出一定贡献，积累一定的财富和社会阅历以后，才可能真正在期货市场中有所作为。没有基层工作的磨炼，大部分人是很难修炼好人性的。

问题 24：还有一个多月就进入 2022 年了，请谈谈您 2022 年的投资方向，您会往哪个方向发力？

邓衔林：资金做大后我会以稳为主，所以**对于投资方向一般是走一步看一步，暂时认为以补涨品种逢低做多为主，逢高做空黑色和金属化工。**

问题 25：最后一个问题，作为参赛者，“蓝海密剑”大赛给您最直观的感受是什么？您觉得“蓝海密剑”大赛还有哪些需要改进和完善的地方？

邓衔林：“蓝海密剑”大赛让人热血沸腾、激情澎湃，相信每个投资者都能在这找到自己的舞台。

弈泰资产：

资产配置多元化是投资的唯一免费午餐

（2021 年 11 月 4 日，李烨访谈整理）

胡志刚

普林斯顿大学电子工程学博士，2009 年创立美国 E TIGER CAPITAL MANAGEMENT，LLC，现任上海弈泰资产总经理、首席投资官。8 年人工智能及自动控制学习及研究经验；9 年计算机芯片研究及设计经验；10 年海外量化交易策略和系统开发经验；拥有 15 项美国发明专利。入选首届新财富中国最佳私募证券投资经理50强，获“蓝海密剑”中国私募基金创富榜优秀选手等多项荣誉。

弈泰资产由国内外金融量化投资领域有着长期实践经验和卓越业绩的管理团队共同创建，坚持并专注于量化投资的理念模式，有着强大的数据挖掘、统计分析和软件开发能力。

精彩观点

要让量化私募的业绩不断走强，最根本的方法，一是回归量化研究的本质，着力加强公司的理论研究和实战能力；二是坚守稳健投资的本质，从市场中努力找到更多低相关的收益来源，通过组合来获得稳定的长期收益。

我们CTA产品主要涵盖中低频的趋势、反转、对冲和套利等策略，而我们的高频类固收产品则以高频股指套利、期权套利等策略为主。

国内股票市场容量极大，是量化私募扩充规模的不二之选。

量化交易的核心，是尝试以量化的语言、特征、模型和规律来解释和预测金融市场过去和未来的走向，并将这些预测应用到交易中获取收益。

量化基金的爆发只是量化投资上升到比较合理比例的正常发展进程。

市场交易量大，说明市场短周期的有效性比较差，给量化投资带来了盈利机会。

如果市场交易量过大，会吸引更多的量化交易者参与其中，他们之间的竞争会分摊和削薄短线交易的利润，从而淘汰较弱的交易者。

我们的核心竞争力，是以科学研究的态度，坚持不懈地探索新知识和新方法，让弈泰成为金融市场中的贝尔实验室和IBM研究所。

国内金融资产在房地产市场上配置偏高，在股市偏低，因而我们对证券类私募管理机构的前景非常看好。

问题1：胡总您好，感谢您在百忙之中与七禾网、东航金融进行深入对话。在进入投资领域之前，您曾在全球著名的贝尔实验室实习，并有着5年在IBM T. J. WATSON的研究经验，是什么原因让您决定跨行投身进入金融市场？这两段经历为您日后的投资带来了哪些帮助？

胡志刚：感谢七禾网、东航金融提供这个交流和学习的机会。我博士期间研究的是低功耗芯片设计，在贝尔实验室和 IBM 研究所参与的是通用芯片的体系结构设计项目。每一代通用芯片，从研发到应用，一般都需要成百上千位工程师，需要 10 年左右的开发周期。

和芯片设计不同，金融行业尤其是量化投资，如果动手能力足够强，从有创新性的想法，到落地交易兑现，可能只需要一个人，几分钟的时间。它能相对独立地快速证实自己的想法，这是我跨行投身金融行业的主要原因。从研究芯片到研究市场，很多工具、方法以及方法论都是相通的，只是应用场景不同。

问题 2：2021 年市场跌宕起伏，热点转换频繁，不少在 2020 年获得优异成绩的机构表现都不尽如人意，而弈泰旗下大部分产品依旧十分稳健，请问贵司能够让业绩不断走强的能力主要体现在哪些方面？

胡志刚：业绩是公司内部研发能力在金融市场中的投射。**要让量化私募的业绩不断走强，最根本的方法，一是回归量化研究的本质，着力加强公司的理论研究和实战能力；二是坚守稳健投资的本质，从市场中努力找到更多低相关的收益来源，通过组合来获得稳定的长期收益。**

问题 3：贵司在期货市场上主要运用哪几个策略？策略的盈利逻辑是什么？

胡志刚：策略可以按不同维度分类，比如按频度可以分成高、中、低频；按策略逻辑可以分成趋势、反转、对冲、套利、做市，等等；按标的特征可以分成时序和截面，等等。**我们 CTA 产品主要涵盖中低频的趋势、反转、对冲和套利等策略，而我们的高频类固收产品则以高频股指套利、期权套利等策略为主。**

我们努力获取各个主要市场的 ALPHA 和 BETA 收益，以及市场交易制度包含的低风险或无风险收益。

问题 4：相较于期货，股票投资在二级市场中的比重更高，弈泰资产在股票市场是如何布局的？未来有着怎样的规划？

胡志刚：**国内股票市场容量极大，是量化私募扩充规模的不二之选。**我们在股票市场中，主要研发多头选股策略，指数增强策略以及量化对冲策略。首先，我们聚焦于量价信息和中高频选股，然后再拓展到基本面研究，从而以更低的频率获得更大的策略容量。

问题5：弈泰资产精于量化策略，就您看来，量化交易的核心是什么？

胡志刚：**量化交易的核心，是尝试以量化的语言、特征、模型和规律来解释和预测金融市场过去和未来的走向，并将这些预测应用到交易中获取收益。**

问题6：2021年，随着规模和业绩的双双爆发，沉寂已久的量化基金脱颖而出，受到了投资的热烈追捧。在您看来，量化基金缘何大放异彩？

胡志刚：量化投资发源于美国，经过几十年的发展，已经成长为和基本面投资、宏观投资等并驾齐驱的投资方法。在海外，无论从管理规模还是交易量来看，量化投资都至少占有20%~30%的比重。

国内量化投资起步于2012年左右，其在国内投资中的占比也是从无到有，在小于5%之前都并不引人注目。这两年的市场环境有利于量化投资，头部量化私募厚积薄发获得了优秀的业绩，因而引起市场瞩目，大规模爆发。从历史角度来看，**量化基金的爆发只是量化投资上升到比较合理比例的正常发展进程。**

问题7：2021年下半年，随着日均成交额和量化投资占比的明显提升，“市场交易量大是否由量化引起”的问题引发了广泛讨论，您如何看待量化投资对市场带来的影响？

胡志刚：**市场交易量大，说明市场短周期的有效性比较差，给量化投资带来了盈利机会。**大的交易量本身并不是什么问题，反倒提高了市场活跃度和流动性，是有利于全市场投资者的。而且，**如果市场交易量过大，会吸引更多的量化交易者参与其中，他们之间的竞争会分摊和削薄短线交易的利润，从而淘汰较弱的交易者。**所以市场本身就像大自然的生态环境一样，会不断演变并达到平衡状态。

问题8：近两年，依靠单策略的量化机构被市场不断淘汰，多策略、全频段已经成为市场的共识。您觉得量化投资机构应如何保持策略的快速迭代？

胡志刚：量化投资机构要保持策略的快速迭代，首先要有配套的管理制度和组织架构，其次要有相应的迭代方法和方法论，最后要有打持久战的心理准备和物质准备。

问题9： 贵司的投资理念是“资产配置多元化是投资的唯一免费午餐”，这句话要如何理解？

胡志刚： 虽然在所有市场中，尤其是在不太成熟的市场中，总是有一些结构性或制度性漏洞，可以带来低风险甚至无风险的高收益。但长期来看，随着市场的成熟，所有单类资产或单个策略都因为盈亏同源，而难以获得令人满意的风险收益比。在这种情况下，把投资分散到低相关性的多元化资产和多样化策略中去是获得更高风险收益比的有效方法。

问题10： 近年来，有不少国内私募机构引入了海外的投资团队，但“水土不服”的现象多有发生。同为“海归”，您在这方面就与国内市场融合得很好，此前也获得过“首届新财富中国最佳私募证券投资经理50强”等多项荣誉。对此，您有何经验与我们分享？

胡志刚： 在“海归”与国内市场融合的过程中，既要应用和发挥从国外学到的先进方法和投资理念，又要脚踏实地，从每一个经验和教训中汲取营养。这可能是个比较漫长的过程，需要有耐心和毅力，一直坚持到胜利。

问题11： 近几年，弈泰资产硕果累累，拿到了业内多个奖项，在公募、私募竞争日益激烈的当下，贵司的核心竞争力是什么？

胡志刚： 我们希望通过扎实而全面的研究，努力在市场中不断找出新的收益来源，然后把它们组合起来，获取稳健的投资收益。**我们的核心竞争力，是以科学研究的态度，坚持不懈地探索新知识和新方法，让弈泰成为金融市场中的贝尔实验室和IBM研究所。**

问题12： 对私募机构来说，打造一支优秀的团队离不开对人才的培养，弈泰资产在吸引人才和培养人才方面是如何做的？目前公司现有的团队情况如何？

胡志刚： 弈泰致力于打造一支团结互助、分工协作的多元化投资团队，研发出覆盖全市场、全品种的低相关性多样化策略，为客户提供可定制的高风险收益比产品。

公司目前拥有31名全职投研人员，12名基金经理。投研成员均毕业于国内外顶尖高校，其中博士、硕士占比90%以上。投研人员均来自普林斯顿大学、马里兰大学、石溪大学、荷兰蒂尔堡大学、巴黎第十二大学、悉尼大学等海外名校，以及中国科技大学、华中科技大学、复旦大学、上海交通大学、东南大学、香港中文大学等国内知名高校的数学、物理、统计、金融工程及计算机专业。投研人员中 6 成以上具备海外量化交易背景，近 4 成具有国内券商、公募、交易所等金融机构的从业经验。

问题 13：入市多年，您如何理解这个市场？在这几年的交易中，您又有何感悟？

胡志刚：总体来看，**国内金融资产在房地产市场上配置偏高，在股市偏低，因而我们对证券类私募管理机构的前景非常看好。**

问题 14：贵司参与了东航金融“蓝海密剑”实盘大赛并取得了不错的成绩，您对本次大赛有何期许？

胡志刚：祝东航金融“蓝海密剑”实盘大赛越办越好，也期待我们可以获得更好的成绩，更重要的是为信任和支持弈泰的投资者提供良好的投资回报。

思勰投资：

3~5 年，量化策略仍可获得超额收益

（2021 年 11 月 18 日，翁建平访谈整理）

陈磐颖

思勰投资的创始合伙人兼投资总监，拥有马里兰大学物理学博士学位，北京大学物理学学士学位。负责公司的投资管理与策略开发业务，拥有 12 年在中国及美国从事量化投资管理经验；擅长各类量化策略开发与产品定价模型，在创立思勰投资前曾在德邵集团（D. E. SHAW）期货量化交易部负责量化策略开发，在此之前曾在美国高盛银行衍生品分析部门工作。

精彩观点

始终坚持把现有的产品做好去扩大规模，而不是靠频繁地发行新基金。

2018 年中旬的时候，整个中国市场价量化的管理规模可能也就是 500 亿元，但是短短的 3 年过去，整个量化的规模已经到了 10000 亿元，也就是说管理规模整整翻了 20 倍，这是投资人用脚投票的结果。

中国市场量化类机构的占比远远没有达到成熟市场的比例。

量化策略的黄金时代远还没有到结束的时候，在中国现在的环境下，整个量化还具备全球最好的 ALPHA。

中国有最好的交易环境、交易土壤，因为我们的交易市场有足够的非理性的投资人。从中短期（3~5 年）来看，量化凭借技术和策略的优势仍旧可以在中国市场上（无论股票还是期货）获得明显的超额收益，从更长的时间维度来看，更强的超额收益来源于自身的积累，而这种积累的背后必然是对团队能力的考验。

量化私募的超额收益一定会逐步下降，参照国外成熟市场的经验，这是一个不可逆的趋势。

量化主要赚取的是市场错误定价的收益，主要赚交易的钱。

量化交易的风险在于胜率不可能是 100%。

思勰投资的事前风控包括：投资研究、回测分析、逐级审批、风控法审；事中风控包括：文档管理、指标监控、持仓设置、止损设置；事后风控包括：交易报告、归因分析、压力测试、信息披露。

思勰 CTA 策略属于短周期 CTA，通过统计量化的手段对各类价量数据进行挖掘，得到有效的指标，从而执行交易，具有持有期货品种分散度高、持有时间短（10 分钟至几天）、在市场波动较大或者趋势性较为明显时期会有较好收益三大特点。

任何策略都有周期性，市场上没有常胜将军，想要保持长期稳健的投资收益需要管理人强大的策略升级迭代的能力，这离不开管理人对更高的算力、更精细化的模型和更强的投研团队的投入。

公司 CTA 策略产品保证金比例为 20%，在品种仓位的设置上，公司 CTA 策略持有期货品种分散度高，单品种仓位一般情况下不超过 5%，极端情况下不超过10%。预测模型每20分钟预测一次品种价格，加减仓根据预测模型和优化模型实时调整仓位。

问题1：陈总您好，感谢您在百忙之中与七禾网、东航金融进行深入对话。首先恭喜贵公司在本届“蓝海密剑”大赛中获奖，贵公司也参加过很多大赛，请问您怎么看待“蓝海密剑”大赛？在大赛中有何收获？

陈磐颖：**“蓝海密剑”大赛不但检验筛选出一批交易成绩优异稳定的私募机构，又能促进行业的推广与发展，在业内广受认可。**思勰作为参赛者，不仅收获了与同行交流沟通、相互探讨学习的机会，同时在参与过程中不断自我完善和进步。另外，通过大赛，思勰有了展示自我投资交易能力的舞台，让更多投资者了解、认可思勰这家机构。祝愿交易大赛越办越好。

问题2：据了解，思勰投资的资产管理规模只用了5年就达到了50亿元，在您看来，公司管理规模的快速增长靠的是什么？

陈磐颖：**靠优异稳定的业绩以及公司始终坚持把现有的产品做好去扩大规模，而不是靠频繁地发行新基金，这样才能实现资产管理规模的稳步增长。**

问题3：近年来，国内涌现了多家百亿量化私募，目前量化私募管理规模已突破万亿元大关，请问这几年国内量化市场为何发展迅速？

陈磐颖：对于量化来说，优势在哪里？第一是可以更理性客观地去评估投资决策；第二就是随着计算机行业的发展，随着算力的发展，使得大数据的驱动成为可能。真正可以用到数据驱动，或者用大数据驱动，这对于量化投资策略是非常有益的优势。

近几年，凭借自身积累、叠加良好的市场环境，量化产品的表现非常亮眼，为投资人贡献了可观收益，让投资者有比较好的投资体验。我们也做了统计，**2018年中旬的时候，整个中国市场价量化的管理规模可能也就是500亿元，但是短短的3年过去，整个量化的规模已经到了10000亿元，也就是说管理规模整整翻了20倍，这是投资人用脚投票的结果。**

问题4：您在华尔街工作多年，在您看来，国内量化市场和国外量化市场的差距在哪里？您对国内量化市场的前景是否看好？

陈磐颖：对于国内量化投资的未来投资机会与发展趋势，不可否认的一个事实是量化策略未来的竞争会越来越激烈，如果一个简单量化不能迅速迭代那么必将很快被市场抛弃。

但是也要看到**中国市场量化类机构的占比远远没有达到成熟市场的比例**。我们认为**量化策略的黄金时代远还没有到结束的时候，在中国现在的环境下，整个量化还具备全球最好的 ALPHA**。相比美国市场，我们整个交易占比在全球化的交易占比中还是足够低的。我们知道这个交易占比将来一定会被提上去。**中国有最好的交易环境、交易土壤，因为我们的交易市场有足够的非理性的投资人。从中短期（3~5 年）来看，量化凭借技术和策略的优势仍旧可以在中国市场上（无论股票还是期货）获得明显的超额收益，从更长的时间维度来看，更强的超额收益来源于自身的积累，而这种积累的背后必然是对团队能力的考验。**

因此，我们同样要拥抱量化投资的黄金时代，可能 10 年、20 年之后才知道量化真正怎么做。而现在三五年之内真的是量化非常美好的时期。

问题 5：随着国内金融市场的开放，海外顶级量化私募进入国内，机构博弈的特征越来越明显，赚钱会不会越来越难？国内量化私募机构该如何应对？

陈磐颖：随着市场机构投资者比例的不断提高、量化类私募规模的不断增长，市场上非理性的波动越来越少，**量化私募的超额收益一定会逐步下降，参照国外成熟市场的经验，这是一个不可逆的趋势**。如何保持当下的超额水平，或者使其下降的速度尽可能放缓，是所有量化管理人所共同面临的问题。

至于接下来的超额在哪里，不同的管理人有不同的做法，有的采取放开敞口拥抱波动，有的全面拥抱机器学习从线性模型往非线性模型甚至更复杂的模型转变，也有的开始尝试与主观研究相结合。但不管采取哪种做法，都离不开对更高的算力、更精细化的模型和更强的投研团队的投入。

问题 6：伴随着量化投资的狂飙猛进，市场的猜测和质疑声也越来越多，2021 年以来市场波动加大，是否真是由量化投资引发的？

陈磐颖：关于市场波动加大是由量化投资引发的说法其实并不成立。以东方财富全 A 为例：

2001—2010 年，东方财富全 A 年化波动率为 28%，2011—2017 年，年化波动率为 22%，2018—2021 年，年化波动率为 19%，可以看出在2018—2021 年量化从 1000 亿元发展到 1 万亿元的时间内，市场波动率非但没有提高，反而是进一步下降了。这个其实很好理解，散户的追涨杀跌会加大市场的波动，而追涨杀跌往往导致亏损，所以反过来追跌杀涨就能赚钱，同时也就降低了市场的波动。

问题7：当市场风格剧烈切换时，量化投资能否及时调整策略并控制好回撤？

陈磐颖：思勰投资自2016年成立以来，无论是CTA策略还是股票量化策略，始终坚持自己的风格不漂移，这是因为我们认为盈亏是同源的。

量化主要赚取的是市场错误定价的收益，主要赚交易的钱。一般来讲，量化投资适合市场交投活跃、热点分散的行情，而在二八行情等只有极少数股票上涨的情况下往往主观可能更有优势。因此，当市场风格剧烈切换时，公司会适当降低量价因子的比重，提高基本面因子的比重来控制短期回撤。

问题8：不可否认的是，量化交易也有自身的劣势，在您看来，量化交易有哪些劣势？

陈磐颖：量化交易的劣势之一是策略容量的限制，随着策略规模的上升，交易冲击成本相应上升，这使得策略容量达到一定规模后，策略收益率边际递减，因此控制好策略的容量变得很重要。**劣势之二是利润无法最大化**，由于量化交易频率较高，中间多次平仓操作，利润肯定会输给一直持仓度过完整趋势赚取的利润。

问题9：还有，量化交易也会有一定的风险吗？主要有哪些风险？

陈磐颖：量化交易的风险在于胜率不可能是100%，每一笔交易都有胜有负，交易盈利的关键在于经过足够的交易次数赚取足够的利润来抹平亏损并且盈利，因此量化交易也是有亏损的风险的。

问题10：思勰投资在事前，事中，事后都有风控措施，请问各个环节的风控都会采取哪些措施？

陈磐颖：作为一家追求长期持续收益的私募，风险控制的制度建设、流程建设是重中之重。除了策略系统和交易系统以外，思勰投资还独立自主开发了风控系统。思勰投资采取事前、事中、事后分层递进的风险管理措施，**思勰投资的事前风控包括：投资研究、回测分析、逐级审批、风控法审；事中风控包括：文档管理、指标监控、持仓设置、止损设置；事后风控包括：**

交易报告、归因分析、压力测试、信息披露。投资决策、交易、风险控制流程坚持"相互独立"的风险管控原则，针对市场风险、操作风险、流动性风险分别制定了详细的监控流程。同时，思勰投资设立风险管理部门，负责公司的全面风险管理，具有相对的独立性和权威性，有权对业务部门内部风险管理进行协调、监督和检查。从实际效果上来看，思勰投资旗下的各类产品在追求收益的同时，很好地控制了回撤，本次获奖也是对思勰投资风控能力的一种认可。

问题11：思勰投资做交易的时候会考虑基本面的情况吗？您对基本面分析怎么看？

陈磐颖：基本面分析和量化分析是相辅相成的，除传统的量价信号，公司同时开发了基本面信号并应用于ALPHA策略。从历史回测结果看，经两个维度结合筛选得到的组合取得的年化收益率优于单一维度，这也充分体现了策略升级迭代的重要性。

问题12：用真正科学的方法做交易，这是贵公司的口号，请问您说的科学方法是指什么？

陈磐颖：科学方法是指在市场不完全有效的情况下，依靠先进的人工智能技术，强大的IT能力，通过机器学习从历史数据挖掘出有效的ALPHA，经过足够的交易次数后保持长期稳健的投资收益。

问题13：作为一家专注于量化CTA的私募，请您从多策略和资产配置的角度谈一谈CTA策略的价值。

陈磐颖：CTA策略在熊市和牛市均表现良好，特别是由于其与股票市场的低相关性，使得其在股票市场处于危机时表现良好。从资产配置的角度讲，作为更少暴露于市场下跌和市场周期的风险中的投资策略，**CTA策略是明显对投资者有利的分散投资组合风险的工具，增加有效的CTA策略可以增加产品的收益风险比**。从多策略的角度讲，多策略可能是量化机构长期发展的趋势，但是多策略也会使产品的特性更加无法分析与把握，因此更加适合已经具备很强的客户基础的大机构。

问题14：思勰投资的CTA策略是否会跟其他私募机构有所区别？

陈磐颖：思勰CTA策略同其他私募机构的产品相关性比较低。**思勰CTA**

策略属于短周期 CTA，通过统计量化的手段对各类价量数据进行挖掘，得到有效的指标，从而执行交易，具有持有期货品种分散度高、持有时间短（10 分钟至几天）、在市场波动较大或者趋势性较为明显时期会有较好收益三大特点。

问题 15：开发交易策略和模型是 CTA 投资的重中之重，一个交易策略从开发到实盘，需要符合哪些条件、经历哪些步骤和过程？

陈磐颖：简单来说就是通过对数据的挖掘寻找交易策略，并通过数据代入构建投资组合模型。**具体可以描述为：市场研究、投资理念产生→逻辑假设→依据假设建立模型（新的策略信号研发一般 2 周到 1 个月）→针对模型进行独立回测检验→①若满足条件，安排模拟盘交易，验证策略；②若测试结果不符合条件，则重新研究→模拟盘测试结果若符合公司的发展要求以及对其进行风险评估，则开始实施实盘交易计划。最终将根据具体策略信号贡献情况分析，决定是否纳入实际策略运作。**

问题 16：除了 CTA 策略，贵公司还有哪些策略？

陈磐颖：除了 CTA 策略，随着公司的发展壮大和策略迭代创新，**从 2018 年开始，思勰投资开始酝酿和布局股票类产品线，包括指数增强策略、大数据选股策略、股票多空配置等。**

思勰指数增强策略是在追踪对标股市基准指数前提下，高频 ALPHA 和 T0 有机结合，通过频繁换仓，密集捕捉交易机会，获取非完全有效市场短期定价错误的超额收益。简单来说，思勰的指数增强策略的超额主要来自于自己擅长的高频 ALPHA 以及程序化 T0，积少成多，聚沙成塔。

思勰大数据选股策略则是不对标宽基指数，通过另类因子和基本面因子的深度挖掘，对细分行业和个股建模，得到目标持仓，获取收益。

思勰股票多空策略是指数增强策略+股指 CTA，在赚取选股阿尔法收益（α）+市场长期贝塔收益（β）的同时，通过股指 CTA 择时，平滑波动。

问题 17：在众多策略中，2021 年表现比较好的策略有哪些？整体业绩表现如何？

陈磐颖：2021 年思勰的量化指数增强产品策略表现较为突出。2021 年，市场风格的极端切换让主观多头举步维艰，而量化指数增强策略凭借与生俱来的系统性、纪律性、分散性，大放异彩，超额收益做到10%、20%的产品比比皆是。在这样的激烈竞争中，思勰的中证500指数增强旗舰产品，2021年收益在股票策略中居于业内前10%（私募排排网数据），收益回撤比超过10，年化费前超额ALPHA对比其他量化机构同策略产品同样处于头部地位，无论是绝对收益还是收益回撤比均可比肩其他顶级量化机构。再加上思勰ALPHA与其他同行的ALPHA策略一直保持着低相关性，独具特色，在业内一直享有口碑。

同时，策略的风控是检验策略生存力最真实有效的手段。在这个风云变幻的投资世界，风险是永恒，也是必然。2021年2月春节前后，正是这样一个市场剧烈震荡的时间段，泥沙俱下，哀鸿遍野，各大指数大幅回撤。其中，中证500指数最大回撤7.41%，随后花了近3个月时间才修复前值。在这样一个环境中，中证500指数增强1号最大回撤不及指数的1/2，并且随后1个月就修复跌幅，回到前期高点。这一顽强的生命力背后，是思勰从策略前期研发到实盘运行过程中专业风控的体现。

问题18：在不断变化的市场中，您觉得策略长期取胜的关键包括哪些方面？

陈磐颖：任何策略都有周期性，市场上没有常胜将军，想要保持长期稳健的投资收益需要管理人强大的策略升级迭代能力，这离不开管理人对更高的算力、更精细化的模型和更强的投研团队的投入。

问题19：一般账户的仓位和品种的仓位会怎么设置？在什么时候才会加减仓？

陈磐颖：公司CTA策略产品保证金比例为20%，在品种仓位的设置上，公司CTA策略持有期货品种分散度高，单品种仓位一般情况下不超过5%，极端情况下不超过10%。预测模型每20分钟预测一次品种价格，加减仓根据预测模型和优化模型实时调整仓位。

问题20：近期能源危机在全球蔓延，商品价格大涨，波动加大，对私募来说，有哪些机遇和风险需要注意？

陈磐颖：CTA策略的核心是做多波动率，商品波动加大意味着交易博弈机会的增多，有利于CTA策略的发挥，但同时也应该警惕突发事件对策略造成的影响，例如2021年10月19日，监管再次对动力煤品种的涨价进行控制，当天以煤炭为首的黑色板块夜盘，以及部分煤化工的能化品种集体跌停，而后的10个工作日内许多品种的跌幅达到了40%，如此快速的强势反转对各个周期的CTA策略都产生了或多或少的影响。

问题21：思勰投资的三位创始人有着“学霸三人组”的称号，你们当初是怎么走到一起，然后创立这家公司的？对公司有哪些规划？

陈磐颖：我与吴家麒是高中同学，李苏苏在我们3人创立思勰投资之前曾与吴家麒一起共事。“勰”的3个“力”寓意着3个创始人齐心协力，思是代表思想的思，勰是代表协同的协，思勰投资的名称由此而来。

2021年是公司成立的第五个年头，公司也在不断地提高自身的管理能力、投资能力、技术能力和运营能力，力争抓住这难得的量化黄金时代，为投资人创造更多的收益。

广聚星合：

FOF 不是简单的“俄罗斯套娃”

（2021 年 11 月 30 日，刘健伟访谈整理）

共青城广聚星合私募基金管理有限公司

共青城广聚星合私募基金管理有限公司（下称“公司”）成立于 2020 年 8 月 19 日，注册资本 1000 万元人民币。公司于 2021 年 2 月取得中国证券投资基金业协会下登记的私募基金管理人（登记编号：P1071800），专业从事资产管理和投资管理。

公司自组建以来，以自营资金交易为主，集中于期货 CTA 策略，擅长大数据统计分析，结合宏观经济，构建适合中国市场的量化投资策略、研究体系、交易与风控体系。

公司核心团队人员自2014年进入期货市场，积累了多年的经验和技术。公司结合多年的资产管理实践，成为行业优秀基金公司，为客户提供个性化的资产管理增值服务。

精彩观点

通过FOF，将各家的策略科学组合，既可以捕捉不同的投资机会，又可以通过对冲抵消风险，实现稳健的收益。

FOF基金并不等于低风险、低收益的产品。

FOF基金的核心在于资产配置，不管是稳健型、进取型或是激进型的风格，主要取决于管理人对子基金的筛选。

FOF的投资标的是基金产品，通过子基金组合配比获取收益，比拼的是管理人筛选子管理人以及资产配置的能力。

我们基于对CTA策略强周期性的认知及当前国内市场通胀压力缓解、美联储政策等宏观因素逐步明朗的判断，对CTA策略三至四季度的表现持有谨慎乐观的态度。

我们筛选了400多家优秀策略，方便我们灵活调整、配置。

投顾都没有“好”与“坏”之分，只在于是否适合当下的行情。

市场是瞬息万变的，我们无法预判未来的行情，但是可以通过基金权重的配比来弥补择时的缺陷。

在实际的投资中，我们会借助净值归因、持仓归因和尽职调查等方式，通过定性和定量结合的方式来全面分析基金的投资价值。

对于FOF管理人来说，并不能过分强调择时，应该“多看少动”。

FOF并不是简单的“俄罗斯套娃”。FOF作为组合基金，真正的价值就在于“组合”二字。

一只优秀的FOF产品除了资产配置和投资管理能力以外，我们认为投资耐心也是极为重要的特质。

FOF的核心价值是资产配置。它研究的是如何做好资产间的权重配比，如何做好一名伯乐筛选出优秀的基金经理。

（我们）尽调过的团队近1000家，跟踪时间长达3年以上。

FOF 产品更适合机构或者可长期持有的个人投资者。

FOF 产品区别于单一类别基金的最大优势是随市场形势的变动组合资产可以进行灵活及时的调整，经历牛熊的考验，获取中长期绝对收益。

首先我们对策略有信心，让它有足够长的时间和足够宽的空间来验证策略的有效性。其次行情的配合，让我们享受到了精选策略带来的红利。

（参加大赛）向投资者以及同行展示最真实的我们。及时了解整个市场策略的表现，将策略与市场策略横向比较，剖析自身策略的优劣，及时做好调整。

问题 1：感谢广聚星合与七禾网 & 东航金融进行深度对话。我们观察到广聚星合的主要成员都是市场“老兵”，有着丰富的资产管理经验，为什么会选择做 FOF 基金？

广聚星合：非常感谢七禾与东航对广聚的访谈。

（1）广聚星合的**核心成员在期货市场历经多年，在平台上沉淀了许多有效的策略，为我们做 FOF 奠定了基础**。广聚目前运行的产品中，有复合策略的产品，也有单策略的产品。复合策略又分为高杠杆与低杠杆，匹配不同投资者的风险偏好。

（2）我们选择 FOF 也是**为了匹配风险承受能力不同的投资人**。我们利用对策略投研以及资产配置的优势，精选一揽子基金产品，通过组合的方式为投资人定制合适的 FOF 基金。

（3）市场上不可能存在两只完全一样的基金，每家管理人的投资理念、投资策略不尽相同。市场热点并不是一成不变的，管理人捕捉信息的速度、解读的层面也不相同。那么**通过 FOF，将各家的策略科学组合，既可以捕捉不同的投资机会，又可以通过对冲抵消风险，实现稳健的收益**。

问题 2：谈到 FOF 基金，很多人都会把它和收益低、风险低挂钩，这样的观点您是否认同？您觉得 FOF 基金能否同样做到高收益？FOF 基金在运作的过程中，相较单基金产品存在哪些不同之处？

广聚星合：FOF 基金并不等于低风险、低收益的产品。

FOF 基金的核心在于资产配置，不管是稳健型、进取型或是激进型的风格，主要取决于管理人对子基金的筛选。管理人对产品的定位，最终还是回归到投资人的风险偏好。普通投资者或者追求资产稳健增值的投资者，他们

“厌恶”风险，那么FOF管理人选择底层标的时，对风险控制会有更高的要求。而对于风险承受能力较强的投资人，FOF管理人选择标的时，在股票、期货上的权重配比会相对增加，以此来获得超额收益。

FOF基金与单基金产品相比，主要在于投资标的不同。

FOF的投资标的是基金产品，通过子基金组合配比获取收益，比拼的是管理人筛选子管理人以及资产配置的能力。

单产品投资的是具体金融资产标的，通过交易获取收益，比拼的是管理人的策略开发、风险控制等能力。

问题3：2021年大宗商品市场风起云涌，CTA策略的产品表现大相径庭，广聚星合的表现如何？

广聚星合：2021年我们的策略表现震荡走势。4月中旬到5月中旬，8月初到10月中下旬，这两个时间段走出一波较为顺畅的行情。5月中旬到8月初，10月下旬开始，策略出现一波回撤。主要原因还是在于突发政策导致商品期货品种出现断崖式趋势终结行情，我们构建的多策略和多周期的攻防体系频繁受到冲击。

问题4：面对这种大波动行情，广聚星合在策略上会做什么样的调整？

广聚星合：我们基于对CTA策略强周期性的认知及当前国内市场通胀压力缓解、美联储政策等宏观因素逐步明朗的判断，对CTA策略三至四季度的表现持有谨慎乐观的态度。配置层面上，我们在原有的优选子策略、分散配置的基础上，会增加对子策略波动率的优化，以便在当前不利环境中有更好的防御性，保证整体配置稳健运行。

问题5：在资产配置的过程中，信息不对称往往是难点之一，那么广聚星合如何应对这个问题？

广聚星合：我们在调研时，尽量做到定量+定性全面分析。定量分析以净值分析为主，通过净值计算产品的夏普比率、最大回撤、波动率等数据。其次通过定性分析，了解管理人的基本信息，例如公司概况、人员架构、交易风格、风险控制等。通过定量与定性分析辨别信息真伪，判断管理人言行是否一致。最后，我们会与业内的FOF基金管理人保持沟通，通过信息交互，获取更全面的子管理人的信息和投资理念，从而为我们配置提供充分的依据。

问题6：如果说配置中的某个策略与广聚星合尽调时不同，出现较大的风格漂移，那么会怎么样来进行处理？

广聚星合：当策略出现漂移时，首先我们会回顾市场的走势做具体分析。例如2021年期货市场的行情，交易所为了服从国家宏观调控，配合保供稳价，采取收紧交易限额等多项措施，进而影响到管理人策略的运行。管理人经过策略调整后，第一时间与FOF管理人沟通，这属于策略的优化，他们通过策略的更新迭代，保证策略适应当下行情。

假如我们观察到子基金风险和收益超出了事前约定的预期，我们与子管理人沟通后发现，策略的漂移是因为基金经理的离职、关键投研人员的变动，甚至是公司股权的变化。那我们将会对该管理人进行重新评估，确定是继续投资还是更换标的。

我们筛选了400多家优秀策略，方便我们灵活调整、配置。

问题7：FOF基金怎么去做择时？

广聚星合：择时与基金权重配比有很大的关联性。

我们对管理人层层筛选，才会将其运行的产品纳入我们的“基金产品池”。他们穿越市场牛熊，通过市场验证，已在私募基金上取得一席之地。所以我们经常说，这些**投顾都没有“好”与“坏”之分，只在于是否适合当下的行情。**

市场是瞬息万变的，我们无法预判未来的行情，但是可以通过基金权重的配比来弥补择时的缺陷。

问题8：广聚星合的资产配置更多的是依据主观还是量化？

广聚星合：主观为主、量化为辅，虽然量化分析可以对过往业绩和风格归因做出客观的判断，但是市场是变幻莫测的，还是需要FOF管理人和子基金管理人发挥人的主观研发能力，调整策略适合市场。

问题9：选择投顾（基金经理）的标准是什么？权重（业绩、团队、理念等）如何划分？

广聚星合：在实际的投资中，我们会借助净值归因、持仓归因和尽职调查等方式，通过定性和定量结合的方式来全面分析基金的投资价值。这些做法比单一维度的筛选基金方式更加科学。

问题10：在产品运行过程中，与投顾的距离是“近”好还是“远”好？是否会做出一些干预？

广聚星合：**应当与投顾保持一定的距离，但并不意味着不闻不问。**我们会做产品的投后跟踪，主要观察策略的运行与事前尽调是否一致，但同时我们并不会直接干预投顾的策略。除非投顾的策略因为系统性风险或者人为因素而导致较大的回撤，我们会重新介入调查，依据收集的信息及数据做出相应的判断。

问题11：在产品的运作过程中，广聚星合会根据投顾的表现进行权益动态调整吗？如调整，那么依据是什么？

广聚星合：我们会根据策略的表现做动态调整。第一，我们会与投顾保持一定的沟通，了解他现阶段的发展规划、对市场预判的逻辑以及对资金的需求度。第二，我们会观察组合基金的整体策略权重与当前行情的匹配度。依据不同的市场风格，动态调整权重配比。

问题12：有人说做资产配置，宏观研究非常重要，您是否认同？公司团队对宏观研究的投入大吗？

广聚星合：宏观研究对于资产配置和投资决策固然很重要，但是**对于FOF管理人来说，不能过分强调择时，应该“多看少动”。**目前宏观研究方面，我们自身还在不断积累，主要是与一些合作的团队保持沟通和交流。

问题13：很多人认为FOF就是一股脑儿把市场上表现优秀的基金产品配置在一起就行了，您怎么看这样的观点？

广聚星合：**FOF并不是简单的“俄罗斯套娃”。FOF作为组合基金，真正的价值就在于“组合”二字。**如果只是将优秀的基金产品配置在一起，没有对投资策略的深刻思考，没有对资产配置的深入洞察，就不是真正意义上的FOF产品。

问题14：您觉得一只好的FOF产品所具备的特质是什么？

广聚星合：**一只优秀的FOF产品除了资产配置和投资管理能力以外，我们认为投资耐心也是极为重要的特质。**

问题 15：FOF 的核心价值是什么？

广聚星合：FOF 的核心价值是资产配置。它研究的是如何做好资产间的权重配比，如何做好一名伯乐筛选出优秀的基金经理。

问题 16：相较普通私募机构的研发团队，广聚星合的研发团队的功能和特点是什么？

广聚星合：我们团队的一个突出特点是善于资产跟踪、合作的私募投资团队范围广、类型多、时间长。**尽调过的团队近 1000 家，跟踪时间长达 3 年以上。**

问题 17：很多人称 2017 年是国内 FOF 的元年，经过 4 年多的发展，您觉得国内 FOF 行业的发展现状如何？存在哪些不足？

广聚星合：目前市场上关注较多的是公募 FOF。虽然近年来，公募 FOF 不管从发行数量、规模、收益等各个方面有了较大的成效，但是相对海外市场，国内的 FOF 仍然处于起步阶段。

FOF 的不足之处，第一，FOF 通过分散投资对冲风险，同时在牛市行情中也会对冲部分收益。第二，FOF 涉及双重收费，在一定程度上增加投资人的费用。第三，有些 FOF 设置封闭期，申赎相对固定。第四，FOF 投资会有准备期，资金闲置周期较长。

问题 18：广聚星合又是如何克服这些弊端的？

广聚星合：首先我们要了解资金的属性，包括投资人对投资范围、收益目标、风险目标以及资金期限等方面的要求。鉴于以上明确的需求，我们配置与之相适应的 FOF 组合。核心策略的权重配比不同，可以灵活设计出不同风险收益比的组合。

问题 19：在遇到极端市场行情时，FOF 产品的规避动作会不会滞后？广聚星合是如何来应对的？

广聚星合：FOF 其实属于第二道风控，第一道风控还是在子基金上。**极端行情除了考验 FOF 管理人，更是验证子管理人策略的时刻。一个产品的组合，我们在配置之初首先会划分好每一笔投资的风险额度**，这样可以保证 FOF 整体在风险可控范围内。

问题 20：就您看来，FOF 类产品适合哪些类型的投资者？

广聚星合：**FOF 产品更适合机构或者可长期持有的个人投资者**。机构投资者对收益有一定的要求且对风险控制有更高的要求，FOF 的稳健收益颇受这类投资人的青睐。

FOF 产品区别于单一类别基金的最大优势是随市场形势的变动组合资产可以进行灵活及时的调整，经历牛熊的考验，获取中长期绝对收益，对于可长期持有的投资人而言，也是其资产增值的不错选择。

大部分投资者都适合配置 FOF，专业的 FOF 的价值体现在自上而下的大类资产跟踪，自下而上的优质投顾筛选，投后精细化跟踪管理，动态资产配置等方面，可最大限度免除投资者挑选产品、跟踪产品难的麻烦，而且由于走势相对平稳，投资者往往更容易坚持持有，并最终取得较好的投资复利。

问题 21：现在部分机构也开始配置一些 FOF 产品，相对个人投资者而言，服务这些机构投资者有哪些不同？是否会有针对性或者定制化的服务？

广聚星合：首先这类机构投资相对更为专业，对市场有一定的研判能力。其次这类投资者的规模相对较大，符合产品定制的要求。

问题 22：目前广聚星合的交易团队对大宗商品市场有丰富的投研经验，随着国内资本市场的不断成熟发展，权益类投资标的也不断增加，广聚星合在策略配置上是否会考虑增加诸如股票、债券等策略？

广聚星合：经济是有周期的，根据“美林时钟”理论，经济周期分为衰退、复苏、过热、滞胀四个阶段。每个阶段，大类资产表现各有强弱。那么**作为 FOF 组合，随着规模的扩大，我们会逐渐将股票、债券、货币基金等纳入策略池中，完善 FOF 架构**。

问题 23：广聚星合在这两年也获得了多个平台的奖项和荣誉，您觉得能够获得市场认可的主要原因是什么？

广聚星合：**首先我们对策略有信心，让它有足够长的时间和足够宽的空间来验证策略的有效性。其次行情的配合，让我们享受到了精选策略带来的红利**。

问题24：随着国内私募行业的不断发展，竞争也越发激烈，广聚星合的核心竞争力在哪里？

广聚星合：**除了长期有效跟踪评估投资策略，以自有资金作为我们FOF的基石资金，可以保证我们有耐心坚持长期投资，这是我们具备的一点核心竞争力**。

问题25：广聚星合参与了“蓝海密剑”中国对冲基金经理公开赛，并且有不错的表现，“蓝海密剑”大赛是国内举办时间最长的实盘赛之一，您参与大赛的感悟是什么？您对大赛有什么样的期许？

广聚星合：我们参加“蓝海密剑”大赛，主要还是**向投资者以及同行展示最真实的我们**。通过这种公开业绩的方式，让投资人实时了解我们的动态变化。通过参赛，我们可以**及时了解整个市场策略的表现，将策略与市场策略横向比较，剖析自身策略的优劣，及时做好调整**。

海浦投资：

满仓交易，不做择时，追求长期的超额收益

（2021年12月2日，钱灵杰访谈整理）

广州海浦投资有限公司

广州海浦投资有限公司于2015年4月完成协会备案，注册成为私募基金管理人，公司采用量化方法进行投资、交易及风险控制，追求持续稳定的超额收益，以数理科学与信息科学为基础，通过人工智能领域前沿研究成果不断优化投资策略，构建自身技术壁垒，截至2021年11月，公司管理规模达到30亿元。

精彩观点

团队组建到现在始终专注量化投资领域，采用定量化的方法进行投资、交易和风险控制，坚持人工智能驱动的方法论，没有人工干预。

海浦的模型具备很好的自适应性，在市场发生交易规则变化时能更好地适应变化。

“定量化”是一种投资理念和方法，这类投资方法的发展速度很快，从指数量化、多因子量化再到多策略，等等。方法可以用在投资环节的不同阶段。

证券和期货的结合可以避免单一市场系统性风险的影响，并且能够提高期货保证金的使用效率，提高资金整体使用效率。对于债券，我们更倾向于低 β 的股票策略，如中证 500 量化对冲策略、沪深 300 量化对冲策略和量化多空策略。

中国证券市场和经济发展是相辅相成的，我们认为中国的发展是具有无限潜能的，所以对证券市场具有信心。

面对变化和机遇我们还是会继续为投资人捕捉市场中具有超额收益的标的，适应市场的变化。

海浦的指数增强产品的收益来源是选股，所以都是满仓做交易的。

我们认为“低位布局、逢低买入”是指数增强产品的简单投资策略，我们在交易过程中还是满仓交易，不做择时，追求长期的超额收益。

在风控的层面，我们使用了结构化的风险模型，对各个风险因子做监控，从而控制整个投资组合的风险，对标中证 500 指数的行业权重和风格，对行业因子和风格因子的暴露做约束。

量化私募在整个财富管理行业的占比并不很高，相比而言海外市场会有发展空间。中国的资本市场存在套利机会，也存在显著的套利成本，量化投资的参与会使得资本市场更有效。我们相信，监管和规范对行业发展长期是利好的。

基本面分析的目的是发现错误定价带来的投资机会，使用量化的方式能够更高效地使用基本面信息。海浦在基本面的应用中同样坚持“人工智能驱动”，对于因子权重的配置是由机器来完成的。

个人感觉私募基金像是公募基金中的一个投资团队，大家的目标和面对的市场环境都是相同的，公募基金更需要注重公司的全局性。单就量化投资方面对比，私募基金能实现的投资策略相对更丰富一些。

问题 1：徐总您好，感谢您在百忙之中与东航金融 & 七禾网进行深入对话。作为私募界的明星团队，海浦投资近几年获得了很多荣誉，您认为什么是您团队获得成功最关键的因素？

海浦投资：感谢主办方，也感谢投资人对海浦投资的认可和支持。海浦目前仍处于成长阶段，作为成长型的团队，我觉得公司给大家提供了足够开放的工作环境和成长空间，公司架构偏向科技公司，沟通高效、需求明确会更容易产生合适的解决方案。

问题2：我们看到海浦投资的理念是专注于为投资人带来持续稳定的收益，请问您和团队是通过怎样的策略或者有怎样的优势，来追求持续稳定的收益呢？

海浦投资：成为投资人长期财富管理的选择是公司的目标，持续稳定的超额收益是支撑目标的基础之一。**团队组建到现在始终专注量化投资领域，采用定量化的方法进行投资、交易和风险控制，坚持人工智能驱动的方法论，没有人工干预。**从结果上看，超额收益的年化表现是具有竞争力的，在可持续性和低相关性方面也有不错的表现。

问题3：海浦投资的投研团队均毕业于知名院校，成员都是硕士以上学历，这是否是海浦团队成员筛选的一个基本标准？您又是怎么看待非名校或非专业的“民间高手”？是否会吸收这类成员呢？

海浦投资：量化投资是综合性的投资方法，依靠数理科学、信息科学和投资学的相关知识和专业技术作为支撑，所以具备相应知识和专业的人员公司持非常开放的态度，不会设置绝对的用人门槛。

问题4：我们了解到海浦投资的总经理张均备先生，研究生期间在微软亚洲研究院、科大讯飞研究院等知名研究机构从事人工智能相关的学术研究。请问张总在人工智能领域的研究经历，对海浦团队的投资交易和策略制定方面有哪些影响？

海浦投资：张均备先生是海浦投资团队的核心，过往的背景和研究经历奠定了公司投资的方法论基础和创新基础。是将人工智能应用在二级权益市场投资领域比较早的管理人。其团队在人工智能、大数据和模式识别方面是具有经验的。

问题5：我们有了解到，海浦通过人工智能领域前沿研究成果不断优化投资策略，构建自身技术壁垒，可以具体介绍一下吗？

海浦投资：投研团队对于算法研究的关注度是比较高的，我们在量化交易中属于中频选股的团队，并且张均备先生对于二级市场的应用有自己独特的理解，简单来说**海浦的模型具备很好的自适应性，在市场发生交易规则变化时能更好地适应变化。**

问题6：海浦投资一直以来都是使用“定量化”的方法进行投资、交易及风险控制，是否可以和大家讲讲这里的“定量化”方法呢？

海浦投资：“定量化”是一种投资理念和方法，这类投资方法的发展速度很快，从指数量化、多因子量化再到多策略，等等。方法可以用在投资环节的不同阶段。海浦的做法是在整个流程中都没有人工干预。

问题7：我们知道海浦的产品主要配置在证券方面，您和团队是否有考虑加入期货、债券等其他投资品种呢？

海浦投资：会考虑期货，债券方面暂时没有配置的打算。**证券和期货的结合可以避免单一市场系统性风险的影响，并且能够提高期货保证金的使用效率，提高资金整体使用效率。而对于债券，我们更倾向于低β的股票策略，如中证500量化对冲策略、沪深300量化对冲策略和量化多空策略。**

问题8：您认为目前的证券市场处于一个什么位置，是低估还是高估呢？

海浦投资：从不同的角度来看会有不同的结论，以中证500为例，从时间序列的角度是低估值的，从截面角度相较于其他宽基指数是中高水平。**中国证券市场和经济发展是相辅相成的，我们认为中国的发展是具有无限潜能的，所以对证券市场具有信心。**

问题9：这两年受到新冠肺炎疫情的影响，全球经济都遭遇一定冲击，同时中美关系等一系列外部不稳定因素也对国际环境造成一定影响。展望2022年，您认为经济环境会出现怎样的变化，机遇又在哪里？

海浦投资：其实我们不太擅长对宏观经济做判断和分析，我们是基于数据和模型。**面对变化和机遇我们还是会继续为投资人捕捉市场中具有超额收益的标的，适应市场的变化。**

问题10：海浦投资的指数增强策略特点是不择时，那么当遇到金融危机或者在市场下行趋势明显的阶段，您和团队会如何应对？当遇到牛市，又是如何获取超越基准指数回报的超额收益？

海浦投资：海浦的指数增强产品的收益来源是选股，所以都是满仓做交易的。面对系统性风险或者机遇，我们的目标还是跑赢基准指数。牛市行情还是要分情况，如果遇到单个板块拉升指数的情况对于指数增强产品不一定有利，这种情况下我们要做的还是紧跟指数。

问题 11：海浦投资的指数增强策略中提到了“低位布局、逢低买入”，请问你们是如何判断低位或进场点的呢？

海浦投资：**我们认为“低位布局、逢低买入”是指数增强产品的简单投资策略，我们在交易过程中还是满仓交易，不做择时，追求长期的超额收益。**

问题 12：海浦的策略理念是长期持有，部分产品交易周期是日频，请问交易周期的长短对于业绩的贡献度哪者更优？

海浦投资：海浦现阶段都是日度调仓，长期持有指数增强产品是因为超额收益的复利积累需要时间。长周期交易和短周期交易的收益来源不同，不同的交易频率对应不同的预测周期，各有优劣。

问题 13：良好的资金管控是确保金融机构稳健发展的关键，请问您和团队是如何进行资金管理的？并简单介绍一下你们的风控系统。

海浦投资：**我们的产品都是满仓做交易的，资金使用效率比较高。在风控的层面，我们使用了结构化的风险模型，对各个风险因子做监控，从而控制整个投资组合的风险，对标中证 500 指数的行业权重和风格，对行业因子和风格因子的暴露做约束。**

问题 14：海浦获取的超额收益与市场上的同策略相关性较低，是否可以与我们分享一下是如何做到策略的低相关性的？

海浦投资：超额相关性低也是从结果分析的，我们觉得可能由于模型创新带来的收益来源不同，交易频段也不同。再者我们的超额收益全部来自选股，也会有些不一样。

问题 15：近年来，量化交易在我国发展迅猛。据行业数据统计，截至 2021 年 2 季度末，国内量化私募管理总规模已突破万亿，同时，对于量化交易的规范以及监管也日趋严格。对于量化私募未来的发展，您有怎样的看法？

海浦投资：**量化私募在整个财富管理行业的占比并不很高，相比而言海外市场会有发展空间。中国的资本市场存在套利机会，也存在显著的套利成本，量化投资的参与会使得资本市场更有效。我们相信，监管和规范对行业发展长期是利好的。**

问题16：海浦的量化交易是否更注重技术面分析，对基本面又是怎么看的或是如何结合的？

海浦投资：我们在策略中都有涉及，因子层面，量价因子和基本面因子的占比约为50%和30%。**基本面分析的目的是发现错误定价带来的投资机会，使用量化的方式能够更高效地使用基本面信息。海浦在基本面的应用中同样坚持“人工智能驱动”，对于因子权重的配置是由机器来完成的。**

问题17：可以为投资者简单介绍一下海浦的团队建设，以及团队各岗位的分工吗？

海浦投资：团队分为策略、IT、交易、风控、运营和商务部门。目前投研团队的人数达到了一半以上，分为策略开发、策略实现和交易执行环节。风控包括事前风控、事中风控和事后风控三个部分，通过对各个环节的监控从而控制总风险。运营和商务主要和投资人接触的更多一些。

问题18：海浦团队成立以来，让您印象最深刻的一次交易经历是什么？

海浦投资：我们的头寸比较多，是依靠概率取胜的，所以交易次数也多。印象比较深的市场环境还是有的，比如全球新冠肺炎疫情暴发、创业板注册制落地，等等，模型都很好地表现出了自适应性。

问题19：您认为相较于公募基金，私募基金的优势是什么？

海浦投资：谈不上优势，各有不同吧。**个人感觉私募基金像是公募基金中的一个投资团队，大家的目标和面对的市场环境都是相同的，公募基金更需要注重公司的全局性。单就量化投资方面对比，私募基金能实现的投资策略相对更丰富一些。**

问题20：未来海浦是否会考虑提高产品的多样化，成立更多不同风格、策略，尤其是其他投资品种的基金产品呢？

海浦投资：会有规划，策略方面我们现在有中证500和沪深300指数增强策略，还有不对标指数的量化选股策略，多空策略，CTA策略，等等。会有适合不同资金属性的产品。

问题21：非常感谢您接受本次采访，最后是否能根据您对未来几年资本市场的判断，给广大投资者一些实用的建议呢？

海浦投资：权益市场中，关注收益的同时也需要关注到风险，选择适合自己的投资产品最重要，投资过程中的投资体验预期是有不同的感受的。充分了解投资标的收益来源和收益逻辑有助于投资者朋友更好地选择产品。

信弘天禾：

国内量化私募的综合实力正逐步与国际持平

（2021 年 12 月 15 日，刘健伟访谈整理）

章毅

历任新加坡亚太交易所董事总经理、国富期货董事及副总经理、曾任职于中金所、上交所等知名机构。十年以上金融业经验，复旦大学、Flinders 大学研究生。现任北京信弘天禾资产管理人执行事务合伙人及总经理职位。

精彩观点

中国是全球大宗商品的最大买家，国内期货交易量也是全球居首，理应发展成为大宗商品重要的定价中心之一，而期货品种的开放与国际化在这一进程中扮演着重要角色。

中国财富管理市场也正开始进入快速、健康的发展周期，而其中量化私募基金扮演着非常重要的角色。

作为大宗商品和其衍生品，我并不认为它们是合适的直接投资标的，尤其对非机构投资者而言。

量化交易者也不会因为主观的判断而去干预策略配置比重，我们要做的是不断在模型上升级，去动态适应市场。

（策略的）核心逻辑是基于数理统计、机器学习的方法论，寻找相对市场指数的超额收益。

量化交易的优势是其模型能在较短的时间里，通过历史数据和预设模型快速分析庞大的实时行情，覆盖绝大部分交易标的，以获得更高频率的交易机会和胜率。

量化交易的风险在于数据来源的局限性，很多容易被人直观、快速理解的信息，对于模型来说并不是那么容易。

归因盈利背后的经济学原理，会更有助于我们理解和改善我们的模型，更好地分析这种盈利方式的可持续性。

（量化交易）对市场流动性带来帮助，也是市场更加成熟和有效的标志之一。

我们有专门的 AI 团队，负责公司整体机器学习、深度学习的模型研究和优化，并在股票、期货实盘交易中应用。

量化机构的核心优势在于策略容量大、可复制性强，在同等资金规模的前提下对市场整体产生的影响较传统投机者少。对于“内卷”，我认为（量化机构）真正的竞争刚刚开始。

我们团队的核心成员在国内外均具有丰富的实践经验，从国内外优势结合的角度看，是我们的优势之一。

2022 年的 A 股市场是值得期待的。

美股是一个资本自由流动的投资市场，它不仅仅代表美国经济，而是聚集了全球盈利性好、成长空间大、代表技术革命的一批公司，从全球资产配置角度看，它仍然具有相对配置价值，吸引的也是全球资本。再多给 A 股市场一些机会，也多给企业一些时间，A 股市场在优胜劣汰后会有更好的表现。

在目前疫情反复伴随复苏的阶段，可以更加关注流动性，同时增加一定比例的投资额度。

（交易所）在国际化方面还有提升空间，如更多品种的国际化开放，QFII 参与国内品种的制度支持和便利度。

从量化方法的应用、技术设备和交易方式等角度看，国内量化交易的水平在国际上也具有较强的竞争力。

在未来，私募行业生态的层次感会更加显著，随后其发展方向、公司特点、监管方式都会有所区别。

希望东航金融和“蓝海密剑”活动更多地承担起对不同投资方法论的解读和宣传，为行业发展承担更多使命。

问题 1：章总您好，感谢您与东航金融 & 七禾网进行深度对话。我们发现您早前有着非常丰富的海外金融从业经历，并且也在领域中做到了非常不错的位置，为什么最后选择来中国做私募？

章毅：中国是全球大宗商品的最大买家，国内期货交易量也是全球居首，理应发展成为大宗商品重要的定价中心之一，而期货品种的开放与国际化在这一进程中扮演着重要角色。新加坡作为全球重要的金融和大宗商品交易中心之一，是我们实现商品期货对外开放的重要战地。过去几年里，我和来自全球各知名机构的同事们正是为此在努力。

与此同时，**中国财富管理市场也正开始进入快速、健康的发展周期，而其中量化私募基金扮演着非常重要的角色。**经过了十年之余的国内外金融市场历练，面对中国蓬勃发展的市场机会，也见证着小伙伴们纷纷奔向百亿资产管理人，我想**这是一个时代的机遇，**也是我和合伙人自我检验的时刻，应该为量化私募行业健康持续发展尽己所能。

问题 2：2021 年以来，有色、钢铁等周期板块表现亮眼，您怎么看待周期行业的爆发和投资机会？

章毅：其实从疫情暴发开始，大家就可以预见迟早出现大宗商品的一波牛市。**作为大宗商品和其衍生品，我并不认为它们是合适的直接投资标的，尤其对非机构投资者而言**。但如何利用其牛市以及进入波动期的投资机会，不妨可以从其关联的上市公司寻找机会，这不仅能降低风险，也能兼顾 A 股市场的投资机会。

问题 3：一些商品品种受国家和产业政策的影响巨大，往往会带来行情趋势的扭转，比如近期的煤炭就是一个很好的例子。信弘天禾的量化策略是否有考虑到这一点？会如何规避或考虑政策对市场的扰动？

章毅：我们的量化策略按大类可以区分为机器学习、基本面量化、经典趋势。在非交易时间的临时性政策公告，会产生一个非常不连续的价格拐点，此时基本面信号由于现货信息价格传导的效率问题，对策略表现非常不利，需要另外两类策略中的短周期量价信号予以对冲，同时结合交易所和监管要求，对交易品种进行一定的约束。

问题 4：有业内人士提出交易“波动”是 2021 年交易策略的主旋律，您怎么看？

章毅：是交易波动，还是交易趋势，取决于各自的策略特点和特长，提前判断是比较困难的，**量化交易者也不会因为主观的判断而去干预策略配置比重，我们要做的是不断在模型上升级，去动态适应市场**。但从结果反过来看，这可能是 2021 年比较不错的选择。

问题 5：除了量化 CTA 策略，信弘天禾还有哪些策略？这些策略的核心逻辑是什么？

章毅：股票是我们另一个重要战场，包括量化选股、指数增强、中性对冲等。**核心逻辑是基于数理统计、机器学习的方法论，寻找相对市场指数的超额收益**。

问题 6：很多量化策略在开发到上线的过程中经常会遇到回测数据很好，但上实盘后表现不佳的情况，信弘天禾在策略开发的过程中如何解决这样的问题？

章毅：这是一个常见的现象，可以说取决于历史是否重演。但通过严谨的研究体系和全方位的系统支持，是可以应对过拟合问题的，比如**我们可以**

增加更长周期的测试、更多样本外的检验、引入惩罚函数做一些修正等。

问题7：市场上通常会把低风险低收益与量化画上等号，您是否认同？量化交易如何创造超额收益？同时您眼中量化交易的风险在哪些方面？

章毅：量化交易是一种投资方法论，也具有高收益高风险的策略类型。**量化交易的优势是其模型能在较短的时间里，通过历史数据和预设模型快速分析庞大的实时行情，覆盖绝大部分交易标的，以获得更高频率的交易机会和胜率。**

量化交易的风险在于数据来源的局限性，很多容易被人直观、快速理解的信息，对于模型来说并不是那么容易。

问题8：信弘天禾是如何来应对您提到的这些风险的？

章毅：这几年的改善非常显著，一方面随着各类数据平台的成熟，很多信息被标准化处理和有效传播，另一方面是我们模型也在不断升级，当某些信息被主观交易者获取并开始交易后，模型也能捕捉到被主观交易者影响的量价变化数据。

问题9：信弘天禾的投资理念中有一条是强调策略背后的经济原理，这怎么理解？

章毅：量化本身是做数据分析，基于数理统计，通过历史数据分析和实践可以说明其具有盈利性，但**归因盈利背后的经济学原理，会更有助于我们理解和改善我们的模型，更好地分析这种盈利方式的可持续性**。在这两年大量引入机器学习的模型后，模型的复杂度和智能化进一步提高，因此我们将这一条理念做了适当完善，完善为强调策略背后的运算或经济学原理。

问题10：信弘天禾有基本面量化的策略，基本面如何进行量化？信弘天禾会把哪些基本面的要素作为策略量化的组成部分？

章毅：大部分的基本面数据往往都是可以量化的，个别不能量化的数据也可以通过降维处理进行标准化。具体的要素，根据不同交易标的对应的信息是多样化的，比如上市公司的财务报告、业绩公告，大宗商品的库存、仓单等。

问题11：除了从策略上不断精进，现在不少量化机构也非常重视IT技术上的投入，请您为我们介绍一下信弘天禾在IT技术上有什么亮点？

章毅：技术平台是量化策略开发和执行的基础。我们是自研的投研一体化系统平台，结合了不同交易标的的需求，兼顾高频、中低频策略要求。

问题12：自从阿尔法狗给市场带来巨大刺激后，不少机构开始对人工智能进行研究，信弘天禾在人工智能领域是否有做研究，目前的成果如何？

章毅：我们有专门的AI团队，负责公司整体机器学习、深度学习的模型研究和优化，并在股票、期货实盘交易中应用，对业绩提升的帮助非常大，这也是未来量化行业发展的重要趋势之一。

问题13：2021年下半年，随着日均成交额和量化投资占比的明显提升，“市场交易量大是否由量化引起”的问题引发了广泛讨论，您如何看待量化投资对市场带来的影响？

章毅：量化交易的标的分散，交易执行的方式平滑，从模型本身来说追求的是最低的交易冲击成本，且很多时候属于挂单排队交易，**对市场流动性带来帮助，也是市场更加成熟和有效的标志之一。**

问题14：近两年量化机构也在不停地“内卷”，策略不断迭代，容量飞速增长，各个机构的发展路径似乎都很相似，您如何看待这样的现象，您觉得量化机构的核心竞争力在哪里？

章毅：量化机构的核心优势在于策略容量大、可复制性强，在同等资金规模的前提下对市场整体产生的影响较传统投机者少。也基于这个优势，才看到很多机构爆发式的规模增长。**对于“内卷”，我认为真正的竞争刚刚开始。**

问题15：信弘天禾的团队中不乏有许多具备华尔街投研经验的成员，海外的投资经验带回到国内是否会有水土不服的情况？就目前来看，行业中也有类似的现象发生，您觉得主要原因是什么？信弘天禾又是如何来应对的？

章毅：水土不服主要受制于交易规则、技术平台、数据质量的差异。**我们团队的核心成员在国内外均具有丰富的实践经验，从国内外优势结合的角度看，是我们的优势之一。**

问题16：做股票往往需要关注宏观情况，近两年国内外宏观情况复杂，您对当前的国内外宏观情况是怎么看的？对于2022年的A股市场又有着怎样的宏观判断？

章毅：谈到宏观，我作为量化交易者是不专业、不权威的。个人认为全球在复苏，国外经济快速恢复，尤其是近期。而中国作为崛起的大国，经济增长是重要前提，应该有共识促增长，**2022年的A股市场是值得期待的。**

问题17：从宣告设立到正式开始，北交所仅仅用了74天。近期，不少私募机构已经率先对精选层挂牌或申请挂牌的公司进行研究和投资，部分机构还备案了相关的私募产品，信弘天禾在这方面有无动作？您如何看待北交所带来的市场机会？

章毅：有大量的合作券商向我们做了推荐，我也认为北交所及其上市标的潜力无限，但基于我们的战略与投资策略，现阶段尚未开展北交所的投资。

问题18：美国货币政策不断有收紧的预期，疫情也没有得到很好的控制，但是美股非但没有下跌，主要指数还攀升至历史新高，背后的原因是什么？相较于一直创新高的美股，A股2021年却始终在区间震荡，您如何看待当前中美股市的强弱对比？

章毅：首先，**美股是一个资本自由流动的投资市场，它不仅仅代表美国经济，而是聚集了全球盈利性好、成长空间大、代表技术革命的一批公司，从全球资产配置角度看，它仍然具有相对配置价值，吸引的也是全球资本。**A股2021年虽然区间震荡，但是也有很多不错的标的实现了高幅增长，存在结构性机会，我认为**再多给A股市场一些机会，也多给企业一些时间，A股市场在优胜劣汰后会有更好的表现。**

问题19：新冠肺炎疫情已经纠缠了全国乃至世界人民2年之久，对资本市场的影响也是巨大的，您觉得在这样的背景下，不论是投资机构还是个人投资者，投资的风格或者方式应该做哪些调整？

章毅：从投资三性来说，疫情暴发的初期应第一时间关注安全性，**在目前疫情反复伴随复苏的阶段，可以更加关注流动性，同时增加一定比例的投资额度。**

问题20：2021年以来，全国房地产市场调控政策密集出台，监管措施层层加码，在大家的认知中，房地产被打压以后，房市里的资金就会流入股市。

但我们看到，股市的资金流入似乎并未出现明显增量，您觉得这些资金流向了哪里？

章毅： 房地产市场是国民经济的最重要组成部分，货币政策的调整需要一个传导过程，房地产圈内资金的结构也非常复杂，流动性存在问题，不是一个简单的资金搬迁，同时股票市场也不具备短期吸收巨大的存量资金条件，容易造成市场过热，企业价值提早透支等问题，所以我认为目前是一个比较好的情况。

问题 21： 据媒体统计，许多上市公司开始配置私募产品，面对新的客户群体，您觉得私募应该提供哪些针对性的服务？

章毅： 主要还是围绕风险和收益两个要素去提升服务质量。过去私募基金是推出标准化的几类产品，但未来，不管是面对市场的波动，还是投资者需求的不同，**定制化的混合策略产品会越来越重要，甚至更进一步提供多样化的投资组合建议。**

问题 22： 您曾任新加坡亚太交易所董事总经理，境外交易所与国内交易所最大的区别在哪里，国内交易所还有哪些提升空间？

章毅： 境外交易所竞争开放，上市品种相对便利，但新品种缺乏流动性，包括最大的几个交易所也是如此。国内交易所品种上市程序严谨，交易所之间分工明确，品种互补，所以流动性方面不会太分散，是比较大的优势。**在国际化方面还有提升空间，如更多品种的国际化开放，QFII 参与国内品种的制度支持和便利度。**

问题 23： 您目前兼任上海对外经贸大学金融硕士研究生导师，您觉得国内的金融行业需要什么样的人才，而具备哪些素质的人才符合信弘天禾的用人标准？

章毅：复合型人才和专业型人才都是国内金融行业需要的。 复合型人才主要是需要多学科的交叉，因为金融本身是服务业，从业人员承担着金融产品和非金融人士之间的桥梁作用，对从业者综合能力要求较高；专业型人才，是指对专业要求非常高的岗位人才，比如我们做量化交易的公司，需要的就是数学、计算机等专业扎实的伙伴。**透明开放、乐于分享是我们用人的首要条件。**

问题 24： 我们了解到信弘天禾是国内市场首批量化交易践行者，可以说见证了国内量化交易的发展，就您来看，国内量化交易目前处于什么阶段？未来会如何发展？

章毅：从量化方法的应用、技术设备和交易方式等角度看，国内量化交易的水平在国际上也具有较强的竞争力。但从量化机构的数量、其交易在整个资本市场的占比和影响力范围看，尚处于发展中的阶段，**未来会随着交易品种的丰富、整体市场的扩容，稳步发展为市场主力军。**

问题 25：信弘天禾同时也是国内第一代阳光化私募基金持牌机构，当时的私募环境与现在相比，最大的变化是什么？同样地，未来私募行业的发展您觉得会怎么样？

章毅：私募行业在初期阶段，有一部分从业者将此作为资金通道，并没关注其本身经营的风险和可持续发展问题。随着这些年的监管整治，步入了良性发展，成长出了一批管理有序、合规经营、业绩优异的私募管理人。**在未来，私募行业生态的层次感会更加显著，随后其发展方向、公司特点、监管方式都会有所区别。**

问题 26：信弘天禾参与了由东航金融主办的“蓝海密剑”对冲基金经理公开赛，作为国内持续时间最长的实盘大赛之一，您对“蓝海密剑”有什么期许？

章毅：非常感谢有“蓝海密剑”这样的平台，给不同的交易爱好者提供交流的机会，**希望东航金融和“蓝海密剑”活动更多地承担起对不同投资方法论的解读和宣传，为行业发展承担更多使命。**

附录一：

“蓝海密剑”中国私募基金创富榜

一、大赛规则

1. 参赛条件

大赛面向全市场私募基金机构管理的私募产品，不指定托管人或经纪商。需符合以下条件：

（1）参赛机构需为中国证券投资基金业协会登记备案的私募基金管理人；参赛产品在参赛前已完成在中国证券投资基金业协会的备案。

（2）同一参赛机构最多可以报名 8 个产品进行比赛，同一组别下同一机构最多可以报名 3 个产品进行比赛。

（3）产品规模需在 1000 万元以上。

2. 比赛时间

2022 年 1 月 1 日—2022 年 12 月 31 日。

3. 报名方式

网上 Web 端活动页面报名

手机移动端 H5 页面报名

随时可以报名。

4. 参赛须知

（1）主办方会根据报名情况对拟参赛的机构及产品进行审核，并反馈是否报名成功。

（2）管理人报名参赛即视为其已承诺将如实填报管理人信息及净值等

数据。

（3）参赛机构应于每周三（节假日顺延）17：00前到大赛指定平台录入上周最后一个交易日的累计单位净值等数据。主办方工作人员将会对净值进行审核，因参赛私募报送错误或报送不及时产生的排名误差，参赛私募自行负责。

（4）大赛期间收益率为负的产品，不参与年度获奖评选。

（5）参赛私募自负盈亏，参赛私募需保证报送的数据及时准确全面，参赛私募应签署授权书，授权主办方及联合主办方获取比赛相关数据，并可在官网、微信、微博、APP等其他系统中进行合规宣传或披露。

（6）2022年1月1日前报名的产品，以2021年12月31日的净值等数据为初始成绩；2022年1月1日起报名的产品，以报名后录入的最早净值等数据为初始成绩。

（7）每季度后，排行前三名的参赛机构，应主动提交经托管人确认的季度净值数据到大赛指定邮箱（lhmj@ kiiik. com），以便大赛组委进行核对。

（8）参赛产品要求真实有效，且持续净值更新。若经大赛组委核实净值有误，或净值一个月以上未更新，主办方有权取消参赛资格。

（9）东航金控种子基金，将对部分参赛私募机构产品进行跟投或合作发行产品。投资前，私募机构需与资方进行商务洽谈。

（10）本次比赛为私募机构实盘交易比赛，参赛机构自行交易，所有交易须遵守相关法律法规。主办机构发现或有人举报，经核实认定参赛机构确有舞弊行为或操纵市场等嫌疑的，立即取消参赛机构的参赛资格；由此产生的一切后果由参赛机构承担。

（11）机构参与比赛，则视为同意东航期货、云纪网络获得及使用机构按大赛要求提供的所有数据。当主办方提出查验数据真实性时，参赛机构应当配合提供比赛期间的经托管人盖章的相关数据。如果查验数据发现虚假数据或未配合提供托管人盖章数据，则不参与榜单排名。

（12）本次比赛排名收益率仅供参考，不构成任何投资建议。

（13）比赛结束后，主办方将以电话或电子邮件方式通知获奖机构的报名联系人，若无法与获奖机构的联系人取得联系，则视为获奖机构自动放弃获奖权益。

备注：另附录入净值指引（已提供）

二、比赛分组

参赛策略：

1. 股票策略（主要投资于股票市场，且总头寸占比超60%）

2. 对冲策略（同时持有资产相关、规模相当的多空头寸策略，且总头寸占比超60%）

3. CTA及衍生品策略（主要投资于商品及金融衍生品，且投资比例超60%）

4. 混合策略（采用多种投资策略，且每种策略的投资比例不超过60%）

5. 其他策略（包括固收、日内等其他各种策略）

三、评分方法

1. 评比规则

大赛将按照股票策略、对冲策略、CTA及衍生品策略、混合策略及其他策略共5项策略进行评比。周三晚（节假日顺延）更新综合排名。

2. 评分方法

主办方根据产品参赛期间的净收益率，以及年化夏普比率、最大回撤等风险调整指标综合评价产品的表现，同时主办方专家评审结合产品规模、当赛季累计收益额、参赛时长、管理人在参赛期间的整体表现等情况进行综合打分。

	维度	权重
综合评分	参赛期间净收益率	40%
	年化夏普比率	20%
	参赛期间最大回撤	20%
	专家评审	20%

四、奖项设置及比赛奖励

1. 奖项设置

组委会根据参赛策略分设年度前三奖项。排名前位的机构有机会获得种子基金支持及商务合作机会。参赛策略报名后当赛季内不得更改。获奖产品当赛季须盈利为正。

2. 比赛奖励

获奖机构和产品有机会获得如下奖励：

（1）东航金控十亿种子基金跟投；

（2）东航金控、东航期货白名单准入资格；

（3）入选东航金融推广渠道精选产品名单；

（4）媒体宣传推广及基金经理专访；

（5）参加线下资金对接会；

（6）受邀参加“蓝海密剑”中国对冲基金公开赛颁奖典礼、年度策略闭门会议；

（7）恒生子公司云纪网络全面系统服务（CBS），支持资产管理、风险控制等；

（8）程序化产品有机会使用交易所机房托管服务，享受高速交易通道。

五、风险免责说明

1. 本次比赛参赛机构自行交易，所有交易须遵守相关法律法规。参赛机构如有舞弊行为或操纵市场等行为，立即取消参赛机构的参赛资格；由此产生的一切后果由参赛机构承担。

2. 本次大赛组委会将本着勤勉尽职的态度竭力保证大赛的顺利进行，但不对参赛产品的任何投资风险、投资损失承担任何责任，也不对因不可抗力的因素或非主办机构所能控制的情况所导致的任何风险、系统故障或由于网络问题导致的系统故障等原因对参赛选手收益率及排名产生的影响等承担任何责任。

3. 参赛产品管理人应就产品参赛事宜向产品持有人进行披露并获得同意，管理人因产品参赛事宜与产品持有人发生纠纷的与大赛主办方无关，所有纠纷及其产生的一切法律和经济责任均由产品管理人自行承担。

4. 本次比赛的最终解释权归大赛主办方所有，主办方有权根据实际情况对大赛规则进行修改或调整，并通过相关途径进行公告。

附录二：

第十三届“蓝海密剑”中国对冲基金公开赛奖项公布

【年度先锋勋章】

【年度前六】

序号	资产账号	参赛名	单位净值	奖金（元）
1	8581131	天使来临	27.4895	60000
2	8739586	长风破浪会有时	25.8311	50000
3	6030505	王常河 lbx	18.4832	40000
4	0078900911518	稳步攀升 2 号	16.696	3000
5	8773531	倚天剑	15.0349	20000
6	8580199	zjl727689	13.4316	10000

【年度各军种前三】

【基金组】				
序号	资产账号	参赛名	单位净值	奖金（元）
1	013588770029	赚点旅游费	10.0114	500
2	002089005293	张弛有道 1 号	3.9882	300
3	01235205300	德莱斯勒	3.489	200

续表

【集团军】				
序号	资产账号	参赛名	单位净值	奖金（元）
1	0139102600217	期海遨游888	5.323	500
2	8519999	Son of Mr H	4.8182	3000
3	011075600073	赚辆买菜车	4.5786	200
【导弹部队】				
序号	资产账号	参赛名	单位净值	奖金（元）
1	012976050797	止损侠	5.5641	500
2	016080980368	追梦侯希白	5.1789	300
3	0139101200286	KY-LPC	3.8723	200
【空军】				
序号	资产账号	参赛名	单位净值	奖金（元）
1	0139101200666	让子弹飞-KY	12.0489	500
2	7805853	Melin	7.0762	3000
3	0078900108588	融犇资产1号	4.5252	200
【海军】				
序号	资产账号	参赛名	单位净值	奖金（元）
1	8580363	顺德林	6.4983	5000
2	013010303668	刘朗才气	6.3872	300
3	8711957	畅开心灵	5.1162	2000
【陆军】				
序号	资产账号	参赛名	单位净值	奖金（元）
1	8702738	爆仓二十二号	9.5915	5000
2	0002108846	赚钱养俊俊	8.857	300
3	8713529	尔东	5.9452	2000
【预备役】				
序号	资产账号	参赛名	单位净值	奖金（元）
1	8730063	忘情水	12.9311	5000
2	0002636620	一只特立独行的猪	10.5556	300
3	0080180003850	邁向新起點	9.1133	200

续表

【期权】				
序号	资产账号	参赛名	单位净值	奖金（元）
1	8109978	道氏期权学会	2.0413	5000
2	8700873	玮杰投资一号	1.7023	3000
3	0001100901276	刺客 1982	1.6347	200
【机枪手】				
序号	资产账号	参赛名	单位净值	奖金（元）
1	8727907	古井贡酒	4.4384	5000
2	7519002	大家稳住 O	3.3651	3000
3	8777737	老狼	2.7268	2000
【远征军】				
序号	资产账号	参赛名	单位净值	奖金（元）
1	20001***	韩老魔	3.9604	500
2	CQXB2***	少校_ 2588	2.7841	300
3	DHMX1***	uhe0578	1.6870	200

【晋衔奖】

【功绩荣誉——圣和元帅】累计盈利：5 亿元（含）以上

资产账号	参赛名	功绩说明	记录值
8808888	种子一号基金	累计盈利超 5 亿元	575354783.8

【元帅】累计盈利：1 亿元（含）以上

资产账号	参赛名	累计盈利额	历史最高军衔	第十三届军衔	晋衔奖金（元）
8808963	种子二号基金	146921991.9	五星上将	元帅	—
22868802839	小丹尼（善行投资）	146662754.7	五星上将	元帅	20000
13588770029	赚点旅游费	115521882.8	上将	元帅	30000
8582512	老火鸡	112076084.5	五星上将	元帅	200000

【将级军衔】累计盈利：1000 万元（含）-1 亿元

资产账号	参赛名	累计盈利额	历史最高军衔	第十三届军衔	晋衔奖金（元）
1235205300	德莱斯勒	73332609.94	少将	五星上将	25000
0093Y0005	张弛有道 88	68665035.22	少将	五星上将	25000
780025888	林之鹤	67719776.65	上将	五星上将	10000
8810026	孵化二期	61225605.3	士兵	五星上将	—
1710032668	德胜 2 号	54095167.22	上将	五星上将	10000
2089005293	张弛有道 1 号	52065189.98	士兵	五星上将	30000
139102600219	闲逸	44675537.5	少将	上将	15000
8810022	玄武尊享	40959934.14	士兵	上将	—
158105500336	京笙进取 5 号	37099423.55	大校	上将	17000
139102600217	期海遨游 888	34081099.16	少校	上将	19500
176115999999	顺然复利一号	32641646.64	中将	上将	10000
8519999	Son of Mr H	32343482.2	少将	上将	150000
13010303029	二小队神马基金	30463248.69	中将	上将	10000
8810015	量化精选一期	28258382.02	少将	中将	—
60560000028288	天厦量化投资	27216315.51	少将	中将	5000
759000888	琅琊榜	25063113.67	少将	中将	5000
5280032000	雷神	24720717.62	少将	中将	5000
161101197582	远山的呼唤	23867696.44	士兵	中将	10000
13703700188	黄建中	21500860.77	少将	中将	5000
11385120270	广聚星合信天翁 10 号	17361659.02	士兵	少将	5000
8767370	十年一个亿	16962165.93	大校	少将	20000
893700426	fans2	16893279.54	大校	少将	2000
205880001089	宝盈 7 号	16190013.65	大校	少将	2000
139101200599	KY-开元通宝壹号	15123159.57	中校	少将	4000
5290708666	京华龙 CTA1 号	14809048.67	中校	少将	4000
5290706666	京华龙稳健 5 号	14721196.94	大校	少将	2000
11075600073	赚辆买菜车	14508122.63	大校	少将	2000
13705890673	陈建华	14176539.32	士兵	少将	5000

续表

资产账号	参赛名	累计盈利额	历史最高军衔	第十三届军衔	晋衔奖金（元）
213280288	兰瑞 1 号	13952524.55	大校	少将	2000
1020087660	羲然投资	13940317.38	大校	少将	2000
205881001120	宝盈 8 号	13691170.14	大校	少将	2000
8808965	CTA 山量 1 号	13656798.96	大校	少将	—
8788015272	五龙山下	13503296.45	少校	少将	4500
5290700566	京华龙稳健 3 号	13412967.72	大校	少将	2000
139103988168	宝盈 5 号	13237173.55	大校	少将	2000
22868807360	易持稳健一号	13090546.69	大校	少将	2000
8761610	odyssey	12675698.98	大校	少将	20000
205880001003	宝盈 1 号	12098945.92	大校	少将	2000
8763791	韭菜	11368438.91	上校	少将	30000
5290701666	京华龙传承 1 号	11198816.1	大校	少将	2000
7989003	申林	11186987.92	大校	少将	20000
13651210311	长量立诚	10984069.43	大校	少将	2000
22811806082	长量资本 2 号	10826564.28	大校	少将	2000
1778005090005	非花非雨 1	10553466.39	士兵	少将	5000
22811806557	行为资本	10500018.04	大校	少将	2000
763077269	火龙果	10305107.12	大校	少将	2000
12985011638	瑞兰 8 号	10130478.19	大校	少将	2000
1020127103	海浪一号（2）	10104027.63	大校	少将	2000
8580073	闪舞 ice	10065427.34	大校	少将	20000

【校级军衔】累计盈利：100 万元（含）-1000 万元

资产账号	参赛名	累计盈利额	历史最高军衔	第十三届军衔	晋衔奖金(元)
01232861517	盘前计划 2	9904800.79	中校	大校	2000
012976050797	止损侠	9762408.13	士兵	大校	3000
0139105990000	良时一号	9660483.46	士兵	大校	3000
00171230191	瑞兰 10 号	9234559.56	上校	大校	1000

续表

资产账号	参赛名	累计盈利额	历史最高军衔	第十三届军衔	晋衔奖金(元)
013592010666	卡卡 style	9226943.93	中校	大校	2000
016080980368	追梦侯希白	9082483.21	士兵	大校	3000
001020103038	易持激进一号	8880429.09	上校	大校	1000
0139101200286	KY-LPC	8433392.51	中校	大校	2000
0072500771761	舞龙号	8359806.82	士兵	大校	3000
013592810567	御翠益帆	8062857.43	士兵	大校	3000
020720100470	顺然共赢 2 号	7923095.78	上校	大校	1000
005280062918	尹天仇	7564322.43	士兵	大校	3000
8810021	量化精选二期	7491740.2	士兵	大校	—
0002210470	流氓兔	7021506	士兵	大校	3000
8831965	选手 0038367	6925515.11	上校	大校	10000
0072850022051	燎原	6808136.12	上校	大校	1000
0130912591285	神禹 1 号	6598516.27	上校	大校	1000
013651610297	一念之间	6580798.09	上校	大校	1000
8580809	长安财富 3 号期货基金	6426893.18	上校	大校	10000
0060660300201875	期货理财 2013	6399163.08	上校	大校	1000
00220620000002	百年变局	6331511.98	中校	大校	2000
0078902003888	京华龙稳健 4 号	6230706.31	中校	大校	2000
002652000271	宝盈 10 号	6051563.12	中校	大校	2000
0139101200520	KY-笃诚星火一号	6015217.52	少校	大校	2500
0078902003333	京华龙 CTA2 号	5998331.84	中校	大校	2000
0002719829	诚远进取	5994382.46	上校	大校	1000
0139105266666	春哥	5919314.71	士兵	大校	3000
0060560000000592	联唐一号	5845312.73	中校	大校	2000
013010200870	小史	5833196.15	上校	大校	1000
0205881001027	碎石大湿胸	5642535.5	上校	大校	1000
7805853	Melin	5599690.04	士兵	大校	30000
011015600061	冀品周鑫	5512915.04	上校	大校	1000
0078900181599	想想	5506635.76	士兵	大校	3000

续表

资产账号	参赛名	累计盈利额	历史最高军衔	第十三届军衔	晋衔奖金(元)
0208100500613	圣诞老人	5498241.31	中校	大校	2000
8700283	横	5347560.34	上校	大校	10000
0205860009185	多空 168	5332517.2	士兵	大校	3000
010109000396	周鑫翼品	5316166.8	上校	大校	1000
8711505	东航现金	5252336.27	上校	大校	10000
01813511112	锐狮国联	5217033.35	上校	大校	1000
020710305666	元鼎五号	5152175.87	上校	大校	1000
0199998000017	嘉星飒露紫	5132656.19	上校	大校	1000
016695200121	鼎栋多策略一期	5099089.32	士兵	大校	3000
0139101200360	正言稳健壹号	5090614.87	士兵	大校	3000
01231958917	御翠亦帆	5083781.7	士兵	大校	3000
020916813093	牛钱进取	5048643.44	士兵	大校	3000
0078900187777	野火燎原	5021246.59	少校	大校	2500
000763070210	大海的方向	5017292.19	中校	大校	2000
001020092256	纯水 1 号	5014390.26	士兵	大校	3000
020720000952	证期之家盘手库 25 组	4942536.69	士兵	上校	2000
0139101200382	满头大汗慢慢干	4875375.68	中校	上校	1000
0001112005888	克 1	4858371.76	少校	上校	1500
013595210037	圣诞新人	4801533.67	少校	上校	1500
0155090303	合顺一号 A	4519891.92	士兵	上校	2000
013588738758	江浩	4516744.18	少校	上校	1500
002089091888	风起长林	4481079.92	士兵	上校	2000
013010303668	刘朗才气	4430931.8	士兵	上校	2000
0106816866	谦时资本	4294323.14	少校	上校	1500
0078901053877	木易滨	4284946.16	中校	上校	1000
0186800522666	成都路有点堵	4248832.09	士兵	上校	2000
0208257188008	翼品致远 3 号 CTA	4220831.06	中校	上校	1000
020720800142	如漾投资	4185230.25	士兵	上校	2000
005280032975	安粮天心无改移	4148701.04	士兵	上校	2000

续表

资产账号	参赛名	累计盈利额	历史最高军衔	第十三届军衔	晋衔奖金(元)
01778563000199	沐杰十九号	4144063.55	士兵	上校	2000
0205881001055	流水不争先 1	4065129.49	中校	上校	1000
01981800006	喜鹊套利二号	4052826.32	少校	上校	1500
011003600023	老高 6 号	4028518.88	中校	上校	1000
8515315	JWRX	4026230.75	少校	上校	15000
013592010719	正则 1 号	3844761.2	中校	上校	1000
000792001119	雨后的树林	3828491.12	中校	上校	1000
0078902002999	京华龙 CTA3	3802770.06	士兵	上校	2000
000890500488	高乐高	3766357.51	中校	上校	1000
0001118006560	康师傅冰红茶	3724407.54	少校	上校	1500
012971010273	牛奶	3718098.83	中校	上校	1000
01233100422	山虎	3714761.98	中校	上校	1000
8100918	扫地曾	3681208.51	中校	上校	10000
8738062	均衡教派	3632939.66	士兵	上校	20000
016817100008	新容量化	3584788.48	中校	上校	1000
8722799	1234567	3563728.17	少校	上校	15000
012184003638	御翠壹帆	3472872.49	士兵	上校	2000
8515205	心灵．蜗牛	3447195.44	少校	上校	15000
013593011967	猫头	3429085.13	少校	上校	1500
00839999269	宝盈 2 号	3415561.09	中校	上校	1000
0072522025951	笑看人生	3409779.1	士兵	上校	2000
003711012766	王军	3406026.95	士兵	上校	2000
0187811819	瑞兰 4 号	3401095.98	中校	上校	1000
01815711111	京华龙 CTA4 号	3394964	士兵	上校	2000
0012307330	破茧成蝶 12	3372775.19	中校	上校	1000
005280085203	ovvea333	3357783.99	士兵	上校	2000
006898009800	段力铭 281426351	3356709.06	少校	上校	1500
0001119006888	刘筱白	3350093.1	少校	上校	1500
8581090	2nd son of Mr H	3342585.8	少尉	上校	20000

续表

资产账号	参赛名	累计盈利额	历史最高军衔	第十三届军衔	晋衔奖金(元)
00765770033	掘金希望量化	3322299.3	中校	上校	1000
010812907288	21 点精英 5 号	3308990.15	中校	上校	1000
0072526032371	英雄联盟黑暗游侠	3298918.63	士兵	上校	2000
001080002985	人机结合赚贝	3247326.57	中校	上校	1000
007710958666	新容量化 2 号	3243039.06	中校	上校	1000
0208207180420	旭冕股指	3241331.01	士兵	上校	2000
013630111808	tuohuangniu	3195283.75	中校	上校	1000
013588765555	京华龙 CTA3 新户	3138675.66	士兵	上校	2000
017810080786	海宁顺然掘金 1	3136806.56	士兵	上校	2000
01629030001873	周觉	3135679.65	少校	上校	1500
0078901036081	ovvea888	3078171.73	中校	上校	1000
010531625	kuan	3059658.01	士兵	上校	2000
013266880262	乐丁	3038937.47	中校	上校	1000
020916815532	牛钱激进	3025077.86	士兵	上校	2000
8753608	徐天道	3020331.21	中校	上校	10000
0156750072	平湖习剑	3011800.62	少校	上校	1500
8610183	凹咔科技	2993557.71	士兵	中校	10000
01779080000655	博弈树量化 1 号私募基金	2956833.51	少校	中校	500
8723519	云林	2946338.17	少校	中校	5000
0205881001097	老高 7 号	2925319.37	少校	中校	500
0002215330	汇融-湖湘 1 号	2898624.44	少校	中校	500
7703009	庆航	2891214.85	少校	中校	5000
8770685	正合宜	2884318.91	士兵	中校	10000
0086003643	森林	2870398.14	少校	中校	500
017810080788	顺然多策略 8 号	2863510.47	士兵	中校	1000
005280035269	阿豹	2826742.35	少校	中校	500
8725056	自强不息	2801235.17	少校	中校	5000
8703989	美岩投资	2789815.97	士兵	中校	10000
013228880981	宝盈 X6	2740887.81	士兵	中校	1000

续表

资产账号	参赛名	累计盈利额	历史最高军衔	第十三届军衔	晋衔奖金(元)
0001977000088	京华龙稳健7号	2714700.7	士兵	中校	1000
8739586	长风破浪会有时	2713561.24	士兵	中校	10000
7933169	艰难的小鱼	2690363.92	少校	中校	5000
016697200189	杭州波粒二象特罗1号私募证券投资基金	2655327.51	少校	中校	500
013588770139	青梅	2645922.52	士兵	中校	1000
013268880175	期货交易人员就是骗子	2608727.84	少校	中校	500
0060660700206272	汉云多策略进取一号	2559972.02	士兵	中校	1000
0205881001131	泉水叮咚	2547679.71	少校	中校	500
7966005	套利对冲	2542160.75	士兵	中校	10000
8580363	顺德林	2484653.62	少校	中校	5000
020210076718	智合投资	2476843.84	士兵	中校	1000
8710102	林教头	2476619.74	少校	中校	5000
000763070239	大禹	2453727.9	少校	中校	500
01778541000109	知途	2436961.42	少校	中校	500
8768970	一马当先_保家卫国	2418780.77	士兵	中校	10000
0001100115711	套利	2409201.98	少校	中校	500
013705820066	壹零壹零	2386389.61	少校	中校	500
017812001466	涛涛不绝	2382733.63	士兵	中校	1000
0002133062	gupiao1004	2372202.45	少校	中校	500
012985011585	鑫享世宸	2363724.16	士兵	中校	1000
017810710375	进取2号	2353204.13	士兵	中校	1000
0022262666	桑叠资本	2335331.62	士兵	中校	1000
021935753636	一只小蜜蜂777	2326569.77	少校	中校	500
0205881001201	快乐期货	2278068.5	少校	中校	500
0001810585	王满仓	2276308.38	士兵	中校	1000
0060661120203255	孙行者	2275014.41	士兵	中校	1000
013080380093	旭冕 hx	2258557.83	士兵	中校	1000
8801136	细水长流	2256848.5	士兵	中校	10000

续表

资产账号	参赛名	累计盈利额	历史最高军衔	第十三届军衔	晋衔奖金(元)
001020099980	北京辰韬资产管理有限公司	2233887.31	士兵	中校	1000
0156886565	AA 雷神	2230214.86	少校	中校	500
002296083366	具力信天翁 1 号	2225027.69	士兵	中校	1000
8773739	玉米达人	2222915.13	士兵	中校	10000
003711024888	期道	2211485.09	士兵	中校	1000
000765018462	桂舞飞扬	2208202.59	士兵	中校	1000
0158101001797	钢之炼金术师	2206656.07	少校	中校	500
013652015761	严新刚-对冲 1 号	2184987.16	少校	中校	500
0183082969	证期之家盘手库十九组	2159598.39	士兵	中校	1000
010109000892	广聚星合信天翁 11 号	2139712.03	士兵	中校	1000
0078901053913	信仰的力量	2131581.38	少校	中校	500
7727020	老易	2129464.52	少校	中校	5000
011385000622	归来仍少年	2099030.99	士兵	中校	1000
0208101600575	逝去的亮光	2089455.36	少校	中校	500
011001610091	Turtle0517	2080102.26	少校	中校	500
012985010621	濡圣领航	2078617.59	少校	中校	500
021989660833	天宛原	2073464.36	士兵	中校	1000
000771670238	章显引	2073323.77	士兵	中校	1000
8830859	上善若水	2066787.83	士兵	中校	10000
0223883080	xuanfmay	2066772.48	少校	中校	500
0069290183	触发量化 DY	2042214.27	士兵	中校	1000
010109000528	笨笨	2021800.65	士兵	中校	1000
8763852	细水长流	2009947.24	士兵	中校	10000
000799030188	陆权资本	1998629.56	士兵	少校	500
017810710351	进取 1 号	1979386.22	士兵	少校	500
8705202	myc	1886370.67	士兵	少校	5000
011922101923	森林一号	1866276.92	士兵	少校	500
8776239	ldc	1851315.87	士兵	少校	5000

续表

资产账号	参赛名	累计盈利额	历史最高军衔	第十三届军衔	晋衔奖金(元)
002089005296	惟岳	1846929.32	士兵	少校	500
017812001505	一个人	1836950.38	士兵	少校	500
0002259107	何妨吟啸且徐行	1798608.34	士兵	少校	500
0205860088888	多空 198	1796241.09	士兵	少校	500
0072526059801	Levi 大魔王	1779803.7	士兵	少校	500
0080100012369	靠天吃饭	1778806.41	士兵	少校	500
0022807200	乐融共赢一号	1776712.96	士兵	少校	500
8773261	船长	1766970.88	士兵	少校	5000
8729553	断剑重铸之日	1733650.92	士兵	少校	5000
0161102032138	稳健套利者	1723116.82	士兵	少校	500
0205710101930	哈爱好哈 2	1712891.72	士兵	少校	500
013588765072	恩泽 3 号	1709632.75	士兵	少校	500
0155090618	JBW-正	1693735.46	士兵	少校	500
0002620979	designic	1685454.74	士兵	少校	500
013700502250	绿野	1684994.86	士兵	少校	500
0002835163	都市骑牛	1683890.38	士兵	少校	500
0002108846	赚钱养俊俊	1672739.11	士兵	少校	500
8581036	明天明天	1671486.42	士兵	少校	5000
017811009975	福州-交易者	1668217.48	士兵	少校	500
0072526031861	量化英雄联盟	1658849.98	士兵	少校	500
0072511000051	电竞索罗斯	1655986.9	士兵	少校	500
0156950256	风火轮 999 号	1634534.5	士兵	少校	500
0116700106	锐狮福能	1620278.06	士兵	少校	500
0002158688	影歌 2	1618868.97	士兵	少校	500
0116602993	得胜	1618575.67	士兵	少校	500
8582137	道天地人事钱	1614412.53	士兵	少校	5000
011921101618	笨笨剑	1608524.79	士兵	少校	500
010151889999	佛系．低保户	1602473.31	士兵	少校	500
8756853	老强	1589803.88	士兵	少校	5000

续表

资产账号	参赛名	累计盈利额	历史最高军衔	第十三届军衔	晋衔奖金(元)
0199998000021	嘉星白蹄乌	1583608.44	士兵	少校	500
0072501702621	吴山居士 6	1564681.61	士兵	少校	500
0176103001888	wangyi	1563273.25	士兵	少校	500
0002137855	戒定慧 186	1563012.7	士兵	少校	500
01336022863	易	1534775.39	士兵	少校	500
018230500005	橙色起航三号	1521557.8	士兵	少校	500
0002919167	章显引 1	1519860.69	士兵	少校	500
007730221829	非职业赌徒 2	1517624.31	士兵	少校	500
013588718207	jiaguo3	1508824.38	士兵	少校	500
0205860009977	丑我说席主毛	1507431.61	士兵	少校	500
017812001697	蒜你很	1485128	士兵	少校	500
0002217388	梭哈了	1477212.43	士兵	少校	500
0176110506306	证期之家盘手库一组	1476325.83	士兵	少校	500
0130912591297	神禹 2 号	1469299.78	士兵	少校	500
013020220570	阿里巴爸	1461180.83	士兵	少校	500
013706910791	跬步千里 20	1457199.61	士兵	少校	500
0001100906287	爆仓 1	1424470.15	士兵	少校	500
01815710015	京华龙 CTA5	1423119.17	士兵	少校	500
0022996708	竹石预立	1416187.28	士兵	少校	500
0155120771	执牛投资扮猪吃老虎	1406720.53	士兵	少校	500
0183082571	小蚂蚁团队 2 号	1403265.35	士兵	少校	500
0183031005	OneFurion	1380167.14	士兵	少校	500
8808995	凹咔科技一号	1373800.19	士兵	少校	—
8680010	宿迁野狼	1373686.79	士兵	少校	5000
8702738	爆仓二十二号	1373322.24	士兵	少校	5000
000792003025	施小帅	1360769.7	士兵	少校	500
8762275	全能试错	1352668.7	士兵	少校	5000
000759000898	鸿观量化	1346758.99	士兵	少校	500
0002339288	七剑梅花之一	1331239.9	士兵	少校	500

续表

资产账号	参赛名	累计盈利额	历史最高军衔	第十三届军衔	晋衔奖金(元)
016813800918	运通对冲套利 1	1329523.66	士兵	少校	500
8771123	静泊	1321152.46	士兵	少校	5000
8739969	水平一般	1297672.37	士兵	少校	5000
016081181515	山顶	1290003.14	士兵	少校	500
012650003066	交易之道-守	1287290.65	士兵	少校	500
022812570088	黑橘 1 号	1283679.63	士兵	少校	500
001200002033	大自在	1261017.62	士兵	少校	500
0205630600059	猛禽	1241514.45	士兵	少校	500
0007082597	女神白冰	1239458.09	士兵	少校	500
8753088	股海淘钱	1226413.19	士兵	少校	5000
0001107311008	鸡蛋大爆炸	1220289.99	士兵	少校	500
0072526026051	insight	1196532.71	士兵	少校	500
022718010001	毛丑彩花	1195119.78	士兵	少校	500
003711080858	2020	1194633.69	士兵	少校	500
007710938990	B5537 骆驼	1182431.74	士兵	少校	500
0001119000228	嚣张秃驴	1180924.11	士兵	少校	500
012218826008	立方体资产大丰	1180756.54	士兵	少校	500
8768321	弈成	1168716.03	士兵	少校	5000
0072500152711	追梦人	1162727.79	士兵	少校	500
8727969	拉不拉 666	1158446.36	士兵	少校	5000
0199990015719	神都资本	1153864.46	士兵	少校	500
013010303007	化蝶	1145086.13	士兵	少校	500
8103655	十三郎	1142873.99	士兵	少校	5000
010815502098	福州春哥	1140478.75	士兵	少校	500
0012603118	轩轩	1138427.04	士兵	少校	500
007730221827	靠天吃饭Ⅱ	1125688.96	士兵	少校	500
000893600672	飞翔 2020	1121435.92	士兵	少校	500
8717159	+1	1120927.18	士兵	少校	5000
0116939618	昊沣	1118058.16	士兵	少校	500

续表

资产账号	参赛名	累计盈利额	历史最高军衔	第十三届军衔	晋衔奖金(元)
0205881001580	跬步正酣	1114719.06	士兵	少校	500
017812001397	李龙杰 2019	1109145.42	士兵	少校	500
0072269016891	赚钱养舟舟	1093861.85	士兵	少校	500
013588817723	TGR 东证	1093084.82	士兵	少校	500
021979210366	广聚星合锦鲤 1 号	1091721.83	士兵	少校	500
001260015698	邹劲涛	1091493	士兵	少校	500
0176110111777	证期之家盘手库五组	1090233.64	士兵	少校	500
0180137866	证期之家盘手库四组	1073700.08	士兵	少校	500
0156890596	朝晖-沈健	1073421.72	士兵	少校	500
0022262555	燊叠五谷丰登	1071997.5	士兵	少校	500
0130911000912	心行者	1065721.55	士兵	少校	500
020661800160	阿尔法狗的量化对冲	1065316.35	士兵	少校	500
01966900019	厚汐 7 号	1063969.14	士兵	少校	500
005280050698	老区兵法	1061013.65	士兵	少校	500
0155036166	君子交易	1055631.39	士兵	少校	500
8737307	橘猫玩交易	1053946.96	士兵	少校	5000
0205881001177	快乐的小鱼	1050426.09	士兵	少校	500
005280032173	猎户星座	1047607.55	士兵	少校	500
8762556	神枪手贝贝	1043009.83	士兵	少校	5000
007730802931	猫头 2	1036255.31	士兵	少校	500
011382400459	赚十块创新高	1030031.42	士兵	少校	500
0002253390	诚远资产 1 号	1023653.82	士兵	少校	500
011936186	杨海	1016534.32	士兵	少校	500
000763660622	艾森豪威尔	1005810.6	士兵	少校	500

注：

1. 依据比赛规则，晋衔奖"累计盈利额"自 2010 年持续累计统计，颁发当年衔级较历史最高衔级晋升的选手，当年参赛时间不少于 3 个月方可参与。

2. 盈利额不低于 1 万元参评各类奖项。

3. 自第十三届比赛开始，所有参赛账户参与年度先锋勋章和高地军旗手奖项的评比，需满足初始本金不低于 1000 元。

4. 盟军选手所获奖金为常规军种的 10%。